北京市高等教育精品教材

21世纪技能创新型人才培养系列教材

新媒体系列

传播学概论

（第四版）

孙 庚 ◉ 编 著

中国人民大学出版社
·北京·

图书在版编目（CIP）数据

传播学概论 / 孙庚编著. --4 版. -- 北京：中国
人民大学出版社，2024.7
　21 世纪技能创新型人才培养系列教材. 新媒体系列
北京市高等教育精品教材
　ISBN 978-7-300-32471-5

　Ⅰ. ①传… Ⅱ. ①孙… Ⅲ. ①传播学－高等职业教育
－ 教材 Ⅳ. ① G206

中国国家版本馆 CIP 数据核字（2024）第 024582 号

北京市高等教育精品教材

21 世纪技能创新型人才培养系列教材·新媒体系列

传播学概论（第四版）

孙　庚　编著

Chuanboxue Gailun

出版发行	中国人民大学出版社		
社　　址	北京中关村大街 31 号	**邮政编码**	100080
电　　话	010－62511242（总编室）	010－62511770（质管部）	
	010－82501766（邮购部）	010－62514148（门市部）	
	010－62515195（发行公司）	010－62515275（盗版举报）	
网　　址	http://www.crup.com.cn		
经　　销	新华书店		
印　　刷	北京七色印务有限公司	**版　　次**	2010 年 5 月第 1 版
开　　本	787 mm×1092 mm　1/16		2024 年 7 月第 4 版
印　　张	12.5	**印　　次**	2025 年 6 月第 3 次印刷
字　　数	273 000	**定　　价**	39.00 元

版权所有　侵权必究　　印装差错　负责调换

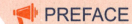

　　时隔近六年，《传播学概论》第三次修订定稿了。这段时间，除了现代社会生活中本就让人应接不暇的变化外，人类社会还经历了世界范围内疫情的冲击。因此，我在教材修订过程中，除了反思传播学教材建设中存在的盲点外，深刻地感受到对教师来说，在教学中向学生们传递人文关怀，与讲授知识体系同样重要。

　　传播学是我国新闻与传播学专业开设的必修课，随着传播学成为受到社会广泛关注的一门学科，传播学教材的编著也有了长足的进步。本次修订，我在保持原有教材（2010 年初版、2014 年二版、2018 年三版）体例的基础上，参考了国内外其他优秀教材及科研成果，力图突出本教材的特色，通过可读性强的教材为广大学子展现具有科学性、系统性的传播学学科体系。

　　本教材可分为三大部分，由十三章内容构成。第一部分注重从宏观层面对传播学的基本概念进行讲解，包括人类传播行为的历史进程、传播学的起源及发展、传播学的基本问题和研究方法等内容。第二部分介绍人类传播的基本类型和特征。第三部分则是对大众传播以及对当今社会影响深刻的数字化传播等进行系统介绍。每一部分均强调传播学研究的核心思想和经典成果，以及发生的重大变化的媒介图景。

　　在上述基本内容的写作基础上，本教材还安排了一些指导学习的辅助性内容。例如，每一章开篇处的目标，以及每一章结束后撰写的"本章重点内容提要"，有助于学生把握重点、难点，进行集中学习。思考题部分既有复习题，也有一些开放性题目，鼓励学生展开讨论，进行批判性思考。此外，在部分章节加入了"阅读链接"等拓展性内容，旨在激发学生关注当下社会中的传播现象，与传播内容、媒介产业生成互动，领会媒介世界的复杂性。

　　当前，中国社会正处在百年未有之大变局的新形势下，如何给学生讲授传播学这种西方社会科学建构的理论体系，是每一位传播学教育工作者应该认真思考的问题。我认为我们既要保证社会科学知识传授的科学性、准确性，又要培养学生们的文化自信。党的二十大强调，推进文化自信自强，铸就社会主义文化新辉煌。学习传播学同样需要坚持中国特色、中国风格，推动文化传播时需要注意国际化和本土化相结合，以培养学生们的爱国主义情怀和文化自信。《传播学概论》是引导学生进入传播学殿堂的入门教材，因此我认为教材在培养学生的学习兴趣，保护他们对外部世界、媒介世界的好奇心方面尤为重要。我力争在概念表述精准的前提下，使本教材做到理论阐述深入浅出、案例选择新颖有趣。本教材还运用了图片和表格对传播学的知识点进行说明，希望这些形象化的表达能够帮助学生理解抽象的理论与模式。

教材撰写工作庞杂繁复，所幸我得到了来自各种渠道的帮助。我参阅了国内外多位专家、学者的文献资料，也得到了同行们通过邮件或出版社提出的缜密意见，在此致以衷心的感谢。

我还要特别感谢中国人民大学出版社翟敏园老师、胡连连老师在教材修订过程中给予的大力协助，感谢职教分社编辑所做的大量细致的工作，感谢北京第二外国语学院文化与传播学院的领导和同事们为本教材出版付出的心力。还有，我的家人、我的学生，许许多多的人……正是这些无私的帮助，使《传播学概论（第四版）》得以出版问世。

虽然我在落笔时斟酌再三，但是仍会有疏漏之处，恳请专家学者、同行和读者们批评指正。各位对本教材的关注和阅读，是我不断修订本教材的最大动力。

孙　庚
2024 年 5 月

目 录

CONTENTS

第一章

人类传播概述

 **知识目标**

1. 掌握传播的定义
2. 了解人类传播的历史发展过程

能力目标

1. 通过了解人们认识传播的不同视角，具备分析传播现象以及社会科学研究对象复杂性的能力
2. 能够理解媒介技术进步对人类传播历史发展的意义

素质目标

理解我国传统文化在人类传播历史中的体现及贡献

第一节 传播的定义

"鱼知道自己是湿的吗？"加拿大著名媒介学者马歇尔·麦克卢汉（Marshall McLuhan）经常这样问。"它当然不知道。"麦克卢汉说，鱼的生活太受制于水，只有在没水之时鱼才会意识到自己身处之境。

人与传播的关系亦是如此。传播与我们的日常生活早已浑然一体，以至于我们常常意识不到它的存在，更不要说讨论它的诸多特征和影响了。可以说，传播在定义着我们，在塑造着我们的现实。正是由于传播无所不在，因此我们有必要了解它，而这些就是本书的主题。

传播现象司空见惯，但是要给传播下个定义却很困难。据方汉奇先生考证，"传

播"一词在 1 400 多年前就出现了，始见于《北史·突厥传》中的"传播中外，咸使知闻"一语。① 在现代汉语中，"传播"是一个使用频率很高的词。在英语中，有学者称"传播"是最被滥用的词汇之一。因此，把它作为一个科学术语来把握可不是件易事。

以下是从不同角度给传播下的定义，表述虽不同，但皆有道理。了解这些传播概念，有利于开阔视野，加深我们对传播现象的把握。

一、传播是信息共享活动

"传播"在印欧语系中，是"Communication"或"Kommunikation"。② 它源于古希腊的两个词根："com"和"munus"。"com"指与人建立一种关系；"munus"指效用、产品、利益、服务等。两个词根合起来，意为"共有""共享"。这一词源说明了传播中"共享"的基本内涵，强调"传播"是传者与受者对信息的共享。聊天时，我们知道了他人的所思所想；同时，他人也对我们有了新的认识，这就是源自我们对信息的共享，直至对"心"的共享。

二、传播是信息双向互动的行为

生活中的传播并不全都通过言语沟通进行，可以说，大部分的交流不是通过言语实现的。问诊时病人痛苦的表情、情侣间含情脉脉的对视等，这一切都携带着大量信息。病人的表情是病情的反映，虽然不是病人刻意为之，但是已经产生了向医生传递病情的客观效果。信息在传受双方之间是双向的、互动的。情侣间每一次对视并不是简单的重复循环，它使彼此的心贴得更近，实际上是信息在共享意义上的累加和增值。

三、传播是相互影响的过程

在日常生活中，充斥着大量带有功利性、明显意图性的传播活动。小到超市向早晨先到的顾客提供的几十份免费早餐，大到美国总统候选人动辄花费上亿美元经费展开的竞选宣传，这些传播活动都是传者欲对受者施加影响的过程。"传播这一概念，包括人与人之间相互影响的全部过程。"③

四、传播是符号解读的过程

传播学家威尔伯·施拉姆（Wilbur Schramm）曾经形象地比喻，在传播关系中，人们总是带着"第三只耳朵"倾听。④ 在传播实践中，人们通过语言、文字、动作等表达各自的意图。如果我们把语言、文字、动作视作符号的话，那么仅仅看清这些符号是没有任何意义的，我们必须推断出这些符号代表的含义。换句话说，这些符号本身并不重要，重要的是通过符号推断这个人表达的意思是什么。

---

① 方汉奇. 中国近代传播思想的衍变. 新闻与传播研究，1994（1）.
② 陈力丹，闫伊默. 传播学纲要. 北京：中国人民大学出版社，2007：2.
③ 张国良. 传播学原理. 上海：复旦大学出版社，2004：5.
④ 威尔伯·施拉姆，威廉·波特. 传播学概论. 陈亮，周立方，李启，译. 北京：新华出版社，1984：7.

当我们能够正确解读符号，即理解传者的意图时，传播是有效的，否则彼此将产生误解甚至敌意。

人类传播实践活动的历史和人类历史一样悠久、漫长，但是传播学却是一门年轻的学科。当代著名修辞学家肯尼斯·伯克（Kenneth Barke）向出版社送去他撰写的著作时，提议用"传播学概论"作书名。出版商否决了这个书名，理由是读者看到Communication（传播）这个词会以为是论述电话、电信的书！这就是伯克最重要的著作之一为什么会定名为《永恒与变化》（Permanence and Change）的原因。

传播学在20世纪七八十年代被引介到中国时，人们也被它的中文翻译困扰良久。复杂的传播现象应该如何定义呢？综合既有的研究成果，本书中所讲的"传播"，是指信息在传者和受者间流动的过程。应该承认，对于何谓"传播"至今还没有一个公认的权威性定义，而有关争论将会一直持续下去。

第二节 人类传播的历史

天地玄黄，宇宙洪荒。科学家们推测宇宙的历史大约有150亿年，与之相比，人类的历史短之又短。那么传播的历史呢？

威尔伯·施拉姆和威廉·波特仿照"宇宙年"将人类出现在地球上的历史假定为100万年，如果把这漫长的100万年比作一天中的24小时的话，在这个"传播学时钟"上，1小时≈41 666年，1分钟≈694年，1秒钟≈11.6年。

人类传播史上五次飞跃的时间如下：

口语传播——发生在10万年前，相当于这一天中的21时36分；

文字传播——发生在公元前3 500年，相当于这一天中的23时52分；

印刷传播——发生在约620年，相当于这一天中的23时59分；

电子传播——发生在19世纪中后期，离午夜仅差13秒钟；

网络传播——电脑出现在1946年，这时离午夜仅差3秒钟。

因此，威尔伯·施拉姆说："如果把单细胞动物发展到艾尔弗雷德·诺思·怀特黑德或爱因斯坦这么长一段时间作为传播学时钟的24小时的话，那么我们可以说他们大约已到了23时59分。"[①]

一、口语传播时代

语言的产生是人类与类人猿相区别的一条分界线，其意义远远大于我们的远祖第一次直立行走和离开森林。根据考古学家和人类学家的研究，人类的语言产生在10万年前

---

① 威尔伯·施拉姆，威廉·波特. 传播学概论. 陈亮，周立方，李启，译. 北京：新华出版社，1984：6.

的某个时候。至于语言是怎样产生的，仁者见仁，智者见智。"汪汪"派认为，语言是通过模仿狗叫等自然界的声音形成的；"哼哟"派认为，语言是在从事某项群体的重体力劳动时为协调动作而发出声音形成的；"感叹"派认为，语言是在偶然地表现感情，如痛苦、高兴、恐惧、悲哀等时产生的；"唱歌"派认为，语言是从传播感情和欢乐事件的歌声中演变而来的。[①] 在众多的猜测中，恩格斯提出了"语言起源于共同劳动"的假说。

人类创造了语言，口头语言作为传播信息的主要工具，促进了相互交流与沟通。考古发现，最先在欧洲出现的尼安德特人，在没有天灾人祸的情况下竟奇怪地灭绝了，而后起的克罗马农人却成了欧洲人的直系祖先。一个有力的推论是：前者没有语言，而后者创造了语言，是语言拯救和帮助了克罗马农人。

除了利用声音、口语进行传播外，远古时代的人们在物质生产和生活过程中还发明、运用了另外一些古老而简单的传播方式，如用岩画、壁画等来描绘某些事物从而达到传递信息的目的，利用结绳来计数、记事，利用烽火传递敌人侵袭的信息，等等。

二、文字传播时代

语言传播只能依靠人与人之间的口耳相传、心记脑存，信息不易保存，也不能保证信息在传播中不被扭曲、变形。原始图画形象有趣，但是低效，有时甚至蹩脚。历史节奏控制着社会变迁，传播形式不是由人类自身随意选择的，而是生产力发展的产物。到了原始社会晚期，人类传播史上出现了第二次革命——文字传播。

关于文字产生的时间，多数学者推定在公元前 3 000 年左右。我国的汉字，如果从仰韶文化晚期绘在陶器上的几何图形或符号算起，其形成与发展至少已有 5 000 年的历史。到了殷商时代，中国人在新石器时代刻在陶器上的文字——"陶文"的基础上创造了"象形文字"，而那些刻写在龟甲兽骨之上的文字则叫作"甲骨文"。这些文字基本上仍然是以图画的形式表现的，进一步发展才形成了后来的文字形态。

陶文

甲骨文

文字必须"书写"在一定的物质材料上才能进行传播，而且也只有书写在一定的物质材料上的文字才真正构成传播媒介。因此，随着文字的发明，直到今天，人类一

---

① 邵培仁. 传播学导论. 杭州：浙江大学出版社，1997：72.

直在寻找、创造适合书写并便于保存的物质材料。文字被用来记载生活、战争、宗教和祖先的事迹，充分发挥了记录和传播文化的伟大作用。

文字的发明具有重要意义。第一，文字能够把信息长久地保存下来。声音转瞬即逝，人类长期积累的生活经验和丰富的实践技能只能依靠有限的记忆力流传下来，文字的诞生为人类文明的传承提供了前提条件。第二，文字能够把信息传递到遥远的地方。音声语言的传播范围有限，文字打破了音声语言的距离限制，扩展了人类交流和社会活动的空间。第三，文字表达的逻辑严谨性，使历史、文化的传承有了确切可靠的文献依据，不再依赖那些容易变形的神话或传说。

文字的诞生极大地提高了人类认识外部世界、改造客观现实和完善自身的能力，所以，古人对文字的发明者极为崇拜。古埃及人把文字的发明归功于智慧之神；古巴比伦人归功于命运之神；古希腊人归功于奥林匹斯的传令官和使者赫耳墨斯；在中国则有仓颉造字的传说，《荀子·解蔽》中记载："好书者众矣，而仓颉独传者，壹也。"

三、印刷传播时代

文字出现以后，人类经历了一段很长的手抄传播时代。在印刷术出现前，手抄文本极其昂贵，人们大都还是依赖"记忆"传播信息，凭"记忆"保存知识成为一种令人敬佩的能力。

手抄文字虽然比口头传播前进了一大步，但是局限性仍然很大。手抄形式的文字传播不但无法使信息迅速流通，而且传播范围、信息量有限，成本高昂。据考证，在13世纪的法国，如果要抄写一部小书作为对公主生日的献礼，其成本相当于现在的3 000美元。在这种情况下，文字信息的生产规模还很小，加上教育的普及程度低，文字传播基本上还属于统治阶层的特权。[①]

改良造纸术、发明印刷术是中华民族为世界文明做出的两大贡献，印刷时代正是在此基础上开启的。105年，东汉的蔡伦改良出结实耐磨的植物纤维纸。到4世纪左右，能工巧匠们又发明了用纸在石碑上拓印的方法。在7世纪的唐朝，中国已经出现雕版印刷。雕版印刷较手工抄写是一个巨大的进步。只要雕一次版，就可以印上很多份，比手抄要快很多倍。大约在1045年，宋代的毕昇发明了活字印刷。当时毕昇在杭州的一家印书作坊里当工人。一次，作坊里赶印一本书，由于一位刻字工人疏忽大意，把一块版上的几个字刻错了，结果导致整块版报废，使这本书未能如期印制出来。这件事触动了毕昇，使他产生了制造"活字"组版的想法。后来，他经过反复试验，发明了胶泥活字印刷术。

"印刷术"一词，从起源来说，在东方和西方的意义不同。欧洲的印刷术兴起时，指的是活版印刷，即用金属的活字进行印刷。中国发明的纸由阿拉伯人传到西方国家后，15世纪在德国出现了一位如毕昇一样的发明家，他就是约翰内斯·古登堡（Johannes Gutenberg）。

那时欧洲的金属浇铸水平已经很高，1450年古登堡在活字印刷的基础上将黄铜作

---

① 郭庆光. 传播学教程. 北京：中国人民大学出版社，1999：31.

铅字铸模，以铅、锑、锡合金作材料，制成了非常耐用的铅字，这是活字印刷一次重大的革新。古登堡还把造酒用的压榨机改装成印刷机，这样就使文字信息的机械化生产和大量复制成为可能。古登堡曾对他的发明严加保密。但在1642年的一天，一场意外的火灾，使古登堡印刷所的一切财产化为乌有。各奔东西、另谋出路的印刷工人们分散到欧洲各国从事印刷业，古登堡印刷术由此得以广泛传播，促进了欧洲印刷术的迅速发展。

印刷媒介开始在社会变革和社会生活中扮演越来越重要的角色。教科书的制造工艺简单，由此开启了欧洲公共教育之门，会读报和能写家信成为人类最初接受教育的基本目的。

印刷媒介除了给社会政治、文化和教育领域带来巨大影响外，其与资本主义商品经济的深刻互动，也推动了市场经济的产生和发展。印刷传媒刊载技术革命和经济变革的内容，满足了资本家需要先进技术、新型管理方法发展企业的需求，改善了生产的供求关系，成为现代经济的重要扩张因素。[①] 不仅如此，印制本身也日益成为一种规模宏大的产业，并迅速成为正在萌芽中的信息经济的主要部分。

四、电子传播时代

进入19世纪中后期，人类在电子传播技术上的突破，是印刷革命后的又一次信息革命。运用电子信号和发射装置、接收装置传播信息的方式，被称为电子传播。电子传播一般分为有线传播和无线传播。

在有线传播方面，1844年，美国人莫尔斯发明了电报。他使用美国第一条电报线路，从华盛顿向巴尔的摩发出了世界上第一封电报。电报发明后，各国纷纷将电报应用到新闻传播中，开始建立现代新闻通讯社，为日报采集新闻提供了十分便利的条件。1858年，横跨大西洋的海底电缆铺设完成；1876年，贝尔发明了电话机，从此人类开始利用电流传递声音。有线传播系统的技术进步，极大地推动了人类传播事业的发展，后来发展到有线广播、有线电视和今天的计算机通信网络。

在无线传播方面，1895年，意大利科学家马可尼和俄国电器工程师波波夫分别成功研制了不用导线传递电信号的无线电通信装置。经过连续数年的试验和研究，马可尼于1901年实现了横跨大西洋两岸的远距离无线电信号传递。无线电信号传递技术的推广为广播的诞生创造了条件。1920年，美国西屋电器公司创立了世界上第一个无线电广播台——KDKA广播电台。

广播媒介使用有声语言，适合一切听力正常的人；它不受识字水平、读解能力的制约，具有广泛的听众群。原始人类传播信息依赖有声语言，文字发明后，虽然人类传播信息的能力增强，信息得以储存，增强了人类知识的积累能力，但是没有读写能力的人被排除在外。广播直接被听众接受，对于那些尚未掌握读写技能的人来说，广播成为最重要、最实用的媒介。

在广播媒介发展的基础上，人类进一步发展电视图像传播技术，19世纪30年代，

---

① 刘建明. 当代新文学原理. 北京：清华大学出版社，2003：24.

电视图像扫描技术被发明和应用。其后，经过许多科学家的努力又逐步完善了电视摄像及接收技术，为图像清晰的电视媒介的出现创造了技术条件。1936年，英国广播公司（BBC）建立了世界上第一家电视台，开始正式播送节目。电视利用画面和声音绘声绘色地再现了真实的音像，记录下的内容让人有身临其境的感觉，强化人类形成"眼见为实"的历史观。

无线电通信是通过电波的发射和接收来进行的，其传输方式可分为地上波传输和卫星传输两种。地上波传输，需要建立多处中转发射和接收台来克服高大建筑物或高山阻隔等障碍，远距离传输需要较多的环节。1957年，苏联成功发射了第一颗人造地球卫星，标志着人类开始进入卫星传播的时代。

五、网络传播时代

进入20世纪90年代中期，互联网的规模急速扩张，它成为全球最大的、最流行的计算机信息网络。互联网的起源，除了成熟的技术条件外，还有着深厚的政治背景。美国和苏联的政治与军事竞争，直接催生了互联网的研发。

互联网起源于军方，军方看到了数字化传播提供非集中式网络的潜力：无需中心枢纽，非集中式网络可以自我维护，在核攻击中能够得以保全。这一系统被命名为美国高级研究计划署网络（ARPAnet），从1969年开始运行。起初，这一网络连接军事任务承包商和大学，以便研发人员交换信息。1983年，各大学纷纷将自己的内网交流系统融入更大的网络。作为勾连内联网的主干系统，"互联网"这个名字实至名归。

进入21世纪，互联网的发展更加迅速。Web 2.0（网络2.0）的概念随之诞生。通过博客、社区交友网站（如微博、人人网）、社交电子应用（如QQ、微信、阿里巴巴等）、Wiki（指任何用户都可以参与词条编辑的百科网站，如百度百科）、信息分享网站、视频分享网站等渠道，互联网传播的内容因为每位用户的参与而产生，产生的这些个人化内容借由人与人的分享，形成了现在Web 2.0的世界。随着Web 2.0概念的提出，互联网逐渐转变成为高互动性、"长尾"和"草根"发展壮大、共同创新的传播模式。近年来，随着Web 3.0的出现，自媒体、社交媒体等网络平台成为人们交流的重要传播工具。

"互联网"一词在英文中对应的单词是"Internet"，其由"inter"和"net"两部分构成。"inter"作为词根，所表达的是多个群体间的交互，所以"Internet"一词所表示的是"网络与网络间的交互"，也就是说，它将全世界各个国家和地区的"小网"连接成一张"大网"，从而将整个地球紧紧地连在一起。可以说，互联网的出现，打破了时空的界限，将整个世界连接成为一个整体，这在人类历史上是没有先例的。

今天，互联网已逐步发展为所有媒体产品的传播媒介。互联网的技术基础被称为"数字"（Digital）技术，十分独特。信息，无论是文本、声音、图像还是混合体，都能被打碎为几百万个比特的数据。互联网传送信息的单位就是比特，其性能和速度十分惊人，还能在接收端重新整合。这个过程对于文本来说几乎是即时的，文本的数据位很少，容易调试。声音和图像信息需要的时间较长，因为它们需要更多数据位，才能在接收端重组信息。

一场数字化革命，即媒介融合（Media Covergence），已然来临。

📝 **阅读链接**

文字的"技术化"

　　大众传媒行业正在经历重大变革。传统媒体行业能在全新的互联网传播时代中幸存吗？这个问题不仅困扰着纸质媒体，也困扰着电视产业和所有在古登堡之后产生的技术，它们都曾在20世纪的媒体格局中占据一席之地。每当新技术和新媒介出现，印刷媒体都会遇到严峻的挑战。但它还是坚持了下来。

　　20世纪90年代中期，网景公司（Netscape）开发出的浏览器使得互联网打入媒体阵营。从历史来看，这个新产业可能会在先前的媒体产业中谋得一席之地，就像电视和20世纪的其他新媒体产业那样。互联网改变了一切。以文字为中心的纸质媒体失去了它们在文字方面的垄断，印刷文字突然被用一种新的方式"技术化"了。有了互联网，人们在屏幕上就可阅读，而且比阅读印刷文字更方便。同时，互联网还可以传送声音、图像和时评。

　　如今，图书、报纸、杂志、电影、广播和电视这些传统媒体产业都不那么依赖传统生产机制了，或多或少、或早或迟都在转向互联网传播。这一过程被称为媒介融合，也就是传统媒体公司将使用互联网作为普遍通用的传送平台。这种媒介融合的问题在于，它给传统媒体行业带来了双重影响。一方面，过去不同的媒体平台之间存在的区别在网上渐渐模糊。原有的商机不复存在。杂志不再仅与其他杂志竞争，报纸也是一样。在网上，每种传媒产品都是平等的，鼠标点击即可获得。另一方面，传统媒体行业的产品面对的是网络上无止境的竞争产品。尽管有足够的网络空间容纳所有产品，市场却是有限的。世界上只有70多亿人口，每个人只有24小时，这是传媒消费的限量。人们还需要时间吃饭、睡觉、谋生。

　　媒介融合对大众传媒产业意味着什么，令人瞩目。

　　资料来源：约翰·维维安. 大众传播媒介. 任海龙，常江，译. 11版. 北京：北京大学出版社，2020：51-52.

📄 **本章重点内容提要**

　　1. 传播是指信息在传者和受者间流动的过程。

　　2. 传播是信息共享活动，是信息双向互动的行为，是相互影响的过程，是符号解读的过程。

　　3. 人类传播的历史经历了口语传播时代、文字传播时代、印刷传播时代、电子传播时代、网络传播时代。

思考题

1. 谈一谈你对传播的理解。

2. 选取一件在人类传播历史上意义重大的事件（如活字印刷术的发明、全球互联网的正式开通等），评价它在人类历史中的意义，以及对后世的影响，并说明媒介对于人类历史发展的作用。

3. 请用传播的思想分析生活中常见的人际现象。以促销活动为例，试分析：商家所传播的信息是什么？商家的意图是什么？商家最终有没有达到自己预期的效果？为什么？

第二章　传播学的诞生

知识目标

1. 了解传播学诞生的社会条件
2. 熟悉传播学的奠基者以及他们的学术成就
3. 掌握现代西方传播学的两大流派及其特点

能力目标

1. 能够通过对传播进行学术的或科学的分析来理解它的影响和力量
2. 从传播学学术史的角度来思考重要的学术成就，具备分析其如何影响我们今天日常生活的能力

素质目标

理解中国文化对传播学学科体系建立的贡献

第一节　传播学的起源

人类传播的历史是悠久的，传播学研究的历史却是短暂的。虽然有关传播的研究古已有之，但它真正被当作一个重要的课题来研究还是始于 20 世纪。美国学者皮尔士曾经把这一发展说成是"革命性的发现"[1]。

一、传播学诞生的社会条件

传播学的诞生是由多种因素促成的。

---

① 斯蒂芬·李特约翰. 人类传播理论. 7 版. 史安斌，译. 北京：清华大学出版社，2004.

首先，人类科技水平和受教育程度迅速提高，从而使传播成为一个重要的课题。在这一时期，大众报刊和广播、电影等电子媒介已经高度普及，人们在日常生活中大量接触媒介。在 1909 年，单就纽约而言，星期日就有 50 万人去看电影。1930 年，收音机的拥有率达到 46%，1940 年则是 82%。①学术界开始对这些媒介现象表现出浓厚的兴趣。

其次，公共信息所产生的政治性影响促使学术界对宣传和舆论进行深入研究。在两次世界大战中，交战双方展开大规模的心理战，用尽心思施展传播技巧，宣传在战争进程中发挥了前所未有的巨大作用。

最后，社会科学迅速发展，为传播学提供了理论和研究方法的基础。特别是社会学、社会心理学领域的研究方法成熟、严谨，学术成果令人瞩目。20 世纪 30 年代，许多社会学者开始关注传播如何对个人和群体产生影响，而在社会学领域，最为盛行的研究课题包括电影对儿童的影响、宣传和说服研究以及群体动力研究。

二、传播学的奠基者

从 20 世纪 20 年代开始，有几位学者的研究和学术活动对传播学的建立产生了重要作用，传播学作为一门完整的学科也是在这时开始逐渐成形的。

1. 哈罗德·拉斯韦尔（Harold Lasswell，1902—1978）

拉斯韦尔出生于美国伊利诺伊州，获芝加哥大学政治学博士学位，是著名的政治学者、传播学学者。他创建了政治心理学领域，将弗洛伊德的精神分析引入美国社会科学。

拉斯韦尔发展了一种重要的传播研究工具——内容分析，用它来研究自己生活的时代具有重要社会意义的问题——宣传。拉斯韦尔对两次世界大战中的政治宣传进行了深入研究，但是在研究风格上有较大区别。如果说对第一次世界大战中的宣传研究是定性的和批判的，那么他对第二次世界大战期间的宣传研究主要是定量的和统计学的。

拉斯韦尔对传播学中的许多问题都有理论上的贡献。1948 年，他在《社会传播的结构与功能》（*The Structure and Function of Communication in Society*）一文中提出了 5W 的传播过程模式：谁，说什么，通过什么渠道，对谁说，有什么效果。这个模式明确了传播研究的范围和问题，成为占有统治地位的学术范式。他还揭示了传播在社会中的三大功能，即监督环境、协调社会关系和传承文化。

📝 **阅读链接**

哈罗德·拉斯韦尔

哈罗德·拉斯韦尔是一位著名的政治学家，也是一位社会学家、心理学家和传播学学者。

---

① E. M. 罗杰斯. 传播学史：一种传记式的方法. 殷晓蓉，译. 上海：上海译文出版社，2005：233.

拉斯韦尔1902年出生于美国伊利诺伊州。1922年，他在芝加哥大学获哲学学士学位后，赴英、法、德等国著名大学攻读研究生课程，最后于芝加哥大学获得博士学位。其间，他曾去柏林大学学习心理分析学说，最先向美国学界引介了弗洛伊德的心理分析理论，其《世界政治与个人不安全感》（1935）一书也深受弗氏理论的影响。

拉斯韦尔一生勤勉耕耘，著述甚丰，共发表了600多万字的学术著作，内容涉及政治学、社会学、宣传学和传播学等许多领域。

1927年，在芝加哥大学政治系任教的拉斯韦尔正式出版了他的博士论文《世界大战中的宣传技巧》，随即在学术界引起反响。该论文描述和分析了第一次世界大战中各交战国之间的宣传战，断定宣传能产生很大的社会影响力。

1935年，他又与人合写和合编了《世界革命的宣传》和《宣传和推销：注释参考》两本书，用科学的方法分析和研究宣传的功能，探讨宣传的本质和规律。

1946年，拉斯韦尔和布鲁斯·兰尼斯·史密斯（Bruce Lannes Smith）等合著了《宣传、传播和舆论指南》一书，认为宣传只是信息传播的一种特殊形态，而大众传播研究的范围要广得多，包括报刊、广播、书籍、电影、告示以及歌曲、戏剧、演讲等。该书第一次明确使用"大众传播学"的概念，并用四篇文章分别阐述了传播过程中的"渠道""传者""内容""效果"等要素，显示出作者由宣传研究转向传播研究的思维轨迹和理论倾向。

1948年，拉斯韦尔发表了《社会传播的结构与功能》一文。论文一问世便受到了广泛赞誉，成为早期传播学研究的经典成果之一。总体来看，这篇论文的意义主要体现在两大方面：一是从内部结构上分析了传播过程中的诸要素；二是从外部功能上概括了传播活动的社会作用。

拉斯韦尔还是第一位把政策分析与科学联系起来思考，提出政策科学概念的政治学家。1951年，他在与丹尼尔·勒纳（Daniel Lerner）合编的《政策科学：近来在范畴与方法上的发展》一书中，对政策科学的内容进行了系统介绍和说明。他把政策制定划分为信息、建议、法令、援引、实施、评价、终止共七个过程。据此，他认为，政策分析者在决策过程中可做三种贡献：一是确定一项政策的目标和价值；二是收集和提供有关信息；三是提出几种政策方案及其最佳选择。1971年，拉斯韦尔又写了《政策科学展望》一书，该书的出版使他成为现代政策科学和当代政策科学领域最有影响的学者。

1979年，在拉斯韦尔逝世两周年的时候，他与勒纳、史皮尔合写的《宣传与传播世界史》三册巨著正式出版发行，从而将宣传与传播研究推向了一个新的高度。

拉斯韦尔在传播学领域开创了内容分析法，提出了定性和定量测度传播信息的方法论；他关于政治宣传和战时宣传的研究，则代表着一种重要的早期传播学类型，而宣传分析已被纳入传播研究的一般体系中。虽然拉斯韦尔并不认为自己是一位传播学学者，但他的许多开创性的工作奠定了传播学研究的基本范围和层面。

2. 库尔特·卢因（Kurt Lewin，1890—1947）

卢因出生于东普鲁士（位于今天的波兰）的莫吉尔诺。为了让孩子们得到更好的教育，卢因的父母带着孩子们迁居柏林。卢因是著名的心理学家，特别是对社会心理学，在理论与实践上都有巨大的贡献。

作为社会心理学的重要学者之一，他的主要研究兴趣是群体对于个体行为的影响。而他对小型群体传播的研究对于正在形成的传播学有着直接的贡献。卢因认为，当一个人通过一种传播过程接收了信息，该信息的意义就在一定程度上由这个人所属的群体决定。卢因的研究具有很强的实践性和应用性。在对食品习惯的研究中，他观察了家庭主妇在饮食习惯方面的行为变化，发现相互作用的人际传播与单向的大众传播之间存在很大差异，群体的其他成员对于每一个个体的行为的影响是一个重要因素。他还发现家庭主妇是家庭消费新食品的重要把关人，这种情况不仅适用于食品系统，而且适用于一条新闻通过某种传播渠道在群体中的流通。[1]今天，卢因的"把关人"概念被传播学学者广泛使用，特别是在组织传播的研究中。

3. 保罗·拉扎斯菲尔德（Paul F. Lazarsfeld，1901—1976）

拉扎斯菲尔德的思想在形成现代传播研究方面具有深远影响。他出生在奥地利，曾在维也纳大学获得应用数学博士学位，是一位优秀的方法论者，在社会学、心理学等学科领域均有所建树。他不是很在意学科界限，这使得他的学术研究跨越多个领域。

> 拉扎斯菲尔德的母亲索菲没有受过正规教育，但却因其1931年的著作《妇女如何体验男性》而广为人知。她撰写以婚姻指导为特色的报纸专栏，并为维也纳的政治人物和学术人物开办周末沙龙。

1933—1935年，拉扎斯菲尔德获得了洛克菲勒基金会的研究资助，到美国从事社会学研究，由此移居美国。20世纪30年代中期，他从研究广播这个新型的大众媒介入手，介入大众传播研究中。拉扎斯菲尔德在研究大众传播的效果方面是一位与众不同的开拓者，对研究方法做出了重要贡献。他通过将调查访问和多变量资料分析结合起来的途径，将民意测验变成了一种科学工具。[2]

1940年，他主持了伊里调查，这个项目是对美国总统选举进行的专题小组研究。调查结果没有证实大众传媒的强力效果，却得出了相反的结论：媒体只能告知和说服一些关键人物，再由他们将效果扩散。这一研究开创了大众传播效果研究的新时代，在以后的几十年内主宰了美国传播学学者的思维。

拉扎斯菲尔德将自己看作是一个"管理型学者"，他建立和领导了广播研究所，这个研究机构几经周折，研究范围不断调整，后来迁址到哥伦比亚大学，定名为应用社会研究所。这个研究所是大众传播研究的诞生地，也是迄今为止最有影响力的从事定量研究的社会科学研究中心。

---

① E. M. 罗杰斯. 传播学史：一种传记式的方法. 殷晓蓉，译. 上海：上海译文出版社，2005：295.
② 同①：241.

拉扎斯菲尔德是这样的一个人：

B. 贝林（拉扎斯菲尔德的女婿）在《回忆拉扎斯菲尔德》中说："他是一个绝妙的交谈者，热情、机敏，有说不完的奇闻轶事。当他来访时，他的活力极大地改变了我们全家。"

D. L. 西尔斯（同事）说："（拉扎斯菲尔德）实际上创造了数学社会学领域，运用多元调查分析对选举行为和大众传播这两方面进行了经验研究。"

4. 卡尔·霍夫兰（Carl Hovland，1912—1961）

霍夫兰是美国著名心理学家，耶鲁大学心理学博士。他开创了美国微观层次研究个人态度变化的学术传统。

1942年，身为耶鲁大学教授的霍夫兰被任命为美国陆军部信息和教育局研究处的首席心理学家，研究课题是评价军队教育题材电影对于士兵的说服性效果。他把说服研究引入了传播学，在研究过程中设计了一系列心理实验，对传播技巧进行了全面的总结，可以说，说服实验使传播研究朝着效果问题的研究方向发展。

第二次世界大战后，霍夫兰领导了传播与态度变化的耶鲁项目。他和他的研究小组硕果累累。

霍夫兰的研究直接影响了传播研究对传播社会效果（以态度改变的程度测量）的重视。说服研究由亚里士多德（Aristotle）经卡特赖特（D. Cartwright）至霍夫兰，遂成为一个直到今天仍非常受欢迎的传播研究课题。霍夫兰的追随者、当代说服研究学者麦奎尔（D. McQuail，1981）估计，每年约有1 000种有关说服研究的出版物出现，从中仍时常可以看到霍夫兰的影子。总之，霍夫兰等人的研究项目既是现代态度改变研究的开端，又是大众传播理论若干重大贡献的渊源。

5. 威尔伯·施拉姆（Wilbur Schramm，1907—1987）

施拉姆是美国著名传播学家，他的主要历史功绩不是从某个相关学科出发，为传播学做出某个方面的贡献，而是作为"集大成者"将前人的成果集中起来，归纳、整理并使之系统化、完善化。

施拉姆曾经从事过新闻实践工作，他当过记者、编辑，因此对传播学的研究不同于其他几位传播学家。他从新闻的专业角度，把新闻学同政治学、社会学、心理学的学术成果联系起来，从独特的视角考察传播学，并使传播学最终发展成为一门独立的学科。

他是第一个拥有创建"传播学"这一独立学科的明确意识并为之不懈奋斗终生的人。他先后组织创办了四家重要的传播学研究机构——艾奥瓦大学舆论调查中心（1934）、伊利诺伊州立大学传播研究所（1948）、斯坦福大学传播研究所（1955）以及夏威夷东西方中心传播研究所（1955）。

不仅如此，他还是最早在大学中开设传播学博士课程的学者，培养了第一代传播学学者。他奠定了传播学教育的基石，推进了传播学教育，扩大了传播学在教育及学术界的影响，促使传播学成为大学教育中的正规学科。[1]

---

[1] 宫承波. 传播学纲要. 北京：中国广播电视出版社，2007：11—13.

施拉姆曾周游世界，推广美国的传播学。1982 年他访问中国期间，对传播学的发展做了大胆的预测。他指出："在未来的一百年中，分门别类的社会科学——心理学、政治学、人类学等——都会成为综合之后的一门科学。在这门科学里面，传播的研究会成为所有这些科学里面的基础。讲话、编写、广播等技术都同传播的过程密不可分。因为要牵涉这些基本的技术问题，所以综合之后的社会科学会非常看重对传播的研究，它将成为综合之后的新的科学的一个基本学科。"①

在传播学领域，施拉姆留下了众多著述——30 多部论著和 120 多篇学术论文，约 500 万字。他主编了最早的一批传播学教材，包括《大众传播学》（1949）、《大众传播过程和效果》（1954）等，作为前人经典性成果的荟萃。他的代表作有：《报刊的四种理论》（1956）、《大众传播和社会发展》（1964）、《男人、女人、信息和媒介——人类传播概论》（1982）、《人类传播史话：洞穴壁画到微芯片》（1987）等。②

阅读链接

施拉姆的趣闻

施拉姆五岁时因一次失败的扁桃体切除手术而患上严重的口吃。随着这种口吃的持续，施拉姆的父亲失去了对培养儿子的兴趣，他曾梦想他的儿子从事法律和政治事业，而这个梦想因为施拉姆的口吃彻底破灭。而口吃对施拉姆来说更是一个不小的创伤。在中学毕业典礼上，他没有作告别演讲，而是用笛子演奏了《伦敦德里小调》，以避免在讲话时暴露自己口吃的缺陷。但是，1928 年当他以历史和政治学方面优异的学习成绩于玛丽埃塔学院毕业时，他勇敢地做了一次告别演讲。

逐渐地，施拉姆学会了带着他的口吃生活，而口吃也最终变得没那么明显。尽管如此，他在表达上的困难还是对他后来的生活产生了某种影响，口吃问题因此成为他早期对传播产生兴趣的一个理由，并最终促使他进入传播学领域。

第二节　传播学的源流及发展

没有任何一门新学科的产生不是从其他传统学科中汲取营养的，传播学的发展更是将这一特点表现得淋漓尽致。由于传播现象牵涉人类社会的方方面面，传播学便成

① 胡正荣. 传播学总论. 北京：中国传媒大学出版社，1997：9.
② 宫承波. 传播学纲要. 北京：中国广播电视出版社，2007：11-13.

为一门具有多种学科起源的交叉学科。20世纪以来，政治学、心理学、社会心理学、经济学、语言学、新闻学以及数学等学科的学者从各自的学科角度出发，对信息传播的过程、规律和效果展开了研究。

总体而言，西方现代传播学可以分为两大学派：以美国实用主义为价值立场的经验学派（Empirical School）和以欧洲人文思想为基本资源与立场的批判学派（Critical School）。

一、经验学派

美国被认为是现代传播学的发源地，本章第一节叙述的传播学重要学者的研究对西方现代传播学的学术发展具有决定性的影响和作用，至今仍是西方传播学研究的主流——经验学派的代表。

经验学派受到美国实用主义和行为主义的深刻影响，注重挖掘传播活动的规律，出发点和着眼点都紧扣具体的传播实践，都同人们的实际传播经验密切关联，他们的研究方法和成果都带有十分突出、十分明显的实证主义和经验主义特点，所以被称作经验学派或行政学派。

立足于具体的传播实践的经验学派，其研究成果往往能直接用来指导人们的传播活动，尤其对开展卓有成效的传播活动意义很大。但是，这个学派的学术观点总的来说是较为保守的，主张维护现行传播制度，其大众传播研究主要以大众传媒为中心，该学派对传播过程基本模式的研究颇有贡献，在传播者、内容、渠道、受众和效果这五大部类的微观研究上也积累了丰富的研究成果。

经验学派的缺陷是把传播的现状当成不容置疑的事实，并以接受既定事实为前提来进行研究，也就是说，他们一般不问现存的资本主义传播体制是否合理，不管它的弊端，而只是一味探究这一体制的运行规律。这么一来，经验学派事实上就是在维护现状，因为他们的一切研究及成果无非为现存的传播体制的有效运作出谋划策，尽管这些计策不乏普遍适用的科学性。

二、批判学派

直接与经验主义传播学相对的批判学派，之所以有"欧洲批判学派"之说，这是由于批判学派的思想来源主要是西欧。其主要代表有：1923年成立于德国法兰克福的社会研究所以及随后形成的法兰克福学派，著名学者是霍克海默、阿多诺；英国雷斯特大学大众传播研究中心以默多克、戈尔丁为代表的政治经济学派；伯明翰大学现代文化研究中心以霍加特、霍尔为代表的社会文化学派；加拿大传播学者英尼斯、美国学者席勒等。

批判学派以马克思主义特别是西方马克思主义为思想背景，主张对资本主义传播机制进行深刻的批判性研究和根本性、革命性的改造，代表着西方传播学中批判性思考的人文深度。与经验学派相比，他们的立场更倾向于批判现实而不是服务权势，他们的研究更注重于凸显问题而不是贡献方略，他们的方法更着眼于深度思辨而不是表层量化。

事实上，对经验学派和批判学派并没有特别的衡量标准，只是依据研究方法、内容、指导思想的差异做出大致的划分。总的来说，批判学派一般是从宏观、中观角度分析问题；经验学派较多地是从具体问题出发，较为微观地分析各种因素如何造成某种结果。但是双方不论是在方法上还是在角度上，仍然是互通的。英国的不少传播学学者，观点上属于批判学派，研究方法则采用了相当多的经验主义的做法；美国当代传播学研究中，也越来越多地渗入了批判学派的研究方法。传播学批判研究，是在西方资本主义市场经济高度发达的条件下产生和发展的，它主要针对的是资本主义传播业中的缺陷，其提出的批判是深刻的和尖锐的，其中有些观点特别激进，带有相当的乌托邦特征，但是它对于遏制资本主义条件下传播业过分的发展偏向是有一定作用的，甚至是一种必要的理性的监督。

📠 本章重点内容提要

1. 传播学的诞生是由多种因素促成的。首先，人类科技水平和受教育程度迅速提高，从而使传播成为一个重要的课题。其次，公共信息所产生的政治性影响促使学术界对宣传和舆论进行深入研究。最后，社会科学迅速发展，为传播学提供了理论和研究方法的基础。

2. 传播学的重要学者。

（1）哈罗德·拉斯韦尔：著名的政治学者、传播学学者，创建了政治心理学领域，将弗洛伊德的精神分析引入美国社会科学，并发展了一种重要的传播研究工具——内容分析，用它来研究自己生活的时代具有重要社会意义的问题——宣传。

（2）库尔特·卢因：社会心理学的重要学者。他认为，当一个人通过一种传播过程接收了信息，该信息的意义就在一定程度上由这个人所属的群体决定。今天，卢因的"把关人"概念被传播学学者广泛使用，特别是在组织传播的研究中。

（3）保罗·拉扎斯菲尔德：优秀的方法论者，在社会学、心理学等学科中均有所建树。他从研究广播这个新型的大众媒介入手，介入大众传播研究中。他在研究大众传播的效果方面是一个与众不同的开拓者，对研究方法做出了重要贡献。他通过将调查访问和多变量资料分析结合起来的途径，将民意测验变成了一种科学工具。

（4）卡尔·霍夫兰：著名心理学家，开创了美国微观层次研究个人态度变化的学术传统。他的研究直接影响了传播研究对传播社会效果（以态度改变的程度测量）的重视。说服研究由亚里士多德经卡特赖特至霍夫兰，遂成为一个直到今天仍非常受欢迎的传播研究课题。霍夫兰等人的研究项目既是现代态度改变研究的开端，又是大众传播理论若干重大贡献的渊源。

（5）威尔伯·施拉姆：将前人的成果集中起来，归纳、整理并使之系统化、完善化。他从新闻的专业角度，把新闻学同政治学、社会学、心理学的学术成果联系起来，从独特的视角考察传播学，并使传播学最终发展成为一门独立的学科。他是第一个拥有创建"传播学"这一独立学科的明确意识并为之不懈奋斗终生的人。他先后组织创办了四家重要的传播学研究机构。不仅如此，他还是最早在大学中开设传播学博士课程的学者，培养了第一代传播学学者。

3.西方现代传播学可以分为两大学派：以美国实用主义为价值立场的经验学派和以欧洲人文思想为基本资源与立场的批判学派。经验学派受到美国实用主义和行为主义的深刻影响，注重挖掘传播活动的规律，出发点和着眼点都紧扣具体的传播实践，都同人们的实际传播经验密切关联，他们的研究方法和成果都带有十分突出、十分明显的实证主义和经验主义特点，所以被称作经验学派或行政学派。批判学派以马克思主义特别是西方马克思主义为思想背景，主张对资本主义传播机制进行深刻的批判性研究和根本性、革命性的改造，代表着西方传播学中批判性思考的人文深度。

✿ 思考题

1.谈一谈几位传播学重要学者的学术成就。

2.简述西方传播学经验学派和批判学派的主要特点。

第三章　传播的基本过程

知识目标

1. 掌握传播的基本要素
2. 掌握传播的类型
3. 掌握传播的基本过程模式

能力目标

1. 能够理解传播要素对数字时代的媒介现象的意义
2. 能够体会模式是源自理论的一种描述方式，并运用它描述事物是如何运行的

素质目标

了解我国文化生产过程中的核心竞争力

第一节　传播的构成要素

现在，我们一起来看一个具体的传播事件，这样的传播现象在日常生活中司空见惯。

一位观众："我想向您提一个轻松的问题，您有没有打算改变一下您的发型？"

主持人："我至少收到上千封观众来信，对我的形象包装提出了很具体的建议，仅就发型而言，从披肩发到光头，各种建议都有，令我无所适从，只好这样随便梳一梳。"

这是一个常见的交换意见的传播实例。观众希望主持人改变发型，被主持人巧妙地拒绝了。在这个对话中，传播活动包括以下要素：

（1）信源（又称传播者）：观众发表意见时，观众为信源；主持人作答时，主持人为信源。

（2）讯息：双方的言语。

（3）信宿（又称受众）：观众发表意见时，主持人为信宿；主持人作答时，观众为信宿。

施拉姆认为，传播至少要有以上三个要素，它们是传播过程得以成立的重要前提条件。但是仅仅这些还不能构成一个完整的传播过程，完整的传播过程还包括：

（1）编码：观众和主持人把想法通过大脑等器官的工作，形成词汇并说出来。

（2）媒介：声波传送说的话，光波传送视觉信息。

（3）解码：主持人把来自观众的信息、观众把来自主持人的信息转化成对自己有意义的形式。

（4）反馈：原来的受众（主持人）变成新的传播者，对观众的问题进行回答。

图3-1描绘了传播过程。

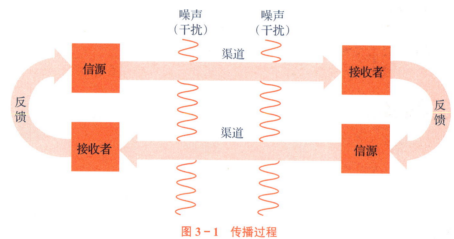

图3-1 传播过程

资料来源：约瑟夫·R.多米尼克.大众传播动力学.黄金，蔡骐，译.北京：中国人民大学出版社，2004：7.

📋 **阅读链接**

美籍历史学家黄仁宇先生在《万历十五年》一书中，曾有这样的叙述：

这一年阳历的三月二日，北京城内街道两边的冰雪尚未解冻。天气虽然不算酷寒，但树枝还没有发芽，不是户外活动的良好季节。然而在当日的午餐时分，大街上却熙熙攘攘。原来是消息传来，皇帝要举行午朝大典，文武百官不敢怠慢，立即奔赴皇城……站在大明门前守卫的近卫军，事先也没有接到有关的命令，但看到大批盛装的官员来临，也就以为确系举行大典，因而未加询问。进大明门即为皇城。文武百官看到端门午门之前气氛平静，城楼上下也无朝会的迹象，既无几案，站队点名的御史和御前侍卫"大汉将军"也不见踪影，不免心中揣测，互相询问：所谓午朝是否讹传？近侍宦官宣布了确切消息，皇帝并未召集午朝，官员们也就相继退散……

对于这一颇具戏剧性的事件，万历皇帝本来大可付诸一笑。但考虑到此事有损朝廷的体统，他认为不能等闲视之。就在官员们交谈议论之际，一道圣旨已由执掌文书的宦官传到内阁，大意是：今日午间之事，实与礼部及鸿胪寺职责攸关。礼部掌拟具仪注，鸿胪寺掌领督演习。该二衙门明知午朝大典已经多年未曾举行，绝无在仪注未备之时仓促传唤百官之理。是以其他衙门既已以讹传误，该二衙门自当立即阻止。既未阻止，即系玩忽职守，着从尚书、寺卿以下官员各罚俸两月，并仍须查明究系何人首先讹传具奏。礼部的调查毫无结果，于是只能回奏：当时众口相传，首先讹传者无法查明。

资料来源：黄仁宇. 万历十五年. 北京：中华书局，2006：2.

以上是书中所记 1587 年，也就是明万历十五年发生的事件。不难发现这一段叙述中其实包含三个传播事件：其一，文武官员听及讹误之人谣传，聚首大明门，准备参加午朝大典；其二，近侍宦官宣布确切消息，官员们随即散去；其三，万历皇帝降旨追查，并罚相关官员俸禄。你能找出其中的信源、讯息和信宿吗？你知道这次传播事件传播过程的编码、媒介、解码和反馈分别是什么吗？

一个基本的传播过程，是由以下要素构成的，让我们先从传送讯息一方入手。

一、信源

信源（Source）又称传播者。当你想把某个想法或意见传送给其他某个对象时，信源引发这一过程。信源在传播技能方面有差异，信源可能了解，也可能不了解讯息的接收者，可能可以洞察客观环境，也可能不能。我们在和有着不同风俗习惯、生活习惯的人谈话时，总是极力避免提及他们的禁忌。信源可以是个人，也可以是群体或组织。

二、编码

编码（Encoding）指的是信源把想法或意图转变成一种感官可以觉察的形式的过程。当你说话时，你的大脑和发声器官会同时工作，形成词汇并说出句子。当你写作时，你的大脑和手指又会分工协作，形成文字或者图表等可供阅读的东西。再比如，艺术家面对大自然时，画家用色彩和线条描绘心中的感受，音乐家用旋律和节奏来表达意境。在一个传播环境中，编码可以一次发生或多次发生。在面对面的访谈节目中，嘉宾把想法编码成语言，而通过广播播出时，这一过程被重复，音响设备把声波编码成电信号。每个人的编码能力是不同的，演说家、作家等和普通人相比，是更好的编码者。同样，各种机器的编码质量也是不同的，一支高端的录音笔也许比一台普通的录音机的录音效果要好。

即便如此，如果信源在将想法转变成语言的这一步骤中出了错，也就是词不达意，有时就会产生口误。而提到口误，就不得不提到因多次口误而洋相尽出的美国前总统小布什。在2004年8月5日的一次反恐演讲中，布什激动地说："我们的敌人一向足智多谋，而且富有创新精神，但我们也是；他们不会停止想出新的方法去伤害我们的国家和人民，我们也是。"[①]

三、讯息

讯息（Message）是信源编码出的真实产品。当我们交谈时，我们的言语就是讯息；当我们写作时，那些留在纸上的痕迹就是讯息。坐在电影院中，银幕上放映的影像就是讯息。人脑每天都要处理数量庞大的讯息，穿过马路时，你需要看清信号灯的变化；坐在课堂上，你又要关注那些高深的运算公式。讯息可以指向某个特定的个体（推销员向顾客热情地介绍商品），也可以指向成千上万的人（电视广告）。讯息的生产可能很便宜（家人间的聊天），也可能很昂贵（各种考前辅导冲刺班）。

"讯息"一词在中文中也译成"消息""文告""文电"等，这是一个与信息（Information）意思相近又有微妙区别的概念。信息是讯息的抽象量，讯息是信息的载荷者；讯息是具体的，信息是抽象的。也就是说，讯息是一种代码、符号，而不是信息内容本身。

比如，你所接收到的"侵华日军惨无人道的侵略行为给中国人民带来了深重的灾难"这一个内容，可能来自亲历者的口述、历史遗留的证据、教科书上的文字，或者电影屏幕上的影像，而口述、证据、文字、影像均传达了讯息。

四、媒介

媒介（Channels）是讯息被传递到接收者那里的路径，又称传播渠道、信道、手段或工具。声波是听觉讯息的媒介，它能传递人们的话语；光波是视觉讯息的媒介，它能帮助人们看到自然中的风景；气流传递嗅觉讯息，鼻子能辨别的讯息量甚至比文字对气味的描述还要大；触摸也是一种媒介，如布莱叶盲文[②]。除了这些不易被人觉察的媒介之外，现实生活中还存在多种多样的媒介，比如邮政系统、电信系统、互联网系统，都是现代人离不开的媒介。

> 随着现代科技的进步，我们更是随时随地感受着电子信息媒介所带来的便利。但是你知道古代人进行传播的媒介是什么样的吗？我们经常可以在历史剧中看到这样的情景：一旦有敌国侵犯，诸侯国就会燃起烽火，寻求盟国的帮助。烽烟是当时最为方便、快捷的军事通信媒介。战时，为了将边关的紧急军情战报送达都城天子处，古代的军邮使经常是"飞马传书"。乱世时要求媒介具有较高的传播效率，因为

---

① 许捷. 演讲时喜欢即兴发挥 造出了不少搞笑名言 布什说错多少话. 环球时报，2004-08-11.
② 布莱叶（Louis Braille）是法国的一位盲人，他在年仅15岁时发明了供盲人使用的由突起的点组成的书写和阅读方法。1829年，他提出了他的公用码。后来人们把这些盲文字母译成了各种语言并不断完善，还根据新的语言、新的科学技术甚至是新的信息化工具对其进行了调整。布莱叶42岁便去世了，他的故居现已作为历史文物保存下来。

一旦延误军情上报，就有可能导致战败，甚至亡国的厄运。而治世时对媒介传播效率的要求则有所降低。清乾隆四十八年（1783 年），由刘墉主持，仿《礼经》旧制挖池建台，建造了为帝王"临雍讲学"用的"辟雍"。乾隆五十年（1785 年）建成后，乾隆皇帝经常在"辟雍殿"里讲学。听讲者王公、衍圣公、大学士及以下官员、生员达 3 088 人。当时没有扩音器等媒介，因此皇帝的教诲往往通过众口相传的方式，在 3 088 人中层层传达，这就很像我们小时候玩的"传话游戏"。当然，同现在一样，这种传播媒介的传播真实度并不高，往往最后一排的人听到的已与皇帝之原话相去甚远，并且这种传播媒介的传播效率很低，往往皇帝的最后一句话传到最后一排人的耳中时，皇帝已经离去数时辰之久。

资料来源：baike.baidu.com/view/479835.htm zhidao.baidu.com/question/25085776.htm.

五、解码

解码（Decoding）过程与编码过程正好相反，它是把讯息转化为对接收者有最终意义的形式的过程。阅读是在解码讯息，欣赏音乐也是在解码讯息，只不过一个是视觉讯息，一个是听觉讯息。人类和机器都可以是解码者，电话是解码者，电影放映机也是解码者。

前面谈到的关于编码的一些现象也同样适用于解码，一些人比另一些人更善于解码。在听音乐会时，一些人如痴如醉，一些人呼呼大睡，这就是人们对于音符、声音的不同解码造成的。除了解码能力上的差异以外，选择了错误的渠道也会让人不能有效解码，比如一个不会使用计算机的人是不能上网搜索讯息的。

手势语是体态语言之一。比如，伸出一只手，将食指和大拇指搭成圆圈，其余三个手指伸直或略弯曲，美国人用这个手势表示"OK"，是"赞扬和允诺"之意；在印度，表示"正确"；在泰国，表示"没问题"；在日本、缅甸、韩国，表示"金钱"；在法国，表示"微不足道"或"一文不值"；在巴西、希腊和意大利的撒丁岛，这是一种令人厌恶的污秽手势；在马耳他，则是一句无声而恶毒的骂人语。

同一手势，在不同的国家、不同的地区有着不同的含义。因此，同一手势，不同国家、不同地区的人有着不同的解码。

六、受众

受众（Audience）又称信宿、受传者，是讯息的最终目的地。接收者可以是一个人，也可以是一个群体或一个组织。

信宿和信源并不是固定不变的角色，在一般的传播过程中，这两者能够发生角色的转换或交替——就像前面提到的主持人和观众的那个例子——一个人在发出讯息时是信源，而在接收讯息时则变成了信宿。

在今天的媒介环境中，人们更多的是扮演讯息的接收者角色。大多数人上网浏览评论区留言要多于发帖子，看电视要多于在电视上抛头露面。

七、反馈

反馈（Feedback）指接收者对收到的讯息的反应或回应，它是传播过程中讯息的一种反向运动。原来的信源变成了接收者；原来的接收者变成了新的信源。反馈对信源来说是重要的，因为获得反馈讯息是信源的意图和目的。反馈对接收者本身来说也是很有意义的，因为它使接收者尝试改变传播过程中的部分甚至全部讯息，而不仅仅是讯息的被动接收者。读者来信就是来自报纸讯息接收者的反馈之一，是报社采访、编辑工作的重要参考资料。

根据传播的作用，可以把反馈分为正反馈和负反馈两种。一般来说，使原来传递的信息在下一次传播中得到加强的反馈是正反馈，它通常鼓励进行中的传播行为；使原来传递的信息在下一次传播中减弱的反馈是负反馈，它试图改变或结束传播行为。生活中这样的例子很多，成功的演唱会结束时，歌手在观众的喝彩声中加演曲目，返场不断；相反，失败的歌手往往在观众的嘘声中悻悻离去。

中国历史上有不少劝谏的故事，其中君臣高超的思辨艺术常常令人拍案叫绝。比如，《孟子·梁惠王上》中的名篇《寡人之于国也》，文章从梁惠王提出"民不加多，何也"的疑问开始，一句"何也"，引出了下文孟子的回答。后者回答得非常巧妙，欲擒故纵，从旁迂回。"请以战喻"使梁惠王产生兴趣，最后提出"以五十步笑百步"的诘问，并阐释了行"王道"施"仁政"的政治观点。

资料来源：张光珞. 文言文全解一点通. 石家庄：河北教育出版社，2002：26.

孟子给梁惠王的反馈，对其产生了很大的影响，成为他政治策略的重要参考。由此，我们也可以看出反馈对于传播过程的重要性。

八、噪声

"噪声"（Noise）最先使用在无线电通信的研究中，泛指那些不符合信息本来意义而又附着在信号上的意义或物理形式。在传播学中，噪声是指任何干扰讯息传递的东西。少量噪声有时不易被觉察，但是如果过多的话就会堵塞信息流通了。有三种噪声在传播过程中常常出现，即语义噪声、机械噪声、环境噪声。

语义噪声之所以出现，是因为传受双方对不同的词或短语有不同的理解。比如："放弃美丽的女人让人心碎"这个短语，它可以是一个遭受感情挫折的男人的感叹，也可以是人们看到女人放弃追求美丽的权利时表达的遗憾；"你真厉害！"有可能是说你出类拔萃，也有可能是说你糟糕到了一无是处的地步。古文没有标点，需要读者自行判断句读，因此容易产生歧义。比如，对"下雨天留客天留我不留"就可以理解成不同的意思。

机械噪声往往是由于传播渠道发生故障而产生的。当正在使用辅播的设备时，如果设备出了问题，这种噪声就产生了。此外，人们因使用机器导致讯息编码出现问题也可以视作一种机械噪声。从这个意义上来说，印刷品的打印错误等都属于机械噪声。

环境噪声来自传播过程的外部环境。比如电视的音量过大，以至于你听不清电话那一头正在与你交谈者的说话声。

第二节　传播的类型

人类传播是一个非常庞大而复杂的系统。从达摩面壁这种个人的沉思默想到"9·11"事件发生数十秒后信息就上传到互联网上，这些都是人类传播的不同形态，但是传播的范围、目的、使用的手段又相去甚远。为了更好地了解人类传播的本质，让我们用粗线条——传播的类型来勾画一下传播活动的轮廓。

根据不同的标准、站在不同的角度，传播活动被分为不同的类型。本书中，我们尝试按照传播要素对传播活动进行分类。

一、从传播者的角度看

传播者可以是个人、群体、组织和国家等有本质区别的信源。请阅读以下几个小故事。

> **📝 阅读链接**
>
> ### 故事一
>
> 相传禅宗祖师达摩在嵩山西麓五乳峰的中峰上部、离绝顶不远的一孔天然石洞中面壁九年。在这个石洞里，达摩面对石壁，端端正正地坐在那里，两腿曲盘入定。开定后，他就站起身来，活动一下身体，待倦怠缓解后，又是坐禅入定。就这样达摩进行了长达九年的修性坐禅。
>
> ### 故事二
>
> 1863 年，美国第 16 任总统林肯在宾夕法尼亚州葛底斯堡战役发生地的国家公墓揭幕式上发表了著名的《葛底斯堡演说》。
>
> 葛底斯堡战役是美国历史上最为血腥的战斗。此役之后，北方赢得胜利，因而避免国家分裂之势再也不可逆转。美国南北战争的领导者林肯在最短的时间内、用最短的篇幅阐释了具有极为深远历史意义的理念，即美国政府、公共机构及整个社会应平等对待所有人。《葛底斯堡演说》遂成为林肯总统最著名的演说，也是美国历史上被引用最多的政治性演说。林肯在《葛底斯堡演说》中展现出一种历史眼

光，但他呼唤的真正的人人平等在美国还远未实现。

故事三

"弹幕"一词原意指的是火炮提供的密集炮击。后来这个词被移植到动漫文化中。今天，如果我们选择爱奇艺、优酷等在线视频网站播放视频时就会发现，这些网站都在视频播放器的旁边增加了"弹幕"这一选项。观众只要点击这一选项，就会看到许多观众的吐槽或者评论叠加在视频上飘过，有时甚至影响了视频的正常播放。

除了视频网站可以选择"弹幕"外，一些电影上映时，许多影院还开设了"弹幕"专场，边看电影边玩"弹幕"开始在年轻人群中火起来。

故事四

加拿大的黄金公司通过网站向全世界公布公司所拥有矿床的地质数据，并悬赏57.5万美元寻找最优估计和最佳方法。结果，这场开源式勘探的回报好得令人惊异：来自50多个国家的1 000多名虚拟勘探者参与了这场挑战赛，他们在红湖矿床上发现了110个目标，其中50%是公司以前没有发现的，超过80%的新目标点最后被证明确实有大量黄金。这一尝试将探矿时间缩短了两到三年，而且把一个价值1亿美元的低绩效公司改造成价值90亿美元的大企业，通过共享专有数据，将低效的勘测流程转型为融合了业内最聪明脑瓜的现代化分布式黄金勘探引擎。

挑战赛对后来者最具价值的地方，就是它证明了即使在这样一个保守、讲求保密性的产业中，基于虚拟组织的传播与共享也是有效的。这就是维基经济学神话的实质，即利用开放式平台上的大规模协作，利用企业边界之外的资源来提高收益或者降低成本。而要利用企业边界之外的资源，首先就要向外界开放一些企业的内部知识，比如研发平台、技术标准等，同时将以往的单向关系变为对等的双向关系。

资料来源：王磊，常松. 虚拟组织传播对传统组织传播的创新研究：基于阿里巴巴组织传播文化的考察. 今传媒，2011（12）.

故事五

数据显示，2022年2月4日如期举行的北京冬奥会是迄今为止收视率和网络关注度最高的全球赛事。吸引全球民众关注的不仅有波澜起伏的精彩赛事和屡创佳绩的运动健儿，还有无处不在的中国文化元素及其展示出来的中华文化的独特魅力。

冬奥会会徽"冬梦"将中国书法与冰雪运动巧妙结合，火炬"飞扬"取自"道法自然，天人合一"的哲学理念，国宝大熊猫与传统红灯笼变身为海内外大众追捧的吉祥物"冰墩墩""雪容融"，开幕式和闭幕式更是以充满诗意与创意的中国式表达传递了"世界大同，天下一家"的和平主题。

我国主流媒体对这次全球性媒介事件进行了大小屏融合联动的全媒体报道与传播，中国传统文化符号借助当今科技手段得以创造性转化，这为观察数字媒体环境下新的文化生态借由媒介仪式被塑造的具体实践方式提供了新的角度。

按照发出信息的行为主体的不同，以上这五个故事描述的传播类型可以分为人内传播、人际传播、群体传播、组织传播和国际传播五类。人内传播相当于思考，是人通过大脑、神经等生理器官同精神的对话；人际传播指的是个人和个人间的传播；群体、组织是人的集合体呈现的不同形态，人们在群体间、组织间进行的传播活动分别叫作群体传播、组织传播；国际传播则指以国家为单位进行的国与国之间的传播。

二、从媒介的角度看

这里的着眼点是传播的技术和手段。人类在所有传播活动中所使用的媒介不外乎两大类：一类是人体自身的，另一类是技术性的。这样即可将传播活动分为亲身传播和大众传播。[①] 亲身传播指的是以人体自身的感知器官为媒介、以语言为主要手段、以表情和动作等为辅助手段的传播方式。大众传播指的是以机械化、电子化、网络化的媒介为手段的传播方式。

三、从信息的角度看

传播活动实质上是信息流动变化的过程。不同性质的信息流动变化的过程是极不相同的，新闻、舆论、广告、文艺、科技、体育等不同信息的传播都有各自的活动组合。因此，根据信息的特质，可以把传播分为新闻传播、舆论传播、广告传播、文艺传播、科技传播、体育传播等类型。信息是无限的，因此这种列举式的分类也是没有穷尽的。

第三节 传播过程模式

模式是一种认识和表述事物性质及规律的简约方式。模式主要是思想的辅助工具，特别适用于传播研究，它的过人之处在于能够"画"出一些"线条"来表示我们已知

---

① 张国良. 传播学原理. 上海：复旦大学出版社，2004：8.

确实存在但无法看到的联系。

> 📋 **阅读链接**
>
> ## 模式的价值和限制
>
> 　　为了追求实用性，传播模式都十分缺乏捕捉传播系统复杂性的能力。信息的数量巨大，无法计算，且还在迅速增加。没有人能提出一个模式，描述传播中所有内容涵盖的范围和彼此之间的互动。
>
> 　　所有模式都有一些缺陷。不妨说，模式是一个副本，能帮助我们看到并了解真实的东西，但没有一个模式能表现出所有的细节。例如，飞机工程师可以创造出飞机推进系统的模式。尽管这对解释飞机动力来源十分重要，却无法表现飞机的美学特征、通风系统或其他上百个重要特征。传播也是这样：每个瞬间都会发生太多的变故。因此，和所有模式一样，传播模式可以用于阐释说明，但也有局限性，因为太多细节无法被压缩到一个简单的模式中。
>
> 　　不同模式往往侧重于传播过程的不同方面。这个过程太过复杂，一个模式无法涵盖所有内容。

　　最早的传播模式可以追溯到古希腊亚里士多德的人际说服模式，他扼要地提出了传播的五个基本要素，即说话者、讲演内容、听众、效果及场合。这一模式适合描述公共演说，但并没有明确地把"演讲"上升到一般的"传播"层次。

　　现代对传播模式的研究，大致可以归为下述三大类。

一、单向线性传播模式

1. 拉斯韦尔模式

1948 年，现代传播学的著名学者拉斯韦尔发表了论文《社会传播的结构与功能》。他认为传播过程中有 5 个基本要素，并且这些要素有一定的排列顺序，即

- who（谁）;
- says what（说什么）;
- in which channel（通过什么渠道）;
- to whom（对谁说）;
- with what effect（有什么效果）。

这就是经典的拉斯韦尔模式。拉斯韦尔模式是一个文字模式，英国学者麦奎尔把它处理成了图像模式（见图 3 - 2）。

图 3 - 2　拉斯韦尔"5W"模式

资料来源：丹尼斯·麦奎尔，斯文·温德尔. 大众传播模式论. 祝建华，武伟，译. 上海：上海译文出版社，1997: 17.

拉斯韦尔模式的提出在传播学史上具有重要意义。

首先，该模式第一次较为详细、科学地分解了传播的过程。传播过程中的 5 个基本要素，即传播者、讯息、媒介、受众、效果，虽然客观存在，却没有被人们充分认识。这一模式提出以后，不被人们觉察的传播现象一下子变得清晰起来。

其次，拉斯韦尔模式明确界定了传播学的研究领域，即伴随 5W 划分出的控制（传播者）分析、内容（讯息）分析、渠道（媒介）分析、受众分析、效果分析 5 个领域，使后来的传播学工作者能够分门别类地把研究推向纵深。

作为早期的传播过程模式，拉斯韦尔模式也有明显的不足，主要表现在单向性和直线性上。拉斯韦尔虽然考虑到了受众的反应、传播的效果问题，但是却没有在模式中提供一条反馈渠道，使效果成为传播过程的终点。因此，这个模式没有解释人类社会传播的双向性和互动性特征。

2. 香农-韦弗模式

1949 年，任职于贝尔电话实验室的克劳德·E. 香农（Claude Elwood Shannon）及合作者韦弗（Warren Weaver）提出了一个有名的线性模式（见图 3 - 3）。在这个模式中，传播被描述为一种直线性的单向过程。这个本是纯技术性的、应用于自然科学领域的通信过程模式，后来被类推于社会科学领域，用来探讨社会中信息的传播过程。相对于拉斯韦尔模式，香农和韦弗注意到了"噪声"在传播过程中的存在和作用，这是导致传播失败的一个共同的干扰因素。"噪声"概念的导入使这一模式具有启发意义，但是如果用它描述社会进程中信息的传播过程，则仍然缺少讯息的反馈渠道。

图 3 - 3 香农-韦弗模式

资料来源：丹尼斯·麦奎尔，斯文·温德尔. 大众传播模式论. 祝建华，武伟，译. 上海：上海译文出版社，1997：20.

战时，对于于己不利的负面消息，战争双方都尽可能地屏蔽起来，客观上就形成了传播过程中的"噪声来源"。

吸取越战时期对媒介放任所造成的不良影响的教训，美国国防部于 1980 年专门建立了全军广播电视机构国防视听局，该局直接控制着 300 家广播电视台，严格控制着媒体的信息内容。

在世界各地，凡美军驻扎比较集中的地方均设有广播电台和电视转播台，它们是官兵了解外界信息，接受军方、官方宣传教育的主要途径。除了直接控制国防部下属广播电视台的信息内容之外，美国政府对地方广播电视台也采取了强有力的管控措施。

在伊拉克战争中，"半岛"电视台新闻频道曾经播出了被俘美国士兵和 5 名战死士兵的录像，美国哥伦比亚广播电视台转播了这一消息，美国政府马上采取强硬手段，严禁美国电视新闻网播放该录像。此后，包括哥伦比亚广播电视台在内的所有美国广播电视台都没有再播放美军战俘的录像。

资料来源：曾凡解，陈金琳. 战时负面新闻传播的防范. 新闻爱好者，2007（10）.

二、双向循环传播模式

1. 奥斯古德-施拉姆的双向循环模式

单向线性传播模式在阐述人类的社会信息传播过程时具有明显缺陷。认识到这些局限性之后，1954 年，传播学者施拉姆受到美国心理学家奥斯古德（Charles Egerton Osgood）观点的启发，在《传播是怎样运行的》一文中提出了一个新的传播过程模式，这就是"双向循环模式"（见图 3－4）。

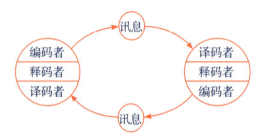

图 3－4　奥斯古德-施拉姆的双向循环模式

资料来源：丹尼斯·麦奎尔，斯文·温德尔. 大众传播模式论. 祝建华，武伟，译. 上海：上海译文出版社，1997：22.

奥斯古德-施拉姆的双向循环模式展示了传播的互动性本质。它描述的是人际传播，即两人或若干人之间的传播，信源或接收者的身份并非一成不变。因为，传播是一个持续、互动的过程，所有参与者或称解释者，都在努力编码和译码，以创造意义。讯息首先被编码，即被转化成一种可理解的标志和符号系统。说话是编码，写作、印刷和录制电视节目也是编码。讯息一经接收，便被译码，即标志和符号被解释。译码的过程便是倾听、阅读或者收看电视节目。

双向循环模式展示了传播过程持续和互动的本质，即其实本没有信源、接收者和反馈。这是因为，两位释码者在传播时都既是信源又是接收者。没有反馈是因为所有讯息均被当作其他讯息而被接收。比如，朋友跟你聊天，可能是因为你所显露的兴趣和意愿，让他感觉该开始聊天了。从这个例子中可以看到，把你或你的朋友视为传播的信源均不适当（到底谁先开始聊天的），因此，无法确定是谁在向谁做反馈。

传播过程非常复杂，不是所有模式都能显示传播过程的每一方面。

2. 施拉姆的大众传播过程模式

奥斯古德-施拉姆的双向循环模式帮助人们突破了传统线性模式的单向、直线性惯性，但是它容易让人错误地认为"传播单位"之间地位、机会完全平等。施拉姆针对这些缺陷，提出了一个新的模式（见图 3－5），用来说明大众传播过程的复杂性。

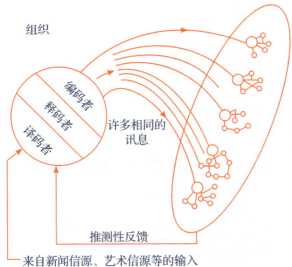

组织

"大众受众"——许多接收者，各
自进行译码、释码和编码

各个接收者从属于某一群体，在此
群体内对讯息进行再解释，并经常
据此行动

编码者
释码者
译码者

许多相同的
讯息

推测性反馈

来自新闻信源、艺术信源等的输入

图 3 - 5　施拉姆的大众传播过程模式

资料来源：丹尼斯·麦奎尔，斯文·温德尔. 大众传播模式论. 祝建华，武伟，译. 上海：上海译文出版社，1997：46.

施拉姆的大众传播过程模式形象地展示了大众传播过程的各个特定方面。它与奥斯古德-施拉姆创立的双向循环模式有很多共同之处，如释码者、译码、编码、讯息等。不过，两个模式的不同之处才是重点，有助于我们理解大众传播与其他传播类型之间的差异所在。举例来说，双向循环模式中用的是"讯息"，而大众传播过程模式提供的则是"许多相同的讯息"。此外，大众传播过程模式详细说明了"反馈"现象，人际传播却没有。两人或若干人面对面交流时，从相互传达的讯息中，参与者能立即清楚地确认反馈。但在大众传播中，事情则没有那么简单。

施拉姆的大众传播过程模式中，反馈表示为推测性反馈（Inferential Feedback）。这表明这种反馈不是直接的，而是间接的。比如，电视台主管为掌握新节目的收视率状况，需要至少等一天，有时甚至等一周或一个月。即便如此，收视率也仅仅是对收看该节目观众数量的调查，而不是针对观众对节目的喜恶程度。结果是，电视台主管仅能通过推测，来决定提高节目收视率所要采取的措施，这便是所谓的推测性反馈。大众传播者也会收到其他反馈，这些反馈常以批评的形式来自其他媒介，如电视评论员发表在报纸上的专栏文章。[1]

3. 德弗勒的互动过程模式

1966 年，美国学者德弗勒（M. L. DeFleur）在前述香农-韦弗模式的基础上，提出了"互动过程模式"。如图 3 - 6 所示，这个模式中最重要的修正，就是加入并突出了"反馈"的功能，描述了传播者是如何获得反馈的。反馈有可能使传播者的传播方式更有效地适应受传者。此外，这个模式也深化和拓展了"噪声"的概念，认为"噪声"存在于传播过程的各个环节中。

---

① 威尔伯·施拉姆，威廉·波特. 传播学概论. 陈亮，周立方，李启，译. 北京：新华出版社，1984.

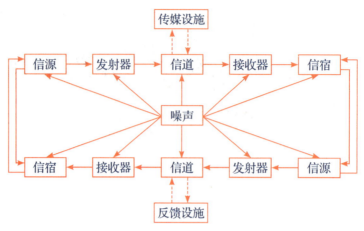

图3-6 德弗勒的互动过程模式

资料来源：郭庆光. 传播学教程. 北京：中国人民大学出版社，1999：63.

三、社会系统传播模式

从单向线性传播模式到双向循环传播模式的发展是人类传播学发展史上的重要突破，它们探索了传播过程系统中的微观环节和要素。但是，传播是在整个社会系统中实现的，传播的宏观环境是如何作用于传播的呢？社会系统传播模式讨论了这个问题。

1. 赖利夫妇的传播系统模式

1959年，美国社会学学者约翰·赖利和马蒂尔达·怀特·赖利夫妇发表了《大众传播与社会系统》一文，采用社会学观点来阐述人类传播是不同类型的社会结构的组成部分，提出了一个被他们自己称为工作模式的新模式（见图3-7）。

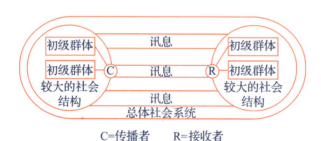

C=传播者　　R=接收者

图3-7 赖利夫妇的传播系统模式

资料来源：张国良. 传播学原理. 上海：复旦大学出版社，2004：39.

赖利夫妇指出，传统的观点认为讯息的接收者在没有组织的大众之中是孤立的，他们常常理智地决定如何对收到的讯息做出反应。过去，研究者们忽略心理过程的重要性，可是心理过程有可能影响传播过程。

这个模式告诉我们，传播过程中的传受双方均受到初级群体的影响。初级群体往往是由成员们面对面交流互动形成的，他们依靠亲密的人际关系和浓厚的感情色彩来维系，家庭、伙伴就是典型的例子。初级群体也不是在社会真空中发挥作用的，相反，赖利夫妇把它们看作是一个更大的社会结构的组成部分。传受双方与初级群体保持联结，同时也是两个互相联系（例如通过反馈机制）的更大结构要素。大众传播过程影响这个更大的社会过程，同时受其影响。

赖利夫妇认为这个工作模式仅仅提供了一种结构"框架"。①

2. 马莱茨克的大众传播场模式

1963 年，德国学者马莱茨克在《大众传播心理学》中提出了一种全新的研究角度，用"大众传播场模式"（见图 3-8）揭示出大众传播是一个非常复杂的社会心理过程。"场"原是现代物理学中的一个概念，它是指从环境与物体的关系上去把握物体和环境的特性，现已发展成为社会科学的一种研究方法，强调环境的复杂因素和变量相互之间的影响。马莱茨克认为大众传播场模式揭示了传播结构的要素（传播者、讯息、媒介和接收者）之间复杂的互动关系，说明社会传播是一个极其复杂的过程，解释任何一个传播过程都必须对涉及该活动或过程的各种因素或影响力进行全面的、系统的分析。②

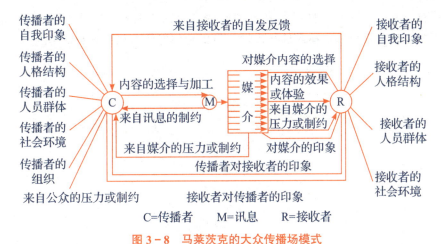

C=传播者　　M=讯息　　R=接收者

图 3-8　马莱茨克的大众传播场模式

资料来源：丹尼斯·麦奎尔，斯文·温德尔. 大众传播模式论. 祝建华，武伟，译. 上海：上海译文出版社，1997：56.

传播学诞生至今，新的思想、新的观念层出不穷，仅各种模式，已数以百计。对比最初的拉斯韦尔模式，后来的模式在科学性或理论深度上都有了长足的进展，显示出人类对传播现象的认识越来越全面、深刻。但是，也应看到，人类在一定的历史阶段对真理的认识是有局限性的，因此我们需对各种模式认真思考，力争完善。

📖 本章重点内容提要

1. 一个基本的传播过程由信源、讯息、信宿、编码、媒介、解码、反馈、噪声构成。

2. 传播事件可以分为人内传播、人际传播、群体传播、组织传播和国际传播五类。

① 丹尼斯·麦奎尔，斯文·温德尔. 大众传播模式论. 祝建华，武伟，译. 上海：上海译文出版社，1997：47-50.

② 郭庆光. 传播学教程. 北京：中国人民大学出版社，1999：67.

3. 人类在所有传播活动中所使用的媒介共有两大类：一类是人体自身的；另一类是技术性的。

4. 对传播模式的研究，大致可以归为三大类：单向线性传播模式、双向循环传播模式、社会系统传播模式。

思考题

1. 简述人类传播是如何进行的。

2. 请谈一谈拉斯韦尔模式在传播学研究中有何特殊贡献。

3. 请对比单向线性传播模式与双向循环传播模式的特点。

4. 请总结传播过程中含有"反馈"这一要素的传播模式。

5. 请阐述"噪声"对整个传播过程产生的影响。

6. 请对拉斯韦尔模式、奥斯古德-施拉姆的双向循环模式、赖利夫妇的传播系统模式、马莱茨克的大众传播场模式进行比较，指出它们有什么相同点和不同点。

第四章

传播学研究方法

 知识目标

1. 了解传播学的主要研究方法
2. 熟悉实地调查的基本步骤
3. 熟悉常用的抽样调查方法
4. 了解内容分析法的基本步骤
5. 了解控制实验法的基本步骤
6. 了解个案研究法的特点

 能力目标

1. 具备运用科学的实证研究方法，完成一个感兴趣的传播学课题的能力
2. 阅读一篇传播学学术论文，能够分析并判断运用该学者的实证研究方法是否可以得出他所得到的研究结论

 素质目标

了解我国精神文化内容生产中的大众需求

在传播学领域中，最常见的是应用研究（Applied Research），特别是对受众的研究，比如 1938 年由普林斯顿大学广播研究室实施的对描写火星人入侵的广播剧传播效果的调查等，其为现代媒介理论的发展以及媒体运营的诸多问题，提供了科学的依据。

本章中，我们从应用的角度对传播学中常用的若干研究方法做一些简要的介绍。

第一节　实地调查法

实地调查就是用客观的态度和科学的方法，对某种社会现象，在确定的范围内进行实地考察，并收集大量资料加以统计分析，从而对社会现象进行探讨。在传播研究范围内，实地调查研究分析传播媒介和受众之间的关系与相互影响。实地调查的目的不仅在于发现事实，还在于经过系统设计和理论探讨，形成假设，再利用科学方法到实地验证，形成新的推论或假说。实地调查法是传播学中最常用、最主要的方法。实地调查法是一个完整的、系统的、有程序的、科学的研究手段，它包括一系列具体步骤和具体的实施方法。①

一、实地调查的基本步骤

实地调查大致可以分为四个阶段：计划准备阶段、实查阶段、数据处理阶段、总结阶段。

1. 计划准备阶段

这个阶段包括确定选题、制定研究方案和做好方案实施前的准备。

选择研究课题是研究的起点，这个工作并非人人能做，它是研究人员能力的体现。在查阅相关研究资料的基础上，研究人员在经费投入许可的情况下，要明确选题的重要性和把握研究成果的前瞻性，力求研究具有学术价值。课题确定后，研究人员就要根据课题提出研究假设（Hypothesis），假设是根据现有理论对某一传播现象提出的猜想，研究人员通过本次研究来证实假设的真伪。研究假设是准备阶段的核心。

随后，就要制定可行的研究方案，方案中至少应包括：（1）调查目的；（2）调查对象；（3）调查范围；（4）调查方法；（5）数据分析和处理技术；（6）实施日程；（7）经费预算等。②实施方案和其他准备如调查培训等工作，都要围绕证明假设展开。

2. 实查阶段

这一阶段要运用调查方法，接触调查方案选定的调查对象并收集数据资料。在整个调查过程中，只有在这一阶段调查者和被调查者进行接触，因此是获取数据、资料的关键步骤。也许事先我们已经制定好了周密的研究方案，但是外部因素随时有可能发生变化，调查者应该敏锐洞察环境和被调查者的变化，及时解决实查中出现的问题，以保证调查能够按照合理可行的方案得到严格实施。

3. 数据处理阶段

这个阶段需要把收集到的原始数据加以整理、分析。数据分析的工具是统计检验，它提供强有力的探测和决策技巧，使我们能在数据间找出肉眼观察不到的关系。并非

① 戴元光. 传播学研究理论与方法. 上海：复旦大学出版社，2003：96.
② 郭庆光. 传播学教程. 北京：中国人民大学出版社，1999：279.

所有重要的研究结果都显而易见，对研究人员来说，可以用适当的统计方法使之显露出来。一提到应用统计，许多人有种惧怕心理，担心缺乏较高层次的数学知识。其实，今天的计算机统计软件（如 SPSS 软件包）功能强大、操作简单，即使是"数学不好"的人也能较容易地学会和掌握。

4. 总结阶段

经过前三个步骤，调查研究基本上就完成了，这时要做的是撰写调查报告、总结调查工作和评估调查结果。

二、抽样调查

在实地调查中，我们可以不放过任何一个调查对象，进行全员调查，这样的调查结果误差最小。但是，在大众传播学研究中，调查对象往往数量大、分布广，我们不可能对每个调查对象逐一调查，这时就需要用到抽样调查的方法。抽样调查一定会伴随着样本误差，但是如果方法科学，其正确性不亚于全员调查，而且大大降低了工作量和经费开支。

调查研究者获得具有代表性样本的方法是随机抽样（Random Sample），它是指在研究总体中，每个人被抽到的概率是相同的。就像几滴血就能代表整个身体一样，随机抽取的样本也可以代表一个总体。这里介绍几种常用的随机抽样的方法。

1. 简单随机抽样

简单随机抽样（Simple Random Sampling，SRS）是最基本的随机抽样方法。生活中，当我们想保证对象总体中的每个个体都有被选中的同等机会时，常常使用掷骰子、抽签或者抓阄的方法，这些都属于简单随机抽样。

除此之外，还可以使用随机数字表（乱数表）来抽取样本。

例如：试用表4-1给出的部分随机数字从500户居民中抽取一个10户的简单随机样本。

表 4-1 随机数字表（部分）

85	53	83	29	95	56	27	09	24	43	21	78	55	09	82
37	79	49	12	38	48	13	93	55	96	41	92	45	71	51
89	09	39	59	24	00	16	41	41	20	14	36	59	35	47
76	62	16	48	68	58	76	17	14	86	59	53	11	52	21
71	82	13	50	41	27	55	10	24	92	28	04	67	53	44
34	18	04	52	35	74	13	39	35	22	68	95	23	92	35
11	20	99	45	18	76	51	94	84	86	13	79	93	37	55
27	37	83	28	71	79	57	95	13	91	09	61	87	25	21
10	65	81	92	59	77	31	61	95	46	20	44	90	32	64
59	71	74	17	32	48	38	75	93	29	73	37	32	04	05
87	63	93	95	17	81	83	83	04	49	77	48	85	50	51
08	61	74	51	69	92	79	48	89	79	29	18	94	51	23
08	52	85	08	40	48	40	35	94	22	72	65	71	08	86
89	85	84	46	06	64	71	06	21	66	89	37	20	70	01
42	29	72	23	19	06	94	76	10	08	81	30	15	39	14

资料来源：柯惠新，等. 传播统计学. 北京：北京广播学院出版社，2003：51.

将总体抽样框中的 500 户按 001 ～ 500（或按 000 ～ 499）编号，从表 4-1 中的一个随机位置（如画框的位置）开始，向右（或向下）连续地以三个数字为一组选取数字，从而得到 10 个三位数字组的简单随机样本，其中样本的前 4 个三位数字组为：414，120，143，（659），354……

注意，顺序读出的第四个数字组 659（在括号内的数）超出了 001 ～ 500 的范围，把它去除即可。

在实际应用中，特别是在大规模的抽样调查实践中，简单随机抽样很少真正被采用，更常用的是下面介绍的几种实用抽样技术。

2. 分层抽样

分层抽样（Stratified Sampling）也叫分类抽样或类型抽样，即首先将总体按照某些重要指标分成若干子总体（层），然后在每个子总体内随机抽取子样本，再将各层的子样本综合成一个总样本。

分层抽样的主要目的是减少抽样误差，通过分层，可将比较相近的个体归入同一类，分层以后，层内个体间的差异可能比较小。例如，在全国性受众抽样调查中，最常见的分层是先将总体分成城市和乡村，因为城乡居民的媒介接触行为是有比较明显的差异的，然后将城市和乡村按某些指标（如学历）再分成若干层。

3. 整群抽样

整群抽样（Cluster Sampling）先将总体划分为若干个特征比较相近的群，以群为抽样单元（初级单元）进行抽样，对抽中的群内的所有单元（次级单元）都进行调查，对没有抽中的群则不做调查。

例如，在某地区的农村进行受众调查时，采用简单随机抽样得到的样本可能十分分散，难以调查。如果将一个个的村子作为抽样单元，抽取几个村子，对这些村子里的所有村民进行调查，实施起来就会方便、经济得多。在这个例子中，村子就是群。又如，在电视节目收视率调查中，一般也会采用以户为抽样单元的整群抽样，对抽中的户内的所有 4 岁以上的居民进行调查。

4. 多级抽样

多级抽样（Multi-Stage Sampling）也叫作多阶段抽样，是从总体中先抽取若干较大的群体（一级单元），然后从所抽取的群体中再抽取若干较小的二级单元；依此类推，还可以继续抽取三级单元、四级单元等。

例如，全国性的受众调查可能会将省（自治区、直辖市）、地市、区县、街道（乡、镇）、居（村）委会、居（村）民小组、户以及个人当作各级抽样单位，先按某些相关指标（如经济发展水平、社会发展水平或地理位置等）将地市分层，从每层中抽取若干个地市，再从每个抽中的地市抽取区县、街道（乡、镇）、居（村）委会，最后抽至户或个人。

实际上，分层抽样和整群抽样都可以看作多级抽样的特例。对于分层抽样，每一层就是一个初级单元，分层就相当于在第一级抽样中抽取了全部初级单元，而层内抽样就相当于第二级抽样。对于整群抽样，相当于在第二级抽样中抽取了全部次级单元。多级抽样既具有整群抽样简单易行的优点，又比整群抽样效率高，因为在样本量相同的情况下，避免调查过多的次级单元，可使所抽取的单元在总体中分布得更广泛，精度更高，更有代表性。

5. 系统抽样

系统抽样（Systematic Sampling）又称等距抽样，是指将总体所有单位依次排列，分成许多间隔，每隔若干个个体抽取一个作为样本。等距抽样是系统抽样中最常用的方法，基本做法是在随机排列的对象范围（如电话簿等）中随机地抽取一个编号为起点，再按照一定的间隔抽取其他样本。

> 例如：在一座拥有 640 户的居民楼内抽取 12 户进行调查，则首先计算抽样间距 $k = 640/12 = 53.33$。因此，可以每隔 53 户抽取一户，也可以每隔 54 户抽取一户。640 户的编号确定后，随机地确定一个编号（假定是 84）为样本的第一个单元，那么所抽取的 12 户样本的编号分别是：84，137，190，243，296，349，402，455，508，561，614，27（$667 - 640 = 27$）。

等距抽样简单易行，是社会调查等各类调查中采用最广泛的一种抽样方法。应当注意，如果总体中单元的排列具有某种周期性，那么等距抽样就有可能出现严重的问题。例如在报纸内容分析的抽样中，如果每周抽取一份报纸作样本，则抽样间距 $k = 7$。显然，不管随机抽取的起点是哪一天，假定是某个月的星期一，则等距抽样的每层样本都由星期一的报纸组成。这种样本明显有偏颇，因为每周一的报纸可能会有些固定的不同于其他日子的特定内容。

三、问卷调查

1. 问卷调查的分类

在大众传播媒介的研究中，问卷是收集资料的一种工具。

问卷依据填答方式的不同，可以分为自填式问卷和访问式问卷。自填式问卷是由被调查对象本人填写的问卷；而访问式问卷则是由访问员对被调查对象进行访问，由访问员填写的问卷。

问卷从构成形式上看，可以分为三类。

（1）封闭式问卷。问卷中所有的问题，调查者都事先设计好了答案，所以被调查对象没有自由发挥的余地。对个人基本情况的调查，例如性别、年龄、学历、职业等，采用的多是封闭式问题。封闭性问卷便于统计分析，做定量化处理。

（2）开放式问卷。与封闭式问卷相反，开放式问卷是指调查者只给出问题，在问题的下部留出适当的空白让被调查对象自由填写。开放式问卷主要用于研究的探索阶段，或是对某种问题进行深入研究，它集思广益，收集的资料比较丰富。设计开放式问卷时要从小问题着手，言之有物，切忌空洞，以免让被调查对象无所适从，不知从何处答起。

（3）半开放式（半封闭式）问卷。现代传播调查广泛使用的是半开放式问卷，它既有开放式问题，又有封闭式问题。这种问卷有助于保证该问题对所有的被调查对象都适用。下面就是一道半开放式的问题。

您上网是为了_____。

1. 工作需要　　　　　2. 消磨时间、娱乐　　　　　3. 学习需要

4. 获得免费资源　　　5. 节省通信费用　　　　　　6. 对外联系方便

7. 尝试一下新鲜事物　8. 发表自己的看法，与他人讨论

9. 炒股需要　　　　　10. 其他（请注明）_____

一般来说，一份标准的问卷包括封面、指导语、问题及答案、编码及其他资料四部分。

2. 问卷制作的基本原则

为了保证问卷的科学性、客观性和准确性，在制作问卷时应遵循一些基本原则。

（1）问题的语言要尽量简单易懂。

例如：您的家庭属于下列哪种类型：1）单身家庭；2）核心家庭；3）主干家庭；4）联合家庭；5）空巢家庭；6）其他。对于绝大多数被调查对象来说，他们并不清楚什么是"核心家庭"、什么是"主干家庭"，甚至从未听说过。而如果问家庭成员有哪些，这是人人可以回答的问题，但是一旦用上述专用词汇，也许就会有许多人拒绝回答这道题目。

（2）问题的语言陈述尽量简短。

（3）问题要避免带有双重或多重含义。

例如："你经常听广播和看电视吗？"在一个问题中既问是否经常听广播，又问是否经常看电视，那些经常看电视而不经常听广播的人，或者经常听广播而不经常看电视的人，就无法回答这个问题。正确的问法是把这个问题拆成两个问题：你经常看电视吗？你经常听广播吗？

（4）避免主观诱导式提问。

提问时不能让被调查对象感觉到研究者希望他选什么，应保持中立的提问方式，使用中性的语言。

（5）一般不能用否定方式提问。

在日常生活中，人们习惯于回答肯定式的问题，除了某些特殊情况外，设计问卷时一般不用否定方式提问。例如，"你平常不看电视是因为什么？"由于不习惯，许多回答者会忽视这个问题中的"不"字。如果按照这种理解回答的话，会造成填答错误。

（6）留意提问顺序的影响。

在美国的问卷调查中曾有这样一个例子，当问及"日本政府是否应该对美国工业品在日本的销售数量设定限额"时，大多数的美国人给予了否定的回答。然而，与此

同时，在与前一样本相当的样本中，有2/3的美国人给予了肯定的回答，因为他们先回答了这样一个问题："美国政府是否应该对日本工业品在美国的销售设定限额？"大多数人都认为美国有权力设定进口限额。为了保持一致，他们也只好回答日本应当有同样的权力。

（7）避免提出被调查对象记忆模糊的问题。

在提问中研究者想要"挖掘"被调查对象较为遥远的记忆，或是提出被调查对象必须要用准确数字才能回答的问题时，往往会使问题的回答变得很困难。例如，你收看的第一部外国电视连续剧的名字是什么？昨晚，你看电视的时间是几小时几分？类似的问题很少有人能够精确地回答出来。

（8）将被调查对象容易拒绝回答的问题，尽可能放在后面。

📝 **阅读链接**

检查新闻标准性的调查

美国学者坦卡德和瑞安（Tankard and Ryan，1974）曾从密西西比河以东26个州发行量超过5万份的167家报纸中随机抽取了20家作为样本，在3个月的时间内挑选有关科学方面的剪报，并将问卷、剪报和回邮信封寄给与这些科学新闻报道有关的242位科学家，要求这些科学家对照目录中列出的42种错误类型，指出这些文章中可能出现的错误类型，表达他们对一般科学新闻报道的态度，并提供他们最近与新闻界往来的信息。

调查共获得193份有效问卷（只有2位科学家拒绝合作，13份问卷因无法投递而被退回，34份问卷由于各种原因而被判定为无效问卷）。调查者根据这些反馈了解到科学家认为科学新闻报道最经常犯的错误类型，科学家赞同或不赞同关于一般科学新闻报道的九种简单陈述的意见，九种用于预测的变量，如内容分类（医药学、生物学、社会科学等）、报道来源（员工、通讯社等）、报纸发行量，以及文章是否署名和可见错误率之间的关系。

坦卡德和瑞安报告说，在报纸刊出前经科学家审阅的文章的错误种类平均数为3.50，在报纸刊出前未经科学家审阅的文章的错误种类平均数为6.69。态度栏中显示，科学家对科学新闻报道的准确性总体上提出了强烈的批评。大多数样本指出，科学文章的标题常常引起误解，而且，对了解研究结果很重要的那部分信息通常在新闻报道中被省略掉了。

资料来源：沃纳·赛佛林，小詹姆斯·坦卡德. 传播理论：起源、方法与应用. 郭镇之，等译. 北京：中国传媒大学出版社，2006：31.

第二节　内容分析法

一般来说，科学研究的第一步是准确描述感兴趣的现象。内容分析（Content Analysis）可以让研究者以系统严格的方式描述传播内容的性质，是传播学研究的基本方法之一。

内容分析几乎可用在任何传播类型之中，尤为适合大众传播媒介信息。早在 20 世纪 20 年代，美国著名专栏作家李普曼就做过内容分析的尝试。他根据自己在第一次世界大战中的亲身经历，感觉到美国新闻界的报道严重失实。为此，他与一位朋友以美国《纽约时报》关于俄国十月革命的报道为例进行研究，统计分析结果表明，该报三年内对俄国的报道充满了偏见。

内容分析是逻辑性研究媒介效果的起点，它帮助我们发现内容所包含的东西可能会带来什么样的效果。但我们也要充分意识到，内容分析的结果并不说明我们能对内容的效果做出推论。内容分析获得的事实本身并不能回答内容效果问题，探讨内容效果必须运用其他研究方法。

一、内容分析的定义和特点

1954 年，传播学家伯纳德·贝雷尔森（Bernard Berelson）在他的代表作《内容分析：传播研究的一种工具》中为内容分析下了定义："内容分析是一种对传播内容进行客观、系统和定量描述的研究方法。"[①] 在这个经典定义中，贝雷尔森首先明确了内容分析的对象是传播内容，其次指出了内容分析的三个原则，即客观、系统、定量。

内容分析有以下几个特点：

（1）内容分析是较为客观的研究方法。

内容分析完全是从现有文献资料出发，按照研究者设计好的程序进行研究，要保证不同的研究者用同样的研究方法分析同一内容时，能够得到相同的结论。

（2）内容分析是系统的分析。

内容分析之所以客观，是因为它成体系，列入了一系列明确的标准和程序来编码信息内容。从理论上说，任何一个了解这些标准和程序的编码者（研究内容并将内容进行归类的人）都会和其他编码者一样，编码相同的信息内容。

（3）内容分析是定量分析。

对分析的媒介内容进行准确的数量描述，尽可能排除主观判断，以便使研究结论有可靠的准确性。从内容分析中得出的数据是定量的，也就是说，用定量的方式编码和记录内容的一些特定方面。这一点很重要，因为这种定量方式让研究者能对编码的结果做各种不同的数据式测试。

---

① BERNARD BERELSON. Content analysis in communication. Glemcoe，IL：Free Press，1952.

（4）内容分析编码显性内容，不编码隐形内容。

显性内容指信息中实际出现、无须解释的素材。隐形内容指经编码者编码前理解透字里行间的隐含意义之后，可能变得明显的内容。

比如，编码者可能会将电视剧中这样一句话理解为赞美："我说，你这身装扮真的挺精神。"这句话按字面意思，似乎应该编码成赞美，但从剧情中的其他暗示（说话人的口吻）可以明显看出，这句话以讽刺口吻说出，实际上并不是赞美。如果编码者不将其归为赞美，而将其归为侮辱，就是在编码隐形内容。你或许已经感觉到，对显性内容、隐形内容问题，内容分析者会意见不一。一些研究者只乐意编码显性内容、分析数据，讨论可能的解释；而另一些研究者则有意直接编码隐形内容。

《大趋势——改变我们生活的是个新方向》一书一经出版，就赢得了成千上万的读者。人们被书中提出的独到见解所吸引，而冷静的研究学家却被书中所运用的研究方法所吸引。当然，作者奈斯比特也因此名声大振。

奈斯比特的预测咨询公司订了 200 份美国各种报纸，每天进行分析、综合，经过几年的积累，从中归纳出美国从工业社会过渡到信息社会的十大趋势。包括：从强迫性技术向高技术与高情感相平衡的转变；从一国经济向世界经济的变化；从短期向长期的变化；从集中到分散；从向组织机构求助到自助；从代议民主制到共同参与民主制的转变；从北到南；从非此即彼的选择到多种多样的选择；等等。

资料来源：戴元光. 传播学研究理论与方法. 上海：复旦大学出版社，2003.

二、内容分析的步骤

一般把内容分析的全过程分为 7 个步骤：确定研究目的→建立假设→抽取信息样本→制定分类样本→处理样本资料→统计分析判别→撰写研究结果报告。下面重点介绍前 5 个步骤。

1. 确定研究目的

确定研究目的可以避免在收集资料的过程中漫无目的。美国学者格伯纳的暴力与媒体研究小组想知道媒体所表现的暴力和日常生活中暴力的关系，因此收集了 1967 年和 1968 年两年 10 月 1 日至 7 日电视台黄金时间（下午 4 点至 10 点）和周六上午（8 点至 11 点）的娱乐节目，进行了研究。

2. 建立假设

假设是可以验证的预测。假设通常是以"如果……那么……"这样的条件句式表述的，研究人员需要揭示的是一种原因（自变量）和结果（因变量）的关系。这些关系就是研究人员最感兴趣的东西——研究的结论。

3. 抽取信息样本

实地调查的抽样对象是活生生的人，而内容分析选取的是资料，除此之外，两者的原则基本相同，如：要坚持随机抽样的原则，避免出现周期性误差；抽样的样本数不得小于 30 个。

例如，研究者想要知道媒介对北京奥运会的报道态度，由于他不可能查阅所有相关资料，因而只能从几千种报纸、杂志和几千家广播电视台中先抽取研究的媒介种类，然后再从这些媒介中抽取部分时间段作为样本。

4. 制定分类样本

把抽样后的样本分类是内容分析中非常重要的一环。首先，要确定分析的内容单元。比如，若分析报纸上一篇文章每个段落的特点，段落就是分析单元；若分析每个句子，句子就是分析单元。有时电视节目被分解成若干场面，然后分析每一个场面，这时，场面就是分析单元。其次，要制定好分类标准。给一般传播媒介内容设计分类标准时要给类别下明确的定义。分类标准要能够涵盖该类别的所有内容，各类别间相互排斥，类别名称浅显易懂。例如：格伯纳把所考察的183个娱乐节目分成三类：（1）"犯罪—西部—冒险"节目；（2）"喜剧风格型"节目；（3）"卡通形式"的节目。[①]

定好分类标准后，就需要把一个个样本分别归到各个内容类别中，即编码。一般有两种方法：一是人工编码；二是计算机编码。

5. 处理样本资料

研究人员需要对经过分类编码后得到的数据资料进行统计分析。常用的数量概念是绝对数、百分比和平均数。在前述格伯纳的研究中，研究人员发现约涉及450个任务角色，其中超过一半的人（241人）有暴力行为。此外，这些节目中还记录了1 215次暴力事件。这些统计数据显示出暴力内容在节目中随处可见而且极难回避。[②]

当研究课题比较复杂时，只有上述单纯分析是远远不够的，还必须采用较复杂的统计方法，如相关分析、因子分析、卡方分析等。需要记住的是，内容分析不应以单纯的内容描述为最终目的，必须有科学价值、应用价值和理论意义。

📝 阅读链接

媒介的内容分析

1. 报纸和电视的比较

哥伦比亚大学自由论坛媒介研究中心对1995年1月《纽约时报》《亚历山大宪法报》《得梅因记录报》以及三大电视网ABC、CBS和NBC的晚间新闻报道进行了一次内容分析，研究题目是"报纸头条和电视口号（精选同期声）——真是那样的吗？"，其中得出了这样的结论：在许多重大新闻报道方面，电视可与报纸媲美，甚至比报纸做得更好；在非重大新闻报道方面，报纸的报道则比电视报道涉及的主题更为广泛。这一研究与长期以来人们所持有的报纸报道在质量上和数量上均胜过电视新闻的观点相反。

2. 电视中的女性

1999年，三位研究员（Elasmar，Hasegawa and Brain）公布了他们对黄金时间

①②　希伦·A.洛厄里，梅尔文·L.德弗勒. 大众传播效果研究的里程碑. 刘海龙，等译. 北京：中国人民大学出版社，2004：272.

电视的内容分析的结果。他们发现在黄金时间里 32% 的说话角色为女性，跟以前的研究结果相比有了提高。他们将提高的原因归为"美国关于工作女性价值观的渐变"。调查还分析了女性形象与"民族、婚姻状况、头发颜色、职业化、角色类别、成功程度及外遇"的关系。

3. 电子空间里的内容

随着互联网信息呈指数级增长，商业公司自然会对互联网的内容提供"剪报服务"。一项服务是使用"按客户标准事先确定的目录"，从互联网上每天 4.5 万条信息中筛选出任何一条合乎标准的资料。进行内容分析可以"使客户以'可测量的、可付诸行动的和科学的'方式评估他们的互联网形象，以确定他们的'优势与弱势，机遇与脆弱性'"。

资料来源：沃纳·赛佛林，小詹姆斯·坦卡德. 传播理论：起源、方法与应用. 郭镇之，等译. 北京：中国传媒大学出版社，2006：32.

第三节 控制实验法

控制实验法是心理学家经常使用的一种研究方法，一些对传播学感兴趣的心理学家把这种方法引入传播学，并由此使传播效果的研究有了突破性进展。控制实验法的意图十分简单明了：通过建构并控制一个模拟的现实世界，我们可以先变化一个因素，再变化另一个因素，以期发现这些因素单独起作用或联合起作用会对人们产生怎样的影响。

一、控制实验法的特点

控制实验法有两个重要的特点：一是控制；二是随机分配。

1. 控制

就像病毒研究人员把某种病毒注射到小动物体内，然后观察小动物的生理变化一样，传播学研究人员也进行实验，他们通过一次改变一个或两个因素（自变量）来测试被测试对象在控制和自然状态下的不同反应。

我们先想想电视中的暴力镜头与儿童行为之间的关系。假设那些观看许多暴力电视节目的儿童，比起很少看这类节目的儿童有更严重的攻击行为倾向，则表明儿童可能在模仿他们从屏幕上看到的场景。

于是传播学家便把电视节目搬进了实验室，在那里可以控制儿童观看暴力节目的数量。通过让儿童观看暴力节目或非暴力节目，研究者可以观察暴力节目的数量对儿童行为产生的影响。美国学者查理斯·伯依扎茨及其同事（1995）给一群小学生放映了一段 20 世纪 90 年代最流行，也是最暴力的儿童电视节目——"强力突击队"。在刚看完电视节目之后，这些儿童在平均每两分钟的间隔中所表现出的暴力行为是没有观看节目的儿童的 7 倍多。我们称那些观察到的暴力行为为因变量。这个实验表明，电视节目可以成为导致儿童暴力行为的原因之一。[①]

2. 随机分配

现在我们进行一个控制实验，来说明学生利用网络学习是否比在课堂上学到更多的东西。在这里，研究人员需要弄清网络教学、课堂教学（自变量）与学生学习水平（因变量）的关系。

研究人员若通过比较两个组或者更多个组来测量不同教学媒体的效果，那么必须把被测者随机分配到各个实验组，以保障这几个组从一开始实验条件就相同。如果不是这样，那么所观察到的差异便有可能是由于几个组之间的不相同（例如学生的受教育水平、智力水平）所造成的，而不是实验控制的结果。举例来说，那些智力水平很高的学生，在两个组中出现的机会应该是相等的。由于随机分配创建了两个同质组，之后在两组间出现的学习水平的差异就可以归结到唯一区别两组的那个因素——教学媒体上。随机分配要求研究者找出被测者的特征，并以大致相同的数目将他们分配到各组中。

📝 阅读链接

"自然"实验

"自然"实验通常可以在实验室外进行。传播研究中的一个有计划的自然实验法例子是分别测试法（Split-run），如：将一则广告或其他消息采用两种版本发布，并通过电话或面访的形式对每一种版本的相对效果进行评估。方法是把带有广告或消息的商品赠券编码处理，然后根据附在赠券表格上的回答，确认带来了反馈的版本或其他方式。

有时实验者可能对理论性问题或某个假说的检验感兴趣，并且能设计一项恰当的研究用于自然事件中。然后，实验者进行实地调查，"跟踪"这次事件。

资料来源：沃纳·赛佛林，小詹姆斯·坦卡德. 传播理论：起源、方法与应用. 郭镇之，等译. 北京：中国传媒大学出版社，2006：34.

二、实验设计

实验设计是一个研究计划，这个计划通常用一个记号系统来表示，其中坎贝尔（Campbell）与斯坦利（Stanley）于 1963 年提出的记号系统最为著名。

1. 坎贝尔与斯坦利记号系统

在这个系统中，字母 R 代表"随机分配样本给各组"，X 代表"实验变量"，O 代表"观察"或"测量"，对样本的观察数量写在 O 的右下角，O_1 表示"观察 1"，O_2 表

[①] 戴维·迈尔斯. 社会心理学. 张智勇，等译. 8 版. 北京：人民邮电出版社，2006：19–21.

示"观察2"，依此类推。

那么，假如你要给某一样本读一份报纸，然后测量他们的新闻知识，你可以这样表示这个实验设计：

$X \quad O$（$X=$变量，即报纸；O表示测量）

2. 控制实验的类型

（1）前测-后测控制实验（Pretest-Posttest Control Experiment）。

请注意，在上面的实验设计XO中，R没有出现在X和O之前，就表示这个实验没有随机分配样本，而且没有前测，也没有比较组，因而它无法说明报纸的任何效果。为了弥补这一缺陷，我们将被测者随机分配，并进行测量，即

$R \quad O_1 \quad X \quad O_2$

RO_1表示读报前的测量（前测），XO_2表示读报后的测量（后测）。虽有改进，但是仍有问题，被测者相同，前测与后测两次测量之间观察到的一些变化，会不会是由于被测者对测试逐渐适应造成的呢？毕竟，这是他们第二次接触测试题目。如果我们加入一个比较组（控制组），就成为：

第一组：$R \quad O_1 \quad X \quad O_2$
第二组：$R \quad O_1 \qquad O_2$

第二组仍然维持日常的行为，这样，随机分配的两组在前测时应该没有变化，第一组（实验组）读报后和第二组（控制组）进行比较，若发现结果差别较大，就可以认为，实验处理正是造成差异的原因。

（2）单一后测控制实验（Posttest-Only Control）。

这里还有一个问题，对所有被测者进行了两次测试，他们可能会在第二次时变得敏感。由于对测试题目已经有了经验，他们的分数会比较高。该如何解决这个问题呢？我们可以加入一个没有经过前测的组，即

第一组：$R \quad O_1 \quad X \quad O_2$
第二组：$R \quad O_1 \qquad O_2$
第三组：$R \qquad\qquad O_1$

第三组解释对测试题目的敏感问题，他们没有经过前测，也没有见到报纸这个变量，只经过了一次后测。把它与控制组（第二组）做比较，其显著差异可以认为是测试的影响；把它与实验组（第一组）做比较，如果不存在对测试的敏感效果，且差异明显，其差异就可以认为是由于实验变量引起的。

（3）所罗门四组设计（Solomon 4-Group Design）。

这一设计中还可以再加入一组，第四组处理对测试的敏感问题。

第一组：$R \quad O_1 \quad X \quad O_2$
第二组：$R \quad O_1 \qquad O_2$
第三组：$R \qquad\qquad O_1$
第四组：$R \qquad X \quad O_1$

这里，我们会看到第一组（实验组）的 O_1 和 O_2 应该有显著差别，与第二组（控制组）的 O_2 也应有显著差别，第三组和第四组、第一组的 O_2 应有显著差别，等等。在这个设计中，研究人员尝试控制外部因素、随机效果以及测试系统带来的偏差。

第四节 个案研究法

实地调查法、内容分析法、控制实验法运用统计分析方法，对众多的对象同时展开研究，个案研究（Case Study）则有所不同，它是对某个个别对象进行的定性研究。在传播学中，个案研究主要用于传播者的研究。

美国学者梅里姆（Merriam，1989）提出了个案研究的四个特点：[①]

（1）特殊性（Particularistic）：个案研究着重于一种特定的情况、事件、节目或现象，以研究现实问题。

（2）描述性（Descriptive）：个案研究的结果或最终结果是一份关于研究课题的描述性报告。

（3）启发性（Heuristic）：个案研究有助于人们了解被研究的主题是什么，提出新的观点、新的解释、新的意义，虽然这种结论不能作为规律性结论。

（4）渐进性（Progressive）：个案研究是依据归纳和推理的过程，并在检验大量资料中形成原理和普遍原则，许多研究在于发现新的联系，而不是证明存在的某种假设。

在传播学史上，美国普林斯顿大学广播研究室（1938）对哥伦比亚广播公司播放的由科幻作品改编的广播剧给美国社会造成的社会恐慌进行了调查。这项研究由于调查的问题庞杂，研究人员使用了多种方法：个人访谈、科学调查、对报纸的叙事分析和对邮件的分析，是一个典型的个案研究。

个案研究可以让研究者收集到与研究课题相关的大量资料，特别是在研究的主题还不能确定的阶段。但是个案研究在传播学研究中并不常用，一方面是由于个案研究的本身应用范围有限，另一方面是由于这种方法具有本身无法克服的缺点，包括：（1）由于只研究个案，难以推导出普遍意义；（2）研究过程没有严格的程序，研究的结论易受到研究者的主观影响；（3）个案研究的结果只能参考，不能推论。

📝 **阅读链接**

用内容分析法对电视新闻进行的一次个案研究

伯克维兹（Berkowitz，1990）把内容分析法和实地调查法结合起来，研究了印

---

① 戴元光. 传播学研究理论与方法. 上海：复旦大学出版社，2003：131–132.

第安纳波利斯市一个电视网的附属台对地方新闻的选择。他改进了新闻"门"这个比喻，并根据地方电视台的情况重新确定了"守门"这个概念。他在新闻编辑室中将 4 周内可能成为新闻的 391 则报道全部编码。

伯克维兹发现，除了新闻价值观以外，决定新闻选择的是以下几个考虑：信息是否容易解释，是否吸引受众，以及是否容易合成。经过 220 小时在新闻编辑室的观察和后来的访谈，伯克维兹得出结论，新闻工作者并不是按照教科书中的新闻价值观挑选新闻，而是凭借直觉、兴趣、重要性及视觉印象来做出选择，虽然这些因素在选择新闻的编前会议中很少提到。

新闻报道形式的布局结构要求对不同类别的新闻报道有适当的配额，这对新闻选择决策的影响几乎等于待选新闻的价值。伯克维兹说："这有助于解释为什么'守门人'并不总是赞同特定种类的新闻，而是倾向于赞同利用不同种类的新闻达到一种平衡的新闻组合。"

资料来源：沃纳·赛佛林，小詹姆斯·坦卡德. 传播理论：起源、方法与应用. 郭镇之，等译. 北京：中国传媒大学出版社，2006：35.

本章重点内容提要

1. 传播学的研究方法有：实地调查法、内容分析法、控制实验法、个案研究法。

2. 实地调查法是一个完整的、系统的、有程序的、科学的研究手段，有一系列具体步骤和具体的实施方法。

3. 内容分析是一种对传播内容进行客观、系统和定量描述的研究方法。

4. 控制实验法的意图：通过建构并控制一个模拟的现实世界，我们可以先变化一个因素，再变化另一个因素，以期发现这些因素单独起作用或联合起作用会对人们产生怎样的影响。

5. 个案研究与其他研究方法有所不同，它是对某个个别对象进行的定性研究。

思考题

1. 抽样调查分为哪几种？每一种抽样调查的具体特征是什么？

2. 内容分析有什么特点？

3. 请试着利用坎贝尔与斯坦利提出的记号系统做一份实验设计。

4. 个案研究有什么特点？

5. 试组织一次调查研究活动，将全体参加人员分成几个组，每组运用不同的方法（实地观察法、内容分析法、个案研究法）进行调查研究，回来后开一个研讨会。联系调查情况交流对各种研究方法的作用、优缺点和实施步骤的认识，撰写一份调查报告。

第五章　传播学基本概念

知识目标

1. 掌握信息的概念及特征
2. 掌握符号的特征
3. 掌握语言符号与非语言符号的区别
4. 掌握关于意义的理论

能力目标

1. 能够理解信息对现代社会的影响
2. 具备认识并分析符号影响流行文化的生产与创造的能力

素质目标

理解我国社会主义核心价值观在大众传播内容中的体现

第一节　信　息

2006 年 2 月，奥德尔（Odeo，一家播客公司，提供平台，让用户以电话留言的方式制作 MP3 播客音频并发布到网络上）的格拉斯和多尔西带领一个小组，在公司内部开始了"Twttr"项目：用户向某一个号码发送短信，其内容会自动发布在网络上并与好友分享，这就是后来的"Twitter"（推特）。一个月后，公司内其他员工也开始对这个"新玩意儿"痴迷，每月短信费用达到了几百美元。8 月，旧金山发生了微弱地震，推特传播消息的即时和快速第一次让用户和外界刮目相看。到 2020 年，推特注册用户已达 5.17 亿，业务涉及信息制造、传播、处理、存储、应用等多个产业。

一、信息的概念

信息是传播学的基本概念之一。信息（Information）这个词在英文中已有 600 多年的历史。在我国，据《新词源》考证，一千多年前，南唐诗人李中在《暮春怀故人》中有"梦断美人沉信息，目穿长路倚楼台"的诗句。这里的"信息"指的是音讯、消息。

作为一个学术概念，信息是什么呢？信息的定义多达数十种，国内外学界争论不休。这里介绍的是信息论的创始人、电信工程师克劳德·香农的观点。

在信息论领域，要理解"信息"，还得从"熵"这个概念说起。熵（Entropy）是热力学中表示物质状态的参量之一，它体现一种随意性，是在某一特定条件下的无序的表现。一种完全处于"熵"的状态是不可预测的。由于我们生活中的大多数状态只是部分地，而不是完全不可预测，因此"熵"是一个变量。比如，今年在世界田联排名第一的选手将参加一项重要赛事，你预言他将夺冠。这个预言有可能是正确的，也有可能是错误的。体育竞赛是一个有组织的系统，任何预言都有不确定性，你不能事先对竞赛名次做出一个结论性预言。在某一特定条件下存在的熵引发了不确定性。熵是混乱和无序的度量，熵值越大，预测性就越低。所谓"信息量"就是指在一定条件下对不确定性或者熵的测量。[①]

上面的信息定义可能让你感到困惑，那是由于很多人把信息与确定性联系起来了。但是根据信息论的观点，"信息"概念强调的不是意义，而是把信息视为减少不确定性所需的信号数量。不确定性越大，信息量也越大。如果你处在一个再熟悉不过的环境中，每天的日子单调乏味，没有变化，也就是说，你生活在一个毫无悬念的、完全可以预测的环境中，那么就没有任何信息可言了。

📝 **阅读链接**

克劳德·香农

克劳德·香农（Claude E. Shannon）1916 年出生于美国密歇根州佩托斯基。他的父亲是一个遗嘱检验法官，他为年轻的香农提供机械装置、无线电元件和其他技术玩具。香农喜欢科学和数学。他在童年时的偶像是发明家爱迪生，并对爱伦·坡 1843 年的著作《金甲虫》感兴趣，这是一部有关破译密码的著作。这一早期的好奇心也许引导了香农后来的密码学工作。他曾做过"西部联盟"的儿童信使，他与电报的联系或许已预示他后来在电子传播系统方面的工作。

香农在麻省理工学院获得电子工程和数学的硕士学位和博士学位。后来，他在普林斯顿大学高级研究所获得国家研究基金，随数学家 H. 韦尔学习。

1945 年，香农参与撰写了作为贝尔实验室的一个秘密备忘录的《密码学的数学理论》，它包含着信息论的精华。1948 年，香农在《贝尔系统技术杂志》上发表了由两个部分组成的文章，标志着信息论的首次发表。

1949 年，香农和韦弗合作撰写的《传播的数学理论》成为由大学出版社出版的

---

① 斯蒂芬·李特约翰. 人类传播理论. 史安斌, 译. 7 版. 北京：清华大学出版社，2004.

销量最好的学术著作之一。有关韦弗对这一著作的贡献，韦弗自己这样说："与香农的贡献相比，我对这部著作的贡献是非常微小的。我很清楚这样的事实：当一个游行被安排时，老鼠不可能排在狮子的前面。"

资料来源：E. M. 罗杰斯. 传播学史：一种传记式的方法. 殷晓蓉，译. 上海：上海译文出版社，2005.

二、信息的特征

信息在人类的生存环境中，是既非物质又非能量的第三种形态。那么信息有哪些特征呢？

美国人在对"9·11"事件的调查中发现，早在事件发生前，指向灾难的种种信息看起来似乎非常明显。美国参议院的一份调查报告显示，CIA 知道基地组织的"爪牙"已经潜入了境内。一个 FBI 情报员给总部的一份备忘录是以这样的警告开头的："联邦调查局和纽约市：本·拉登可能会将学生送到美国参加民小航空院校的联合行动。"FBI 忽视了这份准确的预警，也未能把它和其他一些预见恐怖分子可能会使用飞机作为武器的报告联系在一起。

阅读这个案例，我们会发现信息具有以下三个特征：

（1）事实性。信息总是与事实相关，而且先有事实，然后才有信息。可以说，信息依附于事实，通过一定的方式表达出来。CIA 在掌握了基地组织在美国活动的证据后，指出它的"爪牙"已经潜入了境内。

（2）传递性。信息是运动的，只有处在交流中的信息才有意义。美国政府的决策人员没有接受 FBI 情报人员的信息，对他们来说，那份重要的备忘录就不是信息。

（3）时效性。信息的功效是有一定期限的。一旦过期，功效就会递减，甚至丧失。譬如，当你身处一个陌生的城市中，你一般会找一份最新版的交通路线图做向导。

三、信息革命与信息社会

1973 年，美国著名社会学家丹尼尔·贝尔（Daniel Bell）在《后工业社会的来临》一书中首先提出了"信息社会"的思想。接着，阿尔温·托夫勒的《第三次浪潮》、约翰·奈比斯特的《大趋势》也相继出版。这些未来学的著作中关于信息、信息革命等一系列概念的阐述引起了人们的广泛关注。

丹尼尔·贝尔是信息社会学的创始人，是当代信息主义思潮的重要代表人物。他认为，人类社会经历了三个阶段，即农业社会、工业社会和后工业社会。贝尔对后工业社会有系统的认识，他在《后工业社会的来临》一书中指出，后工业社会有五大特征：[1]

（1）经济方面，从产品生产经济转向服务性经济。

（2）职业与上层建筑方面，出现一个新的专业化或技术职业性阶层，并且在社会中确立主导地位。

---

[1] 丹尼尔·贝尔. 后工业社会的来临. 高铦，等译. 北京：新华出版社，1997.

（3）社会发展方向方面，重视对技术的控制与鉴定。

（4）决策方面，创造新型的"智能技术"。

（5）整个社会的中轴原则是理论知识占中心地位，它是一切社会变革和政策制定的源泉。

贝尔的后工业社会理论是建立在信息业和服务业的主导作用这个支点之上的。1979年后，他建议人们采用"信息社会"的概念代替"后工业社会"的概念。

托夫勒的观点与贝尔大致相同，他在《第三次浪潮》这本书中将人类社会划分为三个阶段：第一阶段为农业阶段，从约1万年前开始；第二阶段为工业阶段，从17世纪末开始；第三阶段为信息化（或者服务业）阶段，从20世纪50年代后期开始直到今天。目前，人类社会正在迎来以信息革命为特征的第三次浪潮。这场新科技革命，正以迅猛异常的速度，推动着全球范围内社会生产力的巨大进步，并正引起一系列前所未有的深刻的社会变革。[①]

在信息社会中，社会的核心资源是信息。信息生产和信息传播对社会的政治、经济和文化产生重要的影响。进入20世纪90年代后，美国的克林顿政府提出了国家信息基础设施（NII）的设想。克林顿政府希望用10年到15年的时间，通过建设信息产业基础设施为美国铺设全新的"信息高速公路"。继美国之后，英、法、德、日等国家也都先后提出了各自的信息产业计划。

一位相对年轻的美国人文学女教授与一位年岁较大的教授辩论时说道："他们无法理解我们这些生在二战之后的人如何能够在读书的同时还能看电视，但是我们能。我们写字的时候戴着耳机，摇滚乐或是普契尼、勃拉姆斯在耳边狂响，关闭了声音的肥皂剧在电视屏幕上闪烁。同时，我们还可以用电话与别人聊天。新生代具有多层面、多轨道应对世界的能力。"

资料来源：陈力丹. 传播学是什么. 北京：北京大学出版社，2007.

无论我们怎样谴责电视、批评网络，事实上它们确实是有史以来最为完善地实现了人类声像的同步传播，开阔了社会最大多数人的眼界。

资料来源：陈力丹. 国民阅读率果真下降了吗？. 新闻记者，2007-08-30.

---

① 阿尔温·托夫勒. 第三次浪潮. 黄明坚，译. 北京：中信出版社，2006.

当世界各地掀起信息高速公路建设的热潮时，我国也迅速做出了反应。1993 年年底，中国正式启动了国民经济信息化的起步工程——"三金工程"[①]。"三金工程"的目标是建设中国的"信息准高速国道"。1997 年，我国召开了全国信息化工作会议，提出了国家信息化建设的指导方针：统筹规划，国家主导；统一标准，联合建设；互相连通。2000 年，党的十五届五中全会把信息化提到了国家战略高度。

目前，我国的信息网络成为支撑经济社会发展的重要基础设施。2022 年，中国的互联网发展情况在全球 48 个国家和地区中位列第二，已建成全球最大规模的 5G 网络，数字经济规模占 GDP 39.8%；[②] 截至 2023 年 12 月，我国网民规模达 10.92 亿人，较 2022 年 12 月新增网民 2 480 万人，互联网普及率达 77.5%；公共服务类应用加速覆盖，智慧出行、智慧医疗等持续发展让网民数字生活更幸福，网约车、互联网医疗用户规模增长明显。[③]

当然，我国信息化的发展也存在一些亟待解决的问题，主要表现在信息技术自主创新能力不足、信息技术应用水平不高、信息安全问题比较突出、数字鸿沟有所扩大等方面。信息技术的发展关系到国家和民族的生存，已经成为当今世界的共识。

第二节　符号与意义

阅读链接

下面这段文字是盲童海伦·凯勒的老师沙莉文小姐所记录的海伦学习情景。

新生的喜悦

今天早晨，当她正在梳洗时，她想要知道"水"的名称。当她想要知道什么东西的名称时，她就指着它并且拍拍我的手。我拼了"w-a-t-e-r"（水），直到早饭以后我才把它当回事儿。……我们走出去到了井房，我让海伦拿杯子接在水

---

① "三金工程"，即金桥工程、金关工程和金卡工程。金桥工程属于信息化的基础设施建设，是中国信息高速公路的主体。金桥网是国家经济信息网，它以光纤、微波、程控、卫星、无线移动等多种方式形成空、地一体的网络结构，建立起国家公用信息平台。金关工程即国家经济贸易信息网络工程，可延伸到用计算机对整个国家物资的市场流动实施高效管理。金卡工程，即从电子货币工程起步，计划用 10 多年的时间，在城市 3 亿人口中推广普及金融交易卡，实现支付手段的革命性变化，从而跨入电子货币时代，并逐步将信用卡发展成为个人与社会的全面信息凭证，如用信用卡记录个人身份、个人经历、储蓄情况、刑事案件等。

② 中国网络空间研究院. 世界互联网发展报告 2022.

③ 中国互联网络信息中心. 中国互联网络发展状况统计报告（第 53 次）.

管喷口下，然后由我来压水。当凉水喷上来注满杯子时，我在海伦空着的那只手上拼写了"w-a-t-e-r"。这个词与凉水涌到她手上的感觉是如此紧密相连，看来使她大吃一惊。她失手跌落了杯子，站在那里呆若木鸡，脸上开始显出一种新的生气，她拼了好几次"water"。然后她跌坐在地上问地板的名称，又指着问水泵和井房棚架。突然她转过脸来问我的名字，我拼了"teacher"（教师）一词，在回家时她一路上都处在高度的兴奋状态中，学着她碰到的每样东西的名称，并且高兴得连连吻我。……现在，每件东西都必须有一个名称了，不管我们走到哪里，她都热切地问着她在家里还没学到的东西的名称。她焦急地教她的朋友们拼写，并且热心地把字母教给她所碰到的每一个人。一旦她有了语词来取代她原先使用的信号和哑语手势，她马上就丢弃了后者，而新语词的获得则给她以新生的喜悦。我们都注意到，她的脸一天天变得越来越富于表情了。

资料来源：海伦·凯勒. 我生活的故事. 上海：上海译文出版社，1985：43.

一、符号

海伦所经历的"新生的喜悦"，正是由于语言符号对事物的命名给了她一种全新的思想工具，为她呈现了一个新的天地。她开始用一种新的眼光来看待世界。准确地说，在对事物的命名中她获得了一个符号世界，一切的事物都生气勃勃起来，都"讲起话来"。所谓符号，是指信息的外在形式或物质载体，是信息表达和传播中不可缺少的一种基本要素。[①]

符号是信息传播最重要的工具。西方学者在对符号深入、系统的研究中，逐渐形成了一门新的学科——符号学。一般来说，西方现代符号学的理论渊源可以追溯到四个方面：（1）美国哲学家皮尔士给符号下了确切的定义，并把符号进行分类，使符号学获得了独立的学术地位；（2）瑞士语言学家索绪尔对庞大的语言现象作符号化整合，现代符号学得以建立；（3）德国哲学家卡西尔认为人类是符号动物，科学、艺术、语言与神话等则是不同符号形式的人类文化的方面；（4）现代逻辑学。

1. 符号的特征

（1）符号包括形式和意义两个方面，索绪尔把符号的形式称为"能指"，把符号的意义称为"所指"。形式是人们感官可以感知的，如文字、图表等；意义是人赋予的。比如，"水"这个词，文字或口语的表现是"能指"；而由"能指"所唤起的对"水"的意义——在海伦手掌上流动的液体即为"所指"。

（2）在社会生活中，"能指"和"所指"的关系是社会约定俗成的。符号和符号所代表的事物之间没有必然的联系。事实上，只要能够被群体接受，"书包"或其他任何"能指"就可以替代"本子"这个"能指"。

符号的形成是一个历史的、文化的过程。符号的"能指"和"所指"之间的关系

---

① 郭庆光. 传播学教程. 北京：中国人民大学出版社，1999：43.

在形成时期是任意的，但是这种关系一经确立，得到社会群体的普遍接受后，符号的"能指"和"所指"就不能被任意改变了。

符号的"能指"和"所指"的对应关系是具有规定性的，随着社会生活的变化，两者的关系也不是一成不变的，而是在慢慢地发生变化。

2. 语言符号和非语言符号

索绪尔列举的各种符号中，事实上隐含着最初的分类：一类是他认为的人类符号系统中最重要的语言（语音）符号；另一类是文字、象征仪式、习惯等，一般被称为非语言符号。

（1）语言符号。

语言是人类创造的一种最完善的符号体系。索绪尔认为："语言符号不仅把事物与名称结合起来了，而且把概念和音响形象也结合起来了。"[①] 也就是说，语言符号由声音形式和意义内容构成。语言是一种符号，具有符号的一切特征。同一般符号一样，用什么样的声音形式代表什么，是使用语言的社会集团的成员共同约定的，是大家共同遵守的。

语言符号又不完全同于一般符号。我们可从以下几个方面认识和理解：

第一，语言符号是声音和意义的结合体，是可说和可听的；

第二，一般符号的构成比较简单，而语言符号却是非常复杂的，可分为不同的层级（如：由音位层和音义结合的符号序列层）；

第三，一般符号由于构造简单，因而只能表达有限的内容，而且这种内容是简单、固定的，语言符号则可以表达丰富多样的意义；

第四，语言符号具有以少驭多、生成新的结构的能力，即生成性和开放性。

语言符号具有任意性和线条性两个重要特点。

其一，所谓任意性，是指语言的声音形式和意义内容之间的联系是任意的，由社会约定俗成的，没有必然的、本质的联系。它具体体现在语言的音义符号的结合是任意的，不同语言有不同的音义关系，即使是同一语言的语音关系也有任意性，比如上海话和广东话同是汉语，但是音义关系却有很大的不同。正是语言符号的声音和意义联系的任意性使人类社会拥有形形色色的语言。

"……在外太空我终于看见了这个走召弓虽的SP，一见到偶，他居然使出了久已失传的KHBD，偶狂晕，外星人也用这种X3L的招数，晕死了……"昨天，看到上小学6年级的儿子的作文，曾靖（化名）才真的晕了，他绞尽脑汁也没读懂儿子写的作文。

资料来源：小学生作文如"天书" 通篇网络语言. 重庆晚报，2009-05-18.

"人类联合组织派出我去和沙克族的第二代幽灵战士PK（决斗），在外太空我终于看见了这个走召（超）弓虽（强）的SP（Superman，超人），一见到偶（我），他

---

① 索绪尔. 普通语言学教程. 裴文，译. 南京：江苏教育出版社，2001.

居然使出了久已失传的 KHBD（葵花宝典），偶（我）狂晕，外星人也用这种 X3L（下三烂）的招数，晕死了，偶眼珠子都差点掉在了地上，WOWO（语气词），幸亏本人学到了一点 BXJF（辟邪剑法），加上 Kamehameha（气功波，源于日本动画片《七龙珠》），就挡住了他的进攻。"

资料来源：许国强. 直面小学生网络语言谱写"天书". （2009–05–05）［2022–03–02］. http://xjpl.csonline.com.cn/5/200905/t20090525_951394.htm.

这些网络语言是人类发展到信息时代的产物，是人们在信息交流过程中为便捷而被个别人群约定而产生的语言，但不一定"俗成"，故不能被普遍认同，甚至成为"天书"，对传统语言文字带来了挑战，已经引起家长、老师等的关注。[①]

其二，所谓线条性，是指语言符号在交际使用过程中，其声音形式只能一个一个依次出现，一个语音发出来才能紧接着发出另一个语音，形成线条，随着时间的推移而延伸，在时间的线条上绵延，不能同时在空间范围内展开。

实际上，语言符号系统在传播中虽然有着重要的功能，但是美国学者爱伯特·梅热比的研究指出，人类在交流中往往有这样的规律：

沟通理解 = 语调（38%）+ 表情（55%）+ 语言（7%）

由此可见，语言的作用远没有我们想象中的那么大。

（2）非语言符号。

人类传播的历史，比语言传播的历史还要悠久。在传播学史上，把语言产生之前人类所经历的漫长的原始传播时代，称为前语言传播时代。在传播中，人们使用语言符号表达谈话的内容，但这只是冰山一角，更多的传播行为由非语言符号来承担。

非语言符号大致可分为以下几类：

第一类是语言的伴生符。它是语言符号的伴生物，是语言内容之外的所有符号，如语速、声音频率、文字的书写状况等。比如在听力考试中，同样的一句话，会因为重音的不同、停顿的不同或者语调的不同而产生不同的意思。心理学家发现，与语言线索相比，非语言线索常常会暴露一个人的真正企图。如果一个人想欺骗别人，他会平静地说出谎言，但是却从非语言中暴露了自己的情绪。当人们说谎时，声音的平均音调比说实话时高，这种差别不大，听觉无法区分，但音谱仪能正确测出某人是否在说谎。

美剧《别对我说谎》教会了观众辨别是否说谎的小窍门，令许多人乐此不疲地成为"行为学专家"。虽然电视剧有很大的虚构成分，但该剧里的很多理论还是具有很高的可信度的。最令人感到真实的是，电视剧还拿来了大量名人的照片、视频作为佐证。

[①] 许国强. 直面小学生网络语言谱写"天书". （2009–05–05）［2022–03–02］. http://xjpl.csonline.com.cn/5/200905/t20090525_951394.htm.

📝 **阅读链接**

美剧《别对我说谎》中一些辨别撒谎的言谈举止

1. 说话的时候单肩耸动，说明说话极不自信，是说谎的表现。

2. 叙述时眼球向左下方看，这代表大脑在回忆，所说的是真话；谎言不需要回忆的过程。

3. 明知故问的时候眉毛会微微上扬。

4. 人在害怕时会出现生理逃跑反应——血液从四肢回流到腿部（做好逃跑准备），因此手的体表温度会下降。

5. 手放在眉骨附近表示羞愧。

6. 描述一连串发生的事情，编造都是按时间顺序进行的，能否流利、准确地进行倒叙是判断对方是否说谎的标准之一。

7. 如果对方对你的质问表示不屑，通常你的质问会是真的。

8. "你去过她家吗？""不，我没有去过她家。"对问题的生硬重复是典型的撒谎。

9. 真正的吃惊表情转瞬即逝，超过一秒钟便是假装的。

资料来源：萨摩瓦. 跨文化传播. 北京：中国人民大学出版社，2004.

第二类是体态符号（Gesture）。身体的不同姿势传递不同的信息，比如人高兴的时候可能会手舞足蹈，而害怕的时候可能会缩手缩脚。近十几年来，有许多以体态符号为主题的畅销书就指出：只要观察人们身体的移动姿势，就能正确地推测他们的思想和语言。但是我们也需要注意，体态符号之所以能沟通，主要是因为传受双方都了解交往的背景和文化。如果抛开了特定的文化环境，就会造成误会。比如在中国，人们见面时会握手，这代表友谊和信任，在日本则用鞠躬代替，在东南亚国家则是以合掌表示。

同一种符号，对于不同的人来说，理解上会产生差异：

在土耳其，人们认为摸一下耳朵可使人免受凶眼（指有些人具有目视他人而使人遭殃的能力）的伤害；在意大利南部，这种手势却用来嘲笑人懦弱无能；在印度，这又是自责或真诚的表示。

在泰国，示意某人走过来，需要手掌向下，手指前后移动；而在美国，让人过来则是手掌向上，手指向自己移动；在越南，美国这种手掌向上的手势只用来唤狗。

在美国，两腿交叉而坐表示放松；在朝鲜，这是社交禁忌。

在日本，交换礼物要用双手；而在泰国，人们忌讳使用左手传递物品。

资料来源：拉里·A.萨摩瓦，理查德·E.波特，埃德温·R.麦克丹尼尔. 跨文化传播. 闵惠泉，等译. 北京：中国人民大学出版社，2004.

第三类是物化符号。人类社会的制造物，如衣服、家具等，人们在使用它们的过程中，往往传递出制造者或使用者的某些信息，以至于物品可以表达观念体系。物化符号是特定文化的结晶和标志，往往积淀着深厚的历史传统，蕴含着丰富的情感内容。

二、意义

人们借助符号交流着精神内容，因此传播的实质不是符号的交换，而是意义（Meaning）的交换。社会学家米德认为，意义不是事物本身所固有的，只有当人们分享传播中象征符号的共同解释时，意义才会存在。也就是说，意义是人类给对象事物赋予的含义。

关于意义的本质，有许多种认识。在这里，我们介绍几种著名的理论。

1. 语义三角论

我们提到符号时，总要强调它形式和意义的联结关系。英国学者 C. 奥格登和 L. 理查兹在《意义的意义》（1923）一书中用一个直观的三角图说明了传统语义学上概念、符号和所指三者的关系。美国传播学者史蒂文·小约翰认为这个三位一体说是符号论思想的核心。

对三者来说，意义可分为符号意义、所指意义和能指意义（见图 5-1）。

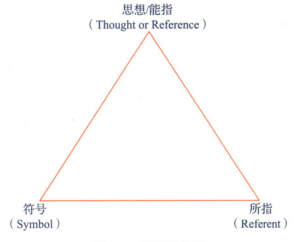

图 5-1　语义三角图

2. 象征性互动理论

美国学者米德提出了象征性互动理论（Symbolic Interaction Theory，SIT）。这个理论建立在有关自我及其与社会关系的思考之上，中心问题是象征符号与互动之间的关系，核心是象征符号。象征符号是强制性标签或对现象的表征，它在一定的群体内具有共同的意义，但是在群体外可能无法被理解。

根据象征性互动理论，人们互动的目标是创造共享的意义。如果没有共享的意义，传播将变得极其困难，甚至根本不可能发生。这里的共享意义包括：（1）传播中使用传受双方相互理解的语言、文字等象征符号，比如我们必须在某种程度上掌握英语，才能跟对汉语一无所知的美国人交谈；（2）传受双方具有较为接近的生活经验和文化背景，如果两代人的"代沟"过深，则很难实现良好的交流。

互动中的共享意义可以用图 5-2 来表示。

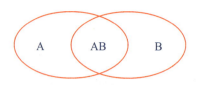

图 5-2　互动中的共享意义

　　作为社会互动中的传播活动，只有努力拓展 AB 空间，才能加深传受双方的相互理解。

　　人们赋予象征符号的意义是社会互动的产物，首先明确了他人赋予某个事物的意义，然后根据意义来决定如何对他人采取行动。比如，举行婚礼时，新娘和新郎佩戴结婚戒指，双方感到获得了承诺，并相信两人会白头偕老。象征性互动理论的看法是：戒指本身并无特殊的意义，它的意义来自人们的互动以及人们赋予它的重要性。

　　意义交换的人类传播活动是任何人与社会相互作用的纽带。米德认为，人的"自我"是伴随着意义的传播活动形成的，自我是"主我"（I）和"客我"（Me）的结合过程。主我是冲动的、具有创造性的自我，而客我是具有社会意识的。主我可能想整晚参加聚会，而客我则小心翼翼，意识到应该完成家庭作业，而不是去参加晚会。因此，米德把自我（Self）定义为通过他人的角度反思我们自己的能力。[①] 个人从出生开始就处于既有的社会环境（如家庭）之中，在社会的影响下，个体不断调整自己的行为以适应社会这个复杂的系统。社会先于个体存在，但是个人会通过与他人相互协调的行为创造和影响社会。

　　象征性互动理论的思想对传播学研究影响极大。

📑 **阅读链接**

米德

　　乔治·赫伯特·米德（George Herbert Mead，1863—1931），美国心理学家。他出生于美国马萨诸塞州南哈德利，就读于哈佛大学，在威廉·詹姆斯的指导下从事研究，并于 1894 年和杜威同时进入芝加哥大学。米德受到机能主义运动和早期行为主义理论的影响，从而涉足社会科学领域，研究自我理论，是 20 世纪最重要的自我理论家之一。米德生前从未出版过著作，他的经典性著作《心理、自我与社会》是由他的学生根据他的讲稿汇编而成的，于 1934 年他去世后出版。

　　由这些讲稿汇集而成的著作代表了米德最重要的社会科学研究成果。其中，他发表了一种关于人类行为、互动和组织的概念性观点。这种对于人类行为、互动和组织的观点是社会科学中关于互动的大部分现代阐述的概念基础，其中包括诸如角色理论、民俗方法学、象征互动论、互动论、认知社会学、行动理论、现象学和民俗学这些思想学派的阐述。

---

　　① 理查德·韦斯特，林恩·H.特纳. 传播理论导引：分析与应用. 刘海龙，译. 2 版. 北京：中国人民大学出版社，2007：94.

📂 本章重点内容提要

1. 信息量是指在一定条件下对不确定性或者熵的测量。

2. 符号是指信息的外在形式或物质载体，是信息表达和传播中不可缺少的一种基本要素。

3. 符号包括形式和意义两个方面，索绪尔把符号的形式称为"能指"，把符号的意义称为"所指"。索绪尔把符号分成两类：一类是他认为人类符号系统中最重要的语言（语音）符号；另一类是文字、象征仪式、习惯等，一般被称为非语言符号。

4. 传播的实质不是符号的交换，而是意义的交换。

5. 意义交换的人类传播活动是任何人与社会相互作用的纽带。象征性互动理论认为，人的"自我"是伴随着意义的传播活动形成的，自我是"主我"（I）和"客我"（Me）的结合过程。

🔖 思考题

1. 举例说明信息的特征和功能。

2. 举例说明符号的特征。

3. 请举出你所知的同一符号在不同文化中表示不同意义的例子。

4. 网络语言对传统文化有什么影响？

第六章　人际传播

知识目标

1. 掌握人际传播的定义
2. 掌握人际传播的基本特点
3. 了解人际传播的技巧

能力目标

1. 能够运用传播的思想观察、思考日常生活中的人际交往现象
2. 具备较好的人际传播技巧

素质目标

了解我国在文化生产过程中的传播策略

第一节　人际传播的特征

1967 年，甲壳虫乐队（Beatles）的约翰·列侬和保罗·麦卡特尼在一张专辑中唱道："靠着朋友的点滴帮忙我才得以度日。"这就是人与人之间的相互信赖，人际关系成为我们生存的核心。亚里士多德将人称为"社会性动物"，确实，我们有一种强烈的归属需要——与他人建立持续而亲密的关系。

一、人际传播的功能

人际传播（Interpersonal Communication）指的是人与人之间的信息传播活动。日常生活中，人际关系错综复杂，充满挑战。人际关系依赖社会交往尤其是人际传播才能

形成、发展和变化，因此如何与他人建立、发展和保持良好的人际关系是人际传播关注的话题。

> 莎士比亚曾说："世界是一座舞台，所有的男男女女不过是演员。"300 多年前，社会学家欧文·戈夫曼出版了《日常生活中的自我呈现》一书，他仿佛回应着莎士比亚的名言，将缘起于米德等人的象征性互动理论纳入日常生活自我呈现的微观分析中，抽丝剥茧地梳理人们的披露与表演。
>
> 随着移动网络技术的发展，人们对社交媒体的熟练使用，加之网络虚拟空间的便利，越来越多的人更加愿意灵活自主地在网络人际传播中进行自我形象的设计与控制，其中较为典型的运用之一便是微信的使用。2011 年诞生于腾讯公司的微信是一个为智能终端提供即时通信服务的应用程序。相对于面对面的传统人际传播中被物理空间局限的交流场域，微信为人们搭建了全新的人际传播模式，充分给予了个体在人际传播中进行自我呈现的灵活度。
>
> 资料来源：常芝歌. 网络人际传播中的自我呈现探究. 新媒体研究，2019（3）：9-10.

从人际传播的实例中，我们可以概括出人际传播的功能。换句话说，人们为什么要进行人际传播呢？

1. 获得信息

在人际传播中，人们进行信息的交流活动。在任何一次谈话中，无论长短，都包含内容信息和关系信息。通过初次见面的寒暄，彼此知道了对方的姓名、籍贯等个人的基本信息，为日后的关系发展打下了基础。除此以外，两人还能够从对方的服饰和举止等方面观察到更多的信息。不仅是互相传播信息，每个人还都在更高的层面上"评论"着对方的信息。[1]

2. 建立关系

人具有社会性，个人离开了他人，离开了与他人的社会交往和协作，便难以生存。在分工越来越细的现代社会，所有的工作都必须建立在多人合作的基础上。要谋求与他人合作，就必须进行沟通、进行人际传播。

3. 实现自我认知和他人认知

常言道："人贵有自知之明。"古希腊哲学家苏格拉底也忠告我们："认识你自己。"自我认知包括自己对自己的认识、体验与控制，也就是主我和客我的体察。一个人认识自己的生理状况，比如年龄、身高、体重、肤色、容貌等，可以靠自我观察和体验等方法，而对于心理特征与他人的关系，则往往要把自己和他们比较才能得出结论。与周围的人接触，同他们进行交流，正是自我认知的基本途径。

除了自我认知以外，他人认知也是确立有效的社会协作关系的重要条件。例如，自己的室友具有什么样的人品和性格，是否值得信赖，其能力和实力如何，与自己的默契可以达到什么程度等，都是双方希望了解的问题。只有在了解和信任的基础上，

---

① 斯蒂芬·李特约翰. 人类传播理论. 史安斌，译. 北京：清华大学出版社，2004：276.

社会协作才能顺利进行，而这一切都离不开人际传播。

古希腊德尔斐神庙阿波罗神殿的石柱上刻着"认识你自己"的铭文，它反映了文明之初人类对认识自身的探索，也是人来到这个世界上首先要确定的问题。通过什么来确定呢？不是与大自然交流，而是与人交流，来认识自己。当我们与对面走来的人打招呼的时候，其实说什么是次要的，重要的是通过这个行为确认自己的存在，并通过与他的联系确认自己是谁：我是他的同事、同学、邻居等。人际传播的目的之一便是确认自己的身份，以及自己在群体中的位置。

马克思曾注意到这个问题，他在《资本论》中写道："人起初是以别人来反映自己的。名叫彼得的人把自己当作人，只是由于他把名叫保罗的人看作是和自己相同的。"他自己的感性，只有通过另一个人，才对他本身说来是人的感性。

资料来源：陈力丹. 试论人际传播. 西南民族大学学报（人文社科版），2006（10）：191–197.

4. 满足情感需要

人际传播的一个重要功能就是满足人的情感需要。例如，一个人身处困境，就会有倾诉的欲望，找个好朋友聊聊天，可能就如释重负。这种一吐为快的人际传播给人带来的主要是情感的宣泄和由此而产生的情感满足。人们正是通过各种各样的情感满足来调节各自的情绪，形成积极的心理状态，从而能够积极地拥抱人生。

二、人际传播的基本特点

1. 双向交流

人际传播是人与人之间的信息交流，参与传播的双方构成了一个双向的互动过程。人际传播的双向性质与传播参与者的角色互换密切相关。在一个完整的传播过程中，传播参与者几乎在同时充当着传播者和受传者的双重角色，正是这种双重角色使信息不断地进行传播和反馈，从而保证了传播的双向性。从日常对话到人物访谈，从网络聊天到手机微信，人际传播总是呈现出双向互动性特征。

2. 多种手段

人际传播既可以是面对面的，也可以是非面对面的，如打电话、发电子邮件。在面对面的传播中，不仅使用语言符号系统来沟通和交流，而且使用非语言符号系统来进行交流。在许多情况下，非语言符号系统的使用可能更加重要。在体育比赛中，团队运动员常常用只有队友才明白的手势来交流战术。

3. 情境性强

人际传播是发生在一定场合中的信息交流行为，时间、地点、参与者和话题等各种因素构成了我们所说的传播情境。初次见面时，人们礼貌地握手，使用保持一定距离的寒暄用语；进行推心置腹的谈话时，多选择静谧的环境；两国首脑举行正式会谈时，双方不仅衣着正式，还在会议室中摆放两国国旗。我们总是根据传播发生的时间和空间、双方关系和当时的心情，以及不同的情境进行适当的交流。

在传播情境中还有一个不可忽视的因素——噪声。在人际传播中，这种传播干扰多是一种心理的干扰。当对方喋喋不休时，我们在心里抱怨"他怎么没完没了"或者"他干吗跟我讲这些"；而自己开口时，可能边说边想"不知道他懂不懂我的意思"。这种精力分散的情形往往使我们在传播过程中不能顺利地或不能充分地理解信息的内容。除此之外，每个人在人际传播中有意或无意存在的偏见则是心理干扰的另一种表现形态。

1957年，美国社会心理学家洛钦斯进行了一个非常有名的实验。他杜撰了两段情境相反的文字材料，让被试者分析判断材料中主人翁杰姆的性格。

第一段是："杰姆离家去买文具，他和两个朋友走在洒满阳光的街道，边走边晒太阳。杰姆走进一家文具店，里面已挤满了人，他一边等待店员注意到他，一边和熟人聊天。他买好文具在向外走的途中遇到了朋友，就停下来和朋友打招呼。分开后，杰姆就走向学校。在路上他又遇到了一个前天晚上刚认识的女孩子，他们说了几句话就分开了。"这一段材料描写杰姆友善。

第二段是："放学后，杰姆独自离开教室出了校门，他走在回家的路上，街道上阳光灿烂，于是杰姆走到阴凉的一边。他看到路上迎面而来的是前天晚上遇到的那个漂亮的女孩子。杰姆穿过街道，进入一家饮食店，店里挤满了学生，他注意到那儿有几张熟悉的面孔。杰姆静静地等待着，直到引起服务员的注意之后才买了饮料，他坐在一张靠墙边的椅子上喝饮料，喝完之后他就回家了。"这一段材料描写杰姆性情冷淡。

洛钦斯将这两段材料做不同组合，让四组被试者分别阅读不同组合的材料，第一组只阅读描写杰姆"友善"的材料，第二组先阅读"友善"、后阅读"冷淡"的材料，第三组先阅读"冷淡"、后阅读"友善"的材料，而第四组只阅读"冷淡"的材料；然后让被试者在一个量表上评估杰姆的为人友好或不友好。

结果表明，第一组到第四组被试者中给杰姆友好评价的分别为95%、78%、18%、3%。

资料来源：薛可，余明阳. 人际传播学. 上海：同济大学出版社，2007：184；刘欣. 人际乘法效应. 北京：机械工业出版社，2006：121.

---

4. 互动性强

人际传播互动性强，首先是由于传播参与者双方是相对明确的。这样，人际传播的参与者总是处于比较确定的人际关系之中，通过信息的交流与传播，就能有效地影响或改变对方的心理或行为，从而进一步影响彼此间的人际关系。例如，通过坦诚交谈，夫妻间的误会很快消除了；通过一番热烈的小组讨论，形成了统一的意见。

人际传播互动性强，还与传播内容的相对保密性有关。人际传播的内容一般是不公开的、私密的。两个人交谈的内容，外人一般不得而知；课题小组的讨论不允许外人介入；即使是在公众传播的情况下，传播的内容也是在一定范围内公开，超过这个范围的人就不大可能了解传播的内容。

人际传播使用多样化的信息传播符号系统，这主要体现在可以使用语言和大量的非语言符号，如表情、姿势、语音语调等。当人们用微信交流时，一方面可以运用语言符号，比如文字交流或者发送语音等。另一方面，人们也可以运用非语言符号，比如发送的语音中可以体现出说话人的语气语调；表情包的运用很多时候是人们彼此心情或者感受的体现与表达；回复信息的快慢、表达内容的数量等都是微信所拥有的独特的非语言符号系统。在技术的支撑下，视频聊天工具的出现更是将以媒介为中心间接的人际传播变为"类直接"的人际传播。视频聊天，把无论相隔多远的人都能拉进同一个时空中，对方的一颦一语、喜怒哀乐、聊天环境等语言符号和非语言符号会全部显现在另一方面前。

技术的原因使人际传播本身的特点在一段时间内脱离于媒介，也是技术的原因又使人际传播的优势回归于媒介，从而使不一样的人际传播方式在继承面对面人际传播的同时又能更进一步地为人际交往服务。

资料来源：王小慧. 论技术对人际传播的影响. 新媒体研究，2020（09）：29–31.

三、社会互动中的人际传播

与大众传播相比较，人际传播是一种非"制度化"的传播，但这只是就人际传播的私密性而言，并不意味着人际传播不受社会关系的影响。参与人际传播的双方不仅仅是独立的个体，其社会性及其对人际传播的影响始终存在。

查尔斯·霍顿·库利（Charles Horton Cooley）是美国著名社会学家和社会心理学家，也是美国传播学研究的鼻祖。库利理论研究的重点是探讨个人如何社会化。库利认为，"人们彼此都是一面镜子，映照着对方"。我们通过想象别人对我们的行为和外貌的感觉来理解我们自己，因为这里的自我正反映了别人的意见，所以叫作"镜中我"（Looking Glass Self，1902）。自我作为一种社会产物，库利将它的出现分为三个阶段：对自己的行为给别人造成的印象的知觉，对别人对我们行为的评价的知觉，以及对别人的评价的感觉。一句话，我们是在人际传播中通过别人的反映（反馈）来评价自己的行为。与他人的信息交流，犹如一面镜子，能帮助自我概念的形成。[①]

在库利的观念中，传播是"镜中我"形成过程中"唯一"的关键要素，也是个人与社会结合的一个螺丝。他认为，一个完全脱离传播、完全与他人相区别的自我是不存在的。不论是"社会我"还是"镜中我"，都离不开自我的社会交流，因为世界上的万事万物包括自我，"几乎都是通过我们与其他人的交流而留在我们意识中的"[②]。因此，库利认为传播是个人社会化的一种方法和途径。

库利指出，人际传播能使自我得到充分的发展。库利觉得家庭是最重要的初级群体，友谊、服从、忠诚、崇敬和个人自由等都源于此。在家庭中，孩子通过与父母的信息互动形成一种自我感，并逐渐懂得了：（1）什么是父母所期待他们的；（2）父母

---

① ②　查尔斯·霍顿·库利. 人类本性与社会秩序. 包凡一，王湲，译. 北京：华夏出版社，1999：131–132.

怎样评价他们的行动；（3）父母对他们的感觉。了解了这些信息后，孩子们就力图成为父母所期望他们成为的自我。

📝 **阅读链接**

查尔斯·霍顿·库利

库利（1864—1929）是美国社会学家和社会心理学家，芝加哥学派的代表人物之一。

库利出生的这一年，他的父亲就任密歇根州最高法院法官。他的父亲心怀壮志、感情丰富、充满干劲。库利与其父性情完全不同，他天生羞怯，不爱交际，八岁至二十岁期间健康状况极差。由于长期便秘、口吃、害羞，他饱受折磨，从而愤世嫉俗，郁郁寡欢地生活在自己的世界中。

由于健康不佳，他用了七年时间才取得密歇根大学学士学位。他的家庭经济宽裕，让他得以在美国全境和欧洲长途旅行。到获得学士学位时，他已经做过好几份工作，先后任职于州际商业委员会和政府的人口普查局。尽管如此，二十六岁的他对未来仍无明确计划。

1890年，他进入密歇根大学主修政治经济学和社会学，1894年他以论文《交通理论》（The Theory of Transportation）获得经济学和社会学博士学位，并在密歇根大学度过其学术生涯。1907年库利获得教授职位，1918年被选为美国社会学会主席，该学会是他在1905年帮助建立的。

由于库利很少做定量操作，他一般被归为理论社会学家。随着定量研究的普及，库利的学术观点进入了被忽视的时期。但是，第二次世界大战以后，由于他的自我观点，即强调原始团体的重要性，以及他对社会过程和制度分析的评论，他的著作又开始为人们所引述。

库利对于自我的观念有重要贡献。他认为心智不是像笛卡儿所认为的超然于外在的世界，反倒是个人与世界互动的产物。

库利的主要著作包括：《人类本性与社会秩序》《社会组织》《社会过程》。

第二节　人际传播的技巧

凡是正常的人，都有表达的欲望。人际传播与自言自语不同，传播的目的是希望对方接受，对方根据你的言语和表现决定是否保持这种交往的关系。因而，在面对他人说话和表述时需要具备一定的知识和技巧。

一、什么是传播能力

随着经济发展和社会进步，人们在现代社会中的生活节奏越来越快。人们需要不断适应新的环境，面对新的社交关系。2020 年，社交平台探探联合中国社会科学院等机构展开的调研结果显示，40.2% 的人表示自己存在不同程度的"社恐"[①]。因此，为探索健康的新型人际关系，"搭子社交"逐渐兴起。"搭子"指某一细分领域志趣相投的个体间建立的精准陪伴关系，如"饭搭子""考研搭子"。《中国青年报》对 1 335 名青年的调查结果显示，72.6% 的受访者生活中有"搭子"[②]。《澎湃新闻》将其称作"轻资产型友谊"，双方没有过多情感牵绊，只是为满足一点共同爱好而存在的工具化关系，随时断掉也不可惜。由此可见，随着社会和技术的发展，人类的社交态度和人际传播手段会不断发生改变，获取适合的社交对象与高质量的陪伴都需要提高个人的"传播能力"。提升人们在当代社会中的传播能力，已经成为一个较为普遍和亟待解决的问题。

什么是传播能力？美国学者特伦霍姆和延森的定义是："一个人以有效而得体的方式进行传播的能力。"有效，是指传播者知道在行动时自己要做什么，对眼前的事物有能力辨别和判断，并能预测后果、妥善处理问题。得体，是指以适当的方式传播，符合一般的社会行为规范，懂得人心之道。

另一位美国传播学者帕克斯（Malcolm R. Parks）在较宏观的层次上，提出关于传播能力的三个主题：（1）控制。两个以上的人在交流中，控制自己的言谈和控制整个谈话局面，使之达到预想的目的。这是一种能力，需要锻炼和经验的积累。（2）适应。动态的传播中，根据对方的态度不断地调整自己的传播方式和内容，以适应新情况。这也是一种能力，它要求思维敏捷。（3）合作。传播能力不仅表现为个人的能力，而且表现为与他人共同建构自我的能力，人际传播中会有很多协商和妥协。

二、善于言辞

语言沟通有多重要呢？罗杰·夏恩科在《界线外的色彩：打破所有规则，培养更机智的孩子》一书"如何培养更善于言辞的孩子"这一章中写道：

"我们以一个简单的前提开始：孩子越善于言辞，似乎越聪明。无论孩子决定一生做什么，口头表达能力将对他成功的程度具有巨大影响。沟通清楚，反应迅速、灵敏，讲故事有趣，雄辩的人有明显的优势，而与之相反的人则具有劣势。"[③]

虽然我们常常受到提醒，要准确使用语言，但还是不知道该怎么去做。语言的掌握并非易事，它需要多年的学习和实践。因为制定如何在所有场合和情况下措辞的规则是不可能的，美国学者桑德拉·黑贝尔斯和理查德·威沃尔二世在语言选择方面有

① 王昕迪，胡鹏辉. 边界感：现代社会青年社交需求及其建构. 中国青年研究，2022（10）：72–79.
② https://t.m.youth.cn/transfer/index/url/news.youth.cn/sh/202306/t20230601_14556621.htm，2023–06–01.
③ R SCHANK. Coloring outside the line：Raising a smarter kid by breaking all the rules. Harper Collins，2000：87.

下述四个重要观点 ①。

1. 清楚

清楚是指思想依靠语言的精确和简单，被以能立即理解的方式表达出来。当几乎没有反馈机会时，清楚特别重要。例如，如果你在说一些非常重要的事，或者进行一次正式的演讲，或者接受媒体采访，清楚是必需的，因为你或许没有第二次机会去澄清自己的观点。

术语是一种非常专业化的语言，因而和本专业以外的人交谈时使用术语是不恰当的。医生经常使用高度专业化的语言去描述伤病。虽然医生之间能相互沟通，但是在与病人沟通时就存在问题。

词汇丰富的话，就会使意图传递给听众的可能性增大。使用的词汇越多，表达就会越准确。这并不意味着你应该使用长的句子，相反，熟悉的词汇通常是最好的。

2. 有力的说话方式

许多传播学者一直在研究什么要素能够使说话有力，他们认为，有力的说话方式是那种直接表明观点的，即不使用含糊和限定性词语的说话方式。说话有力的人被视为更可信、更有说服力。

为了获得有力的说话方式，你应该避免一些特定的沟通行为。首先，避免模棱两可的话和修饰性词语，比如"我猜想"和"某种……"这些表达方式，因为它们会削弱你说话的威力。其次，消除比如"那个……"之类的含糊的表达方式，这些词语使说话者的信息听起来不确定。再次，避开附加提问，即以陈述开始、以问题结束的表述，比如："搞一次春游不错，是吗?"附加提问使说话者显得不果断。最后，不要使用否认自己的表述，否认自己的表述是指那些辩解或请求听者原谅自己的词语或表达方式，例如："我知道你也许不同意我的观点，但是……"

有许多人用无力的词语或表达方式削弱了自己的交谈或讲话的力度。然而，这些表达方式的使用主要是一个习惯的问题，一旦认识到了自己的习惯，就能改变它们。

3. 生动

生动是一种以引起逼真想象或联想的方式来表达思想的风格特色。还记得自己在孩提时代听到的那些鬼怪故事吗? 最好的是那些令你感到恐惧的故事，那些交织着使人血液凝固的尖叫声、悲哀的呻吟声和神秘的嚎叫声的故事。讲鬼怪故事的人通常用第一人称说话，以"当时我在场"或"发生在我身上"的角度所做的叙述都是特别生动的。

当我们说语言生动时，经常是指某人发现了表达原有事物的新方式。孩童语言的独特性经常使我们陶醉，因为孩童还不懂得各种陈词滥调和过分的表达方式。

4. 道德

使用语言时要注意道德方面的选择。传播学者雷·佩恩指出："词语的选择就是对世界的选择。"他提醒我们，因为选择了错误的词语，我们可能对别人造成很大的伤

---

① 桑德拉·黑贝尔斯，理查德·威沃尔二世. 有效沟通. 李亚昆，译. 7版. 北京: 华夏出版社，2007: 118–121.

害。例如，如果被问到记忆中最痛苦的时刻，很可能是别人对自己的一次品评。

语言选择能影响人们的自我感知。侮辱性词语经常把一个人贬低成一种特征（如"四眼儿""水桶腰"）。用非人类特性的词汇（如"猪""鸡"）或者绰号与对方交谈都是不礼貌的表现。

我们所做的许多选择不仅决定我们怎样向他人展现自己，而且也决定在未来若干年里我们相互之间的关系。因此，明智和恰当地选择词语是非常重要的。

三、身体、时间和空间

高达93%的传播是非语言的，其中55%是通过面部表情、形体姿势和手势传递的，38%通过音调。因此，理解非语言传播如何发挥作用，如何更好地利用它去沟通，是非常必要的。

1. 距离

一般而言，当某人对另一个人友善、亲密时，会选择较小的距离。而人们希望让他人觉得自己友善时，也会选择较小的距离。因此，我们可以从别人选择的距离来了解他人对我们的态度。在讨论这个问题时，我们应该注意到文化因素对人际距离的影响。心理学家发现文化规范（Cultural Norms）决定着人们的距离偏好。

人类学家爱德华·霍尔认为人类存在四个空间关系地带，分别为亲密距离、个人距离、社会距离和公共距离（见图6-1）。亲密距离在0.46米之内，在这个范围内，低声耳语就能听得非常清楚。个人距离在0.46米到1.2米，也就是近到可以握住他人的手，远到与他人保持一臂的距离。在个人距离地带，说话声音一般适中。社会距离是指1.2米到3.7米，一般用于比较正式的交谈，比如同事之间的谈话。社会距离中最远的可以允许人们一心二用。因此，这个距离可以一边监视他人，一边完成自己的工作。公共距离一般在3.7米以外的区域，用于非常正式的讨论，比如课堂上老师和学生之间的讨论。①

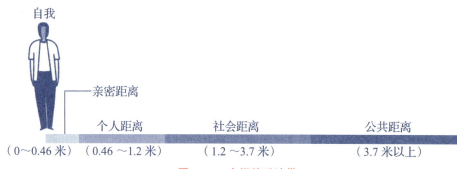

图6-1　空间关系地带

2. 目光接触

人们也可以用目光传递特定的信息。目光接触的意义因背景的不同而有很大的不

---

① 理查德·韦斯特，林恩·H. 特纳. 传播理论导引：分析与应用. 刘海龙，译. 2版. 北京：中国人民大学出版社，2007：152.

同，电影中常常从一对男女目光的接触开始来描写恋爱。接触表示感兴趣，中断表示不感兴趣。当与人谈话时，缺少目光接触会让对方觉得你对他不感兴趣。但是，当一个人向他人传达坏消息时，可能会避免目光接触。当人们觉得自己处于困境时，也不希望成为注视的焦点。有时候目光接触可以用作威胁的手段，如老师在课堂上用这种方法提醒不守纪律的学生。

3. 服装

因为服装会使人们对其主人产生非常强烈的、直观的印象，所以它对人际传播极其重要。我们可以从一个人的着装中得到很多信息。在威廉姆的《你的穿着决定你是谁》一书中，他认为人们可以根据别人的着装做出关于这个人的十种判断：（1）经济水平；（2）受教育水平；（3）可信程度；（4）社会地位；（5）辩论水平；（6）经济背景；（7）社会背景；（8）教育背景；（9）成功度；（10）道德品质。

每一种服装都传递了不同的含义并导致人与人之间不同的相互作用方式。例如，制服排除了个人利益对团体的干扰，所以相互作用是正式的、可控制的；职业装使得与顾客或客户间的沟通更加便利，将沟通置于亲密的层次上；休闲装表示暂离工作、社会流动性及更大的自主权，所以人与人之间的相互关系是开放的。

孔子是中国古代的大思想家、教育家，十分注重人的品格和教养。他提出修身的五德：温，即温和平易；良，即善良；恭，即庄重严肃，谦虚和顺；俭，即朴素节俭；让，即先人后己，谦逊礼让。据《论语》里记载，孔子穿衣不用深青透红或黑中透红的布镶边，因为前者是斋戒时所用，后者是丧服的颜色。夏天虽热，但不只穿类似今日背心的里衣，而要在外面套上麻布单衣。这与今日有些人只穿背心或干脆光着上身出入公共场合大不一样。孔子穿衣，简便、实用、卫生，又符合礼制规范，体现仪表风度。

资料来源：肖斌. 美国国父华盛顿的110条处世准则. 北京：中国国际广播出版社，2007：11.

4. 时间

对时间的控制是非语言沟通的一种重要方式。在个人层面上，时间把人们分为两类——守时的人和总是迟到的人。从教师的角度来看，总是迟到的学生可能在传递着负面信息：确实对这门课不感兴趣，或不尊重教师等。出于同样的原因，学生也对总是迟到的教师不满，可能认为教师没有努力工作，或者对学生不够尊重。

我们经常会利用时间去产生心理上的效应。当孩子犯了一个严重的错误，很可能会找个适当的时间再把这件事告诉父母。时间还经常与地位相联系，地位越高，对时间的控制力越强。孩子对时间的控制力较弱，到了吃饭时间家长能打断孩子的玩耍。

5. 面部表情

人的面部可以产生极其丰富的表情。面部表情可以准确传递出各种不同的心态和情感，一般是自发的，但也是可以控制的。在人际传播中，有时人们有意控制自己的面部表情，以加强沟通效果。

研究表明，人类的面部表情基本上是由遗传决定的，与文化的关系不大。一个人的面部表情是真情的流露还是故意装出来的则很难分辨。

同一种表情可以有不同的含义。微笑可以是幸福和喜悦的表示，也可以是友好的表示，有时甚至可以表达歉意。某种表情的具体含义在很大程度上依赖传播情境和人们的习惯。

📝 **阅读链接**

微笑定律

"微笑定律"又称"曼狄诺定律"，是由美国作家奥格·曼狄诺提出的。这条定律的内涵只有一句话："微笑可以换取黄金。"曼狄诺认为，微笑是世界上最美的行为语言，虽然无声，但最能打动人；微笑是人际关系中最佳的"润滑剂"，无须解释，就能拉近人与人之间的心理距离。

"微笑定律"最初是作为一条人际交往法则提出来的，之后得到了心理学家们的认可。加利福尼亚大学心理学教授詹姆斯在通过一系列研究后指出：人们在微笑时全身肌肉处于最松弛的状态，而且心理状态也相对稳定，因此，微笑是一种"最正面的情绪表达方式"。

微笑带来的正面情绪还具有很强的传播性，当充满笑意的目光与别人的目光相遇时，这种正面情绪会通过"无形的沟通之桥"传递给对方，两个人之间的气氛会自然而然地变得和谐，相处起来也就融洽多了。

资料来源：https://www.zhihu.com/market/paid_column/1274068268190724096/section/1274319187067187200?km_channel=search&origin_label=search，2022-09-11.

---

6. 身体接触

人们的距离越近，相互身体接触的可能性就越大。我们都熟悉在亲密的情境中身体接触的使用，比如，亲吻婴儿，拉着爱人的手，以及拥抱家庭成员。什么时候和在什么场合相互接触，受一系列严格的社会规则的支配。除了表示亲密关系的接触外，一般在人际交往中，直接的身体接触被称为"控制性接触"，目的是引起注意。握手是日常生活中一种常见的社交礼节接触。

四、善于倾听

倾听是一种技巧，是使人际传播有效发挥作用的重要一环。国际倾听协会对倾听这样定义：倾听（Listening）是接收口头及非语言信息、确定其含义和对此做出反应的过程。

在《幸福》杂志对 500 家公司的一项调查中，59% 的被调查者回答它们对雇员提供倾听方面的培训。研究表明，多数公司的雇员把 60% 的时间花在倾听上，而经理们平均把 57% 的时间花在倾听上。研究者发现，良好的倾听技巧与工作效率之间存在直接的关系。

图 6 - 2 显示了人们用在四种沟通技巧——听、说、读和写上的时间百分比。虽然

我们花在听上的时间最多，但听是被教得最少的一种技巧。①

倾听可以分为主动倾听（Active Listening）和被动倾听（Passive Listening）两种。主动倾听者把注意力集中在他人的谈话内容上，在头脑中描绘重要的观点，并且试图提出问题或提出质疑。主动倾听者有可能什么也没说，但是却在思想上与正在说话的人融合在一起了。与主动倾听者不同，被动倾听者记忆但不评价所听到的内容。

学生特别需要成为主动倾听者，因为这样的倾听者往往在学习中表现得更加出色。绝大多数老师在讲课时喜欢学生做笔记，虽然没有关于记笔记的大量研究，但有一点很

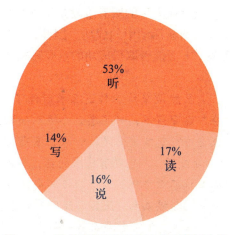

图 6-2 用在四种沟通技巧上的时间百分比

清楚，仅仅把老师所讲的内容尽可能多地记下来的被动倾听者，往往在考试中表现平平。主动倾听者在记笔记时会把有关概念串到一起，并把主要观点和次要观点区分开来。按这种方式记笔记并在考前复习笔记的学生，可能要比被动地记录信息的学生成绩更好。主动倾听不仅仅局限在课堂上。例如，在人际传播中，主动倾听包含去找出对方所说的话在文字和情感上的意思，也包含用点头、微笑、皱眉这样的非语言暗示，以及用"啊""哈""嗯""我明白了"等这样的语言暗示来显示自己的兴趣。在人际传播中，提问或评论对方刚说的内容，也是进行充分反馈的机会。

主动倾听也有助于避免产生厌烦。如果只是观察而不参与到某件事中，我们更有可能变得厌烦。主动倾听是一种投入的方式，一旦投入了，就可能产生兴趣。在上课时，如果采用主动倾听，你可能会惊奇地发现，你不太可能心烦意乱和感到枯燥，时间过得是那么快。

如何成为一个好的倾听者呢？你不妨听取下面的几条建议：

（1）倾听他人的情感，而不仅仅是他（或她）所说的。

（2）释义他人所说的。

（3）不打岔。

（4）思想开明，尽管你的观点与对方的某些观点不一致。

（5）牢记人们所说的。

（6）愿意表达自己的情感。

（7）即使认为自己知道对方接下来要说什么，也不接对方的话。

（8）保持目光接触。

（9）当别人说话时，不思考接下来要说什么。

（10）为了获得更多的信息并显示对对方所说的感兴趣，向对方提问。

---

① 桑德拉·黑贝尔斯，理查德·威沃尔二世. 有效沟通. 李亚昆，译. 7版. 北京：华夏出版社，2007：79-80.

（11）了解他人的身体语言和自己的身体语言。

倾听在人生的所有阶段都发挥着很重要的作用。有效的倾听能决定一个人在家庭、学校、商业活动中的成功。因此，可以肯定，倾听能力是一个人在生活、学习、工作等各个方面能否取得成功的重要影响因素。

虽然做采访工作这么长时间了，但是每次采访之前都会特别害怕。如果对方在中途变得不高兴了怎么办呢？如果因为我准备不够充分，使采访变得没条理了该怎么办？更重要的是，如果在没有聊出充足内容的情况下就结束采访，不能让读者（听众或观众）感到有意思的话，全部责任都在于我这个采访者啊。因此，我总是担心，该怎么办啊？为了消除不安，我事先会做一些采访的模拟训练，把要提的问题一一列在稿纸上，然后才开始正式的采访。

一天，我不经意翻开一位主持人同行的著作，从中发现一句有意思的话："采访之前，请你只准备一个问题，然后就可以开始了。"

怎么可能？我一笑置之。我可是事先在稿纸上准备好二十个模拟问题之后才去采访的呢。只准备一个问题就去采访的话，问完问题，得到对方的回答之后，就得说"谢谢您的配合，再见！"然后转身回去。怎么能做这么不靠谱的事情呢？

但是，那位主持人做出了以下解释：

"如果只准备一个问题的话，理所当然，下一个问题就必须要当场考虑。关于下一个问题的提示，应该隐藏在谈话的某个地方吧。如果说这个提示存在的话，它应该就隐藏在对方对第一个问题的回答中。这样一来，提问者就必须认真倾听对方讲话。而且，如果认真倾听了对方的讲话，就一定能从对方的回答中找到下一个问题。"

原来如此……吃惊之余，眼前如拨开了迷雾一般。提问，然后得到回答，在回答中找到疑问，接着提出下一个问题，对方再做回答。听着对方的回答，再提出下一个问题。我终于明白，原来采访就像一条链子一样，你来我往，连续不断地向前推进。

………………

虽说如此，但也不能马上采用"只准备一个问题"的方法，要循序渐进。先将二十个问题减到十个，再将十个问题减到五个。另外，努力不看放在膝盖上的稿纸，渐渐地，到最后可能连稿纸也不需要了。

最后，提问的内容姑且不论，首先要以"我在认真听着您讲话呢"这种态度来面对嘉宾，展现出自己的诚意，我认为这才是采访的基本所在。

资料来源：阿川佐知子. 倾听的力量. 于华，译. 南京：江苏文艺出版社，2014.

📖 本章重点内容提要

1. 人际传播就是人与人之间的信息传播活动。

2. 人际传播的四大功能是获得信息、建立关系、实现自我认知和他人认知以及满足情感需要。

3.人际传播具有四大基本特点：双向交流、多种手段、情境性强以及互动性强。

4.人际传播受社会关系的影响，并使自我得到充分的发展。

5.人际传播中要善于言辞，善于倾听，并注重非语言的传播。

思考题

1.请结合自己的生活经历，谈谈你认为重要的人际传播技巧。

2.如何在人际传播中实现自我认知和他人认知？

3.请回想自己是否曾经被第一印象困扰过。

4.什么是"镜中我"？

5.请结合现实，谈一谈如何使自己变得"有人缘"。

6.请分析听、说、看如何有机结合。

第七章　组织传播

知识目标

1. 掌握组织和组织传播的定义
2. 熟悉组织传播的主要特点
3. 了解组织传播的重要学派

能力目标

1. 能够思考组织传播实践在企业管理趋势方面为人们提供的启示
2. 能够理解公关活动是如何被策划和实施的

素质目标

思考社会主义核心价值观如何在组织中进行有效传播

　　自从有了人类社会，组织便作为一种基本的社会现象存在着。家庭、社区、学校、企业、政府……都是形形色色的组织形态。尽管人类有着不同的种族和肤色，有着不同的历史和文化，但是有一个共同之处——生活在不同的社会组织中。从金字塔、长城等人类文明遗迹，到我国开展的月球探测的"嫦娥工程"等现代各项伟大工程的建设，每一个人类文明成就中都体现出组织的威力。

　　始于 2004 年的中国探月工程是中国国家航天局启动的月球探测工程，也被称为嫦娥工程。嫦娥工程分为"无人月球探测""载人登月""建立月球基地"三个阶段。从 2007 年 10 月 24 日"嫦娥一号"成功发射升空，圆满完成各项使命，到 2020 年 12 月 17 日"嫦娥五号"返回器携带月球样品安全着陆地球，2024 年 6 月 25 日"嫦娥六号"返回器携带月球背面样品返回，中国人的探月工程为人类和平使用月球做出了重要贡献。

　　2019 年全国"两会"期间，中国探月工程总设计师吴伟仁表示，未来 10 年左右，月球南极将出现中国主导、多国参与的月球科研站。[①]

中国人对于"奔月"的梦想可以追溯到几千年前，但真正将这一梦想变为现实的，是勇于开拓创新的航天功臣们。

第一节 组织与组织传播

一、组织的定义

虽然组织与我们的生活和工作密不可分，但是对于什么是组织，大家却有许多不同的看法。

大多数学者认为，组织是一个通过协调活动来达到个人和集体目标的社会集合体。通过协调活动，某种程度上的组织结构得以建立起来，帮助组织成员处理相互之间以及与更大的组织环境中其他人的关系。[②]

组织具有以下结构特点：

（1）专业化的部门分工；

（2）职务分工和岗位责任制；

（3）组织系统的阶层或等级制。

📝 **阅读链接**

华为的组织结构变革

华为是全球领先的信息与通信基础设施和智能终端提供商。一般认为，华为成立至今经历了以下组织结构的变革：

第一阶段（1987—1991年）：由于公司规模很小，组织结构表现为当时中小企业普遍采用的直线型结构。

第二阶段（1992—1994年）：华为的组织结构转变为直线职能制。这一阶段的组织结构模式单一，权力集中，使得华为能够迅速统一调配资源，快速响应市场需求，提升其竞争力。

第三阶段（1995—2003年）：华为的企业战略逐渐从集中化转向为横向一体化，从单一产品朝着多元化方向发展，走向国际化。为改变部门之间协调困难的局面，

---

① 陈坤丰，杨明月. 航天科技"嫦娥"团队：让"奔月"梦想照进现实. 解放军报，2019-10-23.
② 凯瑟琳·米勒. 组织传播. 袁军，等译. 北京：华夏出版社，2000：1.

华为建立了事业部制与地区部制相结合的二维矩阵式组织结构。

第四阶段（2004—2012年）：华为将资源调动以及适当的决策权授予一线团队，以市场和客户需求为导向，采取纵向一体化、多元化和国家化并举的战略，组织结构以产品线为主导。

第五阶段（2013年至今）：华为已是一家多元化企业，形成了运营商业务、企业业务、消费者业务三大业务体系，采用动态的全球矩阵式组织结构。

网络信息时代下，企业面临着更加个性化和差异化的市场需求，需要不断变革组织结构以适应新竞争态势。

资料来源：邓霓冉，黄松平，武广胜. 网络信息时代下组织结构演化与变革研究. 第十届中国指挥控制大会论文集，2022：254-258.

在现代社会中，社会组织不仅数量庞大，而且种类繁多。既然社会组织是在社会关系的基础上建立起来的，那么，我们就从社会关系的分类出发，对社会组织进行分类：

（1）经济组织。经济组织是在人们经济关系的基础上建立并以经济活动为其中心任务的社会组织，包括生产组织、交通运输组织、金融组织、商业及服务组织等。

（2）政治组织。政治组织是人们在政治领域中的组合形式，包括政党组织、政权组织、司法组织、军事组织等。

（3）文化组织。这里所说的文化组织是一个广义的概念，它包括各种科研组织、教育组织、文化组织和医疗卫生组织等。

（4）综合性组织。综合性组织是综合不同类型的社会关系而形成的。如国家和街道居委会等，都是综合性的社会组织。在这些组织中，各种社会关系是交织在一起的。

📝 阅读链接

现代国际组织的思想渊源及发展历程

国际组织一般指政府间国际组织，从广义上说，国际组织还包括非政府间国际组织。

关于国际组织的思想，可谓源远流长。早在14世纪，思想家但丁就倡导成立"人类统一体""联合统一的世界各国"。现代意义上的国际组织思想植根于18世纪与19世纪一些智者的著作，如圣西门倡导建立"欧洲议会"，本森倡导建立"国际法庭"，康德倡导"和平联盟"等。康有为在其《大同书》中也阐述了中国古代"大同世界"的思想。

国际组织在20世纪的发展大致经历了以下三个阶段：

第一阶段是两次世界大战期间，以人类第一个具有广泛职能的世界性组织——国际联盟的成立为标志，还出现了诸如国际劳工组织一类的专门机构，以及一批非政府组织。

第二阶段自第二次世界大战结束前至 20 世纪 80 年代末，是国际组织发展史上的黄金时期，以联合国的诞生为标志，一大批全球性、区域性政府间国际组织如雨后春笋般涌现。

当时非殖民化运动的成功使得新兴独立国家的数目剧增，出现多元化的国际格局。雅尔塔体系及联合国集体安全体系有效制止了世界性战争的爆发，和平与发展成为时代的主流。同时，世界贸易市场、资本市场，以及以信息技术为代表的现代科技革命，促进了国家间相互依存关系的发展，寻求国际治理机制化、组织化的呼声越来越强，全球化的浪潮在涌动。

第三阶段自冷战结束后至今，是国际组织处于全球化时代的发展阶段，也是国际社会组织化程度大幅度增强的阶段。在传统主权国家、政府间国际组织继续占主导地位的同时，涌现了大量的非政府组织。

国际社会的日益组织化不仅表现在国际组织数目的增长上，还体现在国际组织范围的扩大上，它早已冲破初创时期的地域、领域局限，活跃在当今人类社会的所有方面。

二、组织传播的特点

著名的组织理论学家韦伯说过，组成组织的过程实际上就是传播的过程。组织成员通过适当而有效的信息交流来维系组织的稳定和发展。组织传播也称团体传播，是指组织成员之间或组织之间的信息交流行为。

组织传播的特点可以归纳为以下几点：

（1）传播者是以组织或团体的名义讲话的；

（2）信息大多是指令性、训导性和劝服性的内容；

（3）具体活动是在有组织、有领导的情况下进行的；

（4）传播活动有一定规模。

组织传播可以沟通、疏导组织内部上下级之间、成员之间的关系，建立、发展组织与组织之间的关系。可以说，它是"组织信息的窗口""组织活力的源泉""组织合作的桥梁"。

📑 阅读链接

舰艇编队的第一道命令

（新华社"武汉"舰 2008 年 12 月 26 日电）12 月 25 日，我们进入三亚某军港，舰艇编队宣布的第一道命令是：编队临时党委已经成立，每个人都被划入相应的党小组。

舰艇编队副总指挥殷敦平少将说："从现在开始，我们进入任务状态。记者既是编队的成员，也是战斗员。一切行动，须服从命令。"

以上是中国赴亚丁湾、索马里海军随行的新华社记者发回的一则报道，从中我们不难发现组织传播的典型特点。

"编队临时党委已经成立"这条命令的传播过程本身也是组成组织的过程。

"每个人都被划入相应的党小组"暗示了组织的结构和规模。

在舰艇编队中，指挥命令虽然由个人宣读，却是以组织的名义发布的，而且传播的信息是指令式的，具有极强的执行性。

第二节　几种重要的组织学派

组织传播与人类历史一样古老。到了 19 世纪，西方国家在工业革命后出现了大量组织，组织传播成为组织运行中的一个重要活动，人们对组织传播的有意识研究也是发源于这个时代。

人们必须组织起来以获得生存，而人们主要通过传播来组织。组织传播是传播学中的一个学术领域，以人类互动的本质和有效性为核心，当这种互动发生在工作环境中就称为组织传播。组织传播的研究始于 20 世纪中期，在 20 世纪六七十年代得以确立。

下面将介绍对传播有启示意义的关于组织的理论学派。

一、古典管理学派

在组织理论中，隐喻指我们通过研究某个与组织"类似"的物体来了解组织本身。古典管理学派学者非常推崇机械隐喻，这一思想从 18 世纪开始出现，直到工业革命期间它的高潮结束。

在讨论法约尔的古典管理理论、马克斯·韦伯的官僚理论和泰勒的科学管理理论时，我们会发现，这些理论都具有机械隐喻的一些共同点：

一是强调专业化的重要性。试想汽车引擎这个机械，它包括汽化机、注油器、点火塞，每个部分都有自己特定的功能。当我们把组织看作机械，我们也能看到同样的专业分工，有时称为劳动分工。以快餐店为例，第一个人负责切面包，第二个人负责夹肉片和奶酪，第三个人专门负责处理蔬菜和佐料，最后一个人负责包装和收款。

二是标准化和可替代性。机械零件在组织中就是人员，组织成员就像机械中标准化和可替换的齿轮，假如流水线上的某个工人辞职了，这个机械般的组织能够毫不费力地找到替代者。

三是高度的可预测性。机械的组合和运作有一定的规则，一个机械般的组织依照特定规则和标准运作。

从古典管理学派的角度分析组织可以看出，组织是专业化、标准化和可预测的。

古典管理学派所持的是以管理为导向、以生产为中心的组织和传播观点。传播仅仅是一个工具，用来下达命令、协调工作以及获得雇员的服从。而且，在一个等级森严的世界中，传播的基本功能就是通常以书面形式，通过正式的渠道，自上而下垂直地传递与工作有关的信息。

虽然古典管理学派的学者们是在20世纪初期以当时的组织为思考对象，创建了他们的理论，但是看看现在的大部分组织，从流水线上产品的制作方式到服务员为顾客提供的服务，我们就会发现，古典管理理论仍然得到普遍运用。

二、人际关系学派

在人际关系学派（Human Relations Approach）中的隐喻是家庭，这个隐喻突出了我们应理解组织运作中极为重要的各种关系。一个家庭在需要得到满足、有机会实现自我时才能够顺利发展。这个学派认为，组织是各种关系的总和，改善人际关系可以实现生产力和生产效率的提高。他们重视被古典管理学派所忽视的员工的个人需求、工作中的精神回报以及组织中员工的社会互动等问题。其中，马斯洛、麦格雷戈、赫兹伯格的理论对20世纪30年代末到60年代的组织研究产生了重要影响。

使组织学者从古典管理学派跨越到人际关系学派的跳板是一个后来被称作霍桑实验的调查。1924年开始，哈佛大学学者梅奥领导的实验小组花费了近十年时间，在伊利诺伊州西方电子公司的霍桑工厂进行了一系列调查研究，揭示了工作环境中稳固的社会关系对个人的重要性。

📝 阅读链接

霍桑实验

霍桑实验是心理学史上最著名的实验之一。由哈佛大学的心理学教授梅奥主持。霍桑工厂是一个制造电话交换机的工厂，具有较完善的娱乐设施、医疗制度和养老金制度，但工人们仍愤愤不平，生产绩效很不理想。为找出原因，美国国家研究委员会组织研究小组开展了实验研究。

1. 照明实验（1924—1927年）：劳动绩效与照明无关

当时占统治地位的生产效率理论来自劳动医学的观点，认为影响生产效率的因素主要是疲劳和单调感，于是实验假设便是"提高照明度有助于缓解疲劳，使生产效率提高"。可是历时两年多的实验发现，照明度的改变对生产效率并无影响。研究人员感到毫无意义，纷纷退出实验小组。霍桑实验陷入了困境。

2. 福利实验（1927—1932年）：人际关系是比福利措施更重要的因素

1927年，梅奥率领的哈佛实验小组连同西方电子公司的人员成立了一个新的研究小组，开始了霍桑实验里程中更为艰辛的跋涉。这项实验又称实验室实验，共进行了多次，其中有一次是在继电器装置实验室进行的。梅奥等人挑选了5名装配工和1名划线工，让他们在同其他工人隔离的控制条件下工作。实验过程中逐步增加一些福利措施，如缩短工作日、安排工间休息、调节工厂温度、免费供应茶点等，结果产量提高了。两个月后，他们取消了这些福利措施，发现产量不仅没有下降，反而继续上升，可见增加福利措施对生产效率并无直接影响。

研究人员进一步调查了解后发现，原来是实验时管理人员对工人态度较和蔼，工人之间的关系比较融洽，工人能在友好、轻松的气氛中工作，从而激发了劳动热情。研究人员由此得出结论，在调动工人积极性、提高产量方面，人际关系是比福利措施更重要的因素。

3. 访谈实验（1928—1931年）：工作绩效与在组织中的身份和地位、人际关系有关

这项实验又称谈话实验。在两年多的时间里，梅奥等人组织了大规模的态度调查，在职工中谈话达两万人次以上。在访谈的过程中，访谈者起初提出的问题大都是一些"直接问题"，例如工厂的督导工作及工作环境等方面的问题。虽然访谈者事先声明，将严格保守秘密，请工人放心，可是受访者在回答问题时仍然存有戒心。后来访谈者改用"非直接问题"，让受访者自行选择适当的话题，这样一来，工人在谈话中反而无所顾忌了。

这次大规模的访问搜集了有关工人态度的大量资料，经过研究分析，了解到工人的工作绩效与他们在组织中的身份和地位以及与其他同事的关系密切相关。

4. 群体实验（1931—1932年）：观察研究"非正式群体"

为了观察社会因素对工人行为的影响，研究人员进行了霍桑实验的最后一项实验，即继电器绕线组观察室实验，这项实验又称为群体实验。实验者为了系统地观察在群体中人们之间的相互影响，挑选了14名男工，让他们在一个专门的单独房间里工作，告诉他们可以尽量卖力工作，报酬实行个人计件工资制。

研究者原以为，这套奖励办法会使工人努力工作。但是结果出人所料，产量只保持在中等水平上，工人绝不愿因超额而成为"快手"或因完不成定额而成为"慢手"。当达到定额产量时，他们就自动地松懈下来，因而小组的产量总是维持在一定的水平上。

研究小组经过考察发现，组内存在一种默契，由此形成制约着每个人的生产任务完成情况的压力。当有人超过定额产量时，旁人就给他暗示：谁要是有意超过定额，便会受到冷遇、讽刺和打击，小组的压力就会指向他。进一步调查发现，之所以维持中等水平产量，是担心产量提高了，管理当局会提高定额标准，改变现行奖励制度，或裁减人员，使部分工人失业，或会使干得慢的伙伴受到惩罚。

这一实验表明，工人为了维护班组内部的团结，可以抵御物质利益的诱惑。梅奥由此提出"非正式群体"的概念，认为在正式组织中存在着自发形成的非正式群体，这种群体有自己的特殊规范，对人们的行为起着调节和控制作用。

霍桑实验的重大贡献在于，它不同意泰勒把人只看成"会说话的机器"或人的活动只是受金钱的驱使的观点，霍桑实验认为人是"社会人"。霍桑实验的另一个重大贡献在于它发现并证实了"非正式群体"的存在，这种"非正式群体"有其

特殊的行为规范、感情倾向，控制着每个成员的行为，甚至影响整个正式组织的活动。

霍桑实验所取得的一系列成果，经梅奥归纳、总结、整理，于1933年正式发表，即《工业文明中人的问题》，并由此提出了著名的人际关系学说理论。

马斯洛的需要层次理论（见图7-1）指出，人类受到很多基本需要的驱动。他把这些需要分为五种类型，即生理需要、安全需要、归属需要、自尊需要和自我实现的需要。前三种通常被称为低层次需要，后两种则被称为高层次需要。需要层次理论为人际关系原则及其在组织环境中的应用提供了一个清晰的范例。

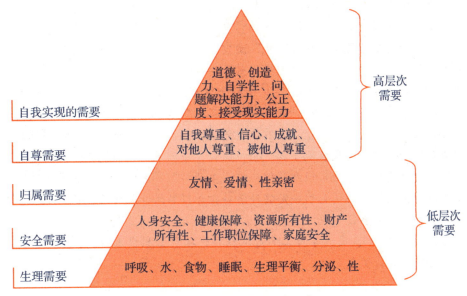

图7-1 马斯洛需要层次理论

美国学者赫兹伯格对心理健康颇有研究，提出了一连串激励与保健因素。激励-保健理论认为，使管理者产生兴趣的主要动力是工作，因为他们为了努力提高员工的工作动力，总是试图使工作具有多样性、挑战性。对激励-保健理论的应用强调了通过工作设计方式能够使工作满意度最大化、不满意度最小化。

麻省理工学院的麦格雷戈的X理论和Y理论代表着管理者对组织运作的两种截然相反的假设：奉行X理论的管理者认为，用一双强有力的手来管理基本上没有动力的员工是必要的；相反，信仰Y理论的管理者则认为员工在满足成就和自我实现需要上具有很强的动力，管理者的工作就在于激发这些有智慧、有动力的员工的先天才能。

在奉行人际关系理论的组织中，与工作有关的传播依然存在，同时也有社会内容的传播。人际关系学派不否定信息垂直流动的必要性，同时也大力提倡员工之间的横向传播是提高生产效率的重要因素。由于人际关系学派强调社会组织和满足归属的需要，因此组织传播渠道拥有面对面的人际渠道和非正式渠道。

📝 阅读链接

"狼性文化"衍生的激励制度

华为公司的"狼性文化"作为其标志性的企业文化，对其创建和发展都起到了至关重要的作用。"狼性文化"强调竞争，鼓励不屈不挠的奋进精神，这样的企业氛围促使每一位员工和管理者都不由自主地积极竞争，从而产生向上的进取意识。华为公司的"狼性文化"对于管理层的行为处事活动有着极大影响，而管理层的管理方式与企业文化是相互影响的。华为公司企业文化的构建，以及管理层独特的管理方式造就了"狼性文化"的产生与发展。

华为公司根据这一企业文化，创建了新的管理方式：通过将工号、职位等信息写到工牌上，提醒员工积极进取，以获得靠前的工号，从而获得更多的股权与公司福利。这一制度也体现了"狼性文化"激发员工的工作欲望，通过激发员工获得更高荣誉与奖励的进取心，促进员工工作效率的提升，促进企业实现其经济目标。与其他企业不同的是，华为公司的组织结构采取 CEO 轮值制度，通过分散权力促使管理层时刻保持危机意识，也提醒每一位员工加强危机意识，促使企业持续快速发展。在寻求高质量人才方面也具有敏锐的意识，通过建立完善的人才培训机制，达到人岗匹配的目的，这也体现了其"狼性文化"中极强的判断意识。实施末位淘汰制，排名最末的员工会被转换到其他岗位，重新学习和培训，如果还是无法胜任相关工作就会被淘汰，公司会用一定的经济补偿予以解聘，从而确保每一个工作岗位上的员工都适合且胜任本职工作。

"狼性文化"不仅促进了员工的进取精神，给员工积极工作提供了动力，也促进了企业的不断进步与发展。

三、人力资源学派

人力资源学派认为，组织里的个人具有值得重视的感知能力，也肯定个人劳动是达到组织目标的重要因素。它强调员工思想和观念对组织的智力贡献，员工是智力和体力的贡献者。

美国管理学家罗伯特·布莱克和珍·莫顿提出了管理方格理论，它是人力资源学派有代表性的理论之一。布莱克和莫顿设计了一个方格模式，作为训练管理者的工具。他们分析了五种典型的管理风格，认为团队型管理将员工和生产并重，有效激发了员工的潜力，实现了生产和员工自我满足的双赢，是一种最为可取的管理风格。

📝 阅读链接

布莱克和莫顿的五种典型的管理类型

（1）贫乏的领导者：对业绩和人关心都少，实际上，他们已放弃自己的职责，只想保住自己的地位。

（2）俱乐部式领导者：对业绩关心少，对人关心多，他们努力营造一种人人得以放松、感受友谊与快乐的环境，但对协同努力以实现企业的生产目标并不热心。

（3）小市民式领导者：既不偏重于关心生产，也不偏重于关心人，风格中庸，不设置过高的目标，能够得到一定的士气和适当的产量，但不是卓越的。

（4）专制式领导者：对业绩关心多，对人关心少，作风专制，他们眼中没有鲜活的个人，只有需要完成生产任务的员工，他们关注的只有业绩指标。

（5）理想式领导者：对生产和人都很关心，对工作和人都很投入，在管理过程中把企业的生产需要同个人的需要紧密结合起来，既能带来生产力和利润的提高，又能使员工得到事业的成就与满足。

人力资源学派的传播内容为"创新研究"，传播流向是"全方位的立体传播"，传播渠道采用"所有渠道"，传播类型以非正式传播为主。人力资源学派的原则在现代组织中极为盛行，被视为经营现代组织的法宝。它通过提倡以团队为基础的全方位传播，实现提高组织效率、满足人性需求的双重目标。

刚刚开始工作的毕业生常常会对工作环境抱有误解。许多人期待自己的第一份"真正的"工作比实际情形中的要更严肃有序，并且期待有能力的领导，但一旦开始工作，却经常面临公司的业务、人事调整带来的工作变动和工作量的增加。这种持续变动几乎是每个人都要经历的，无论从事哪一个行业都面临这一挑战。了解组织传播理论的发展，也许会对我们有所启发。

> 世界上有一种人是伟大梦想家，世界上有一种人是完美主义者。中国有位青年就像是二者的复合体，在科技界掀起了惊涛骇浪。他就是大疆创始人汪滔。
>
> 从香港科技大学毕业后，汪滔赴深圳创业，在一间20平方米的库房成立了大疆公司，苦熬七年，以全球首款消费级航拍一体机震惊业界。而后，汪滔带领大疆先轻取欧美市场，再转战国内，最后拿下了民用无人机市场的盟主宝座。很快，大疆就在全球民用无人机市场占据超80%的市场份额，估值超200亿美元，拥有员工1万多名。2021年3月，汪滔入选2021年度中国最具影响力的50位商界领袖。
>
> 大疆到底有什么成功的秘诀呢？汪滔曾经的一句感言或许可以让我们管中窥豹："在我们父辈的年代，中国一直缺乏能打动世界的产品，中国制造也始终摆脱不了靠性价比优势获得市场的局面，这个时代企业的成功应该有不一样的思想和价值观，大疆愿意专注地做出真正好的产品，扭转这种让人不太自豪的现状。"

工业革命以来，对组织传播方式的探讨，从来都是与社会的进步紧密相连的。但无论是古典管理学派还是人力资源学派，都在以各自的方式为我们现在的生活服务。对于刚走入社会的年轻人来说，怎样选择并适应自己身边的组织是一个严肃的问题。但无论我们选择成为一个打领带的人还是穿拖鞋的人，都要学会尊重对方的价值。人们需要使用规范化生产出来的筷子、刀、叉，也要乐于品尝餐盘中各种各样的味道。

📖 本章重点内容提要

1. 组织的结构特点：专业化的部门分工；职务分工和岗位责任制；组织系统的阶层或等级制。

2. 组织的分类：经济组织、政治组织、文化组织、综合性组织。

3. 组织传播的主要特点：传播者是以组织或团体的名义讲话的；信息大多是指令性、训导性和劝服性的内容；具体活动是在有组织、有领导的情况下进行的；传播活动有一定规模。

4. 组织传播的三大重要学派：古典管理学派、人际关系学派、人力资源学派。

🌸 思考题

1. 简述组织传播的特点。

2. 简述组织传播三大学派的主要观点。

3. 请分析古典管理学派与人际关系学派的主要区别。

4. 想一想你自己适合在什么样的组织中工作。

5. 思考社会中组织传播与个人领导风格之间的关系。

第八章　大众传播

知识目标

1. 掌握大众传播的定义
2. 掌握大众传播的社会功能
3. 掌握拟态环境论

能力目标

1. 能够认识媒介演进给新闻业带来的影响
2. 能够观察并分析近年来电视内容生产经历的变化

素质目标

思考大众传播在百年未有之大变局的新形势下应该发挥怎样的社会功能

大众传播是一个特殊的社会信息系统，说它特殊，是因为它具有其他类型的传播所不具有的性质和特点。理解这些性质和特点，是我们把握大众传播本质的出发点。

第一节　认识大众传播

大众传播是一个大规模的信息传送过程。在这个过程中，职业化和组织化的传播者出于各种目的，利用媒介系统广泛、迅速、连续不断地发出信息，传递给人数众多、成分复杂的受众。

一、大众传播的定义

随着近代报纸的诞生，人类传播的信息开始采用大规模复制技术，扩大了个人分享信息的能力，人类也因此进入了大众传播的新时代。进入 20 世纪后，广播、电视等电子媒介相继出现，使传播业得到了一次新的飞跃。各种大众传播媒介向人类传送着形形色色的信息，形成了一个覆盖社会的大众传播网络。

"大众传播"概念首次正式出现于 1945 年 11 月联合国教科文组织的宪章中。[1] 关于什么是大众传播，学者们有各种各样的定义。这里试举以下几例：

大众传播是"职业工作者（记者、编辑）通过机械媒介（印刷媒介、电子媒介）向社会公众公开地、定期地传播各种信息的一种社会性信息交流活动"[2]。

杰诺维茨的定义被西方学者广泛引用。他认为：大众传播由一些机构和技术所构成，专业化群体凭借这些机构和技术，通过技术手段（如报刊、广播、电影等）向数量众多、各不相同而分布广泛的受众传播符号内容。[3]

学者们为"大众传播"概念所做的定义既有类似之处，又有明显的区别。实际上，由于大众传播是一种极为复杂的社会现象，因而任何一个简短的定义都不可能概括它的全部内容。在这里，我们采用我国学者郭庆光的观点来定义大众传播：所谓大众传播，就是专业化的媒介组织运用先进的传播技术和产业化手段，以社会上一般大众为对象而进行的大规模的信息生产和传播活动。[4]

　　电影现在是很多人选择的休闲方式，喜欢看电影的人很多。《赫芬顿邮报》总结出了电影史票房最高的 100 部电影排行榜（前 10 位见表 8-1），其中很多电影的名字都是人们非常熟悉的。当然，我们应该认识到，票房不能用来评价电影的质量，但是它却是反映影片热度的一个重要指标。

表 8-1　全球票房排名前十的电影

排名	电影名称	总票房（亿美元）	上映年份
1	阿凡达 Avatar	28.47	2009
2	复仇者联盟 4：终局之战 Avengers 4：Endgame	27.97	2019
3	泰坦尼克号 Titanic	22.01	1997
4	星球大战 7：原力觉醒 Star Wars 7：The Force Awakens	20.69	2015
5	复仇者联盟 3：无限战争 Avengers 3：Infinity War	20.48	2018
6	蜘蛛侠：英雄无归 Spider-man：No Way Home	18.93	2021

[1] 胡正荣，等. 传播学总论. 2 版. 北京：清华大学出版社，2008：109.
[2] 刘建明. 宣传舆论学大辞典. 北京：经济日报出版社，1992：290.
[3] 丹尼斯·麦奎尔，斯文·温德尔. 大众传播模式论. 祝建华，武伟，译. 上海：上海译文出版社，1997.
[4] 郭庆光. 传播学教程. 北京：中国人民大学出版社，1999：111.

续表

排名	电影名称	总票房（亿美元）	上映年份
7	侏罗纪世界 Jurassic World	16.72	2015
8	狮子王 THe Lion King	16.67	2019
9	复仇者联盟 The Avengers	15.18	2012
10	速度与激情7 Furious 7	15.16	2015

注：本表由作者根据 http://news.sohu.com/a/573745515_446148 截止2021年8月数据整理而成。

在全球票房前100名的影片中有3部我们中国的电影，分别是《长津湖》《战狼2》《你好，李焕英》，累计票房成绩分别是9.02亿美元、8.7亿美元、8.2亿美元。

近年来，国家广播电视总局推进节目创新创优，倡导"小成本、大情怀、正能量"的制作方向，在这一创作原则过程中，题材成为央视及省市县各级电视台的重点研发对象之一，逐渐替代了早些年"娱乐至上"的设计理念和设计原则。

综观我国的红色主旋律题材电视剧，都集中于反映发生在1921—1937年间的故事。《中国电视剧产业发展报告（2019）》显示，2018年生产完成并获得发行许可证的电视剧总量为323部，其中与传播红色文化直接相关的包括"军旅类""抗战谍战类""都市刑侦"类等题材的电视剧占比24%，外加"年代传奇"类中也有部分电视剧展现着各历史时期的红色文化，因此与红色文化相关的电视剧约80部。

中国共产党的故事是红色题材电视剧中不可或缺的内容，而在我国红色题材影视类作品中，关于国人觉醒的作品甚少，《觉醒年代》的出现弥补了这一空白。该剧以《新青年》杂志由上海到北京再到上海为主线，介绍了《新青年》高举民主和科学两面旗帜，将北大作为宣传阵地，对民众进行启蒙和唤醒的过程。正如剧中陈独秀所言，他们这一代人的责任，就是"辨析、选择、验证"出一种当代最先进的思想理论，作为改造青年和社会的指导思想，探索一条振兴中华的道路。

对经历了40多年改革开放的中国来说，在社会转型和发展的过程中必然面临着历史与现实、传统与现代化、中国与世界等不可回避的现实问题，而只有在对其进行深入思考和研究的基础之上，才能塑造更加完整真实的中国形象。从当前的这些优秀电视剧创作中可以看出，国家形象的构建呈现出一种明显的现代性审美趋向，而这种现代性主要体现在对经典的现代观照和重述，在对于历史叙事的实证性阐释中体现出的现实品格，以及对于人物形象人性化的思考和诠释。

二、大众传播的特点

与其他类型的传播活动相比，大众传播具有哪些重要特点呢？这个问题，我们可以从下述几个方面来把握。

1. 大众传播中的传播者是从事信息生产和传播的专业化媒介组织

这些媒介组织包括报社、出版社、广播电台、电视台以及以大量发行为目的的各种音像制作公司。在西方国家，媒介组织以公共法人和企业法人形态为主；在我国，则以采取企业经营方式的公有制事业机构形态为主。这个特点说明，大众传播是有组织的传播活动，是在特定的组织目标和方针指导下的传播活动。

2021年被互联网行业称为"元宇宙"（Metaverse）元年。元宇宙旨在利用新兴科技手段，打造与现实世界虚实融生的虚拟世界，开创新型线上线下一体的社会体系，为用户提供产权化创作平台、去中心化经济系统、沉浸式交互体验。

1992年尼尔·斯蒂芬森（Neal Stephenson）出版的科幻小说《雪崩》（*Snow Crash*）首次明确提出了"元宇宙"概念。作者以虚拟世界和现实世界的并行不悖为基准，创造出了"超元域"（Metaverse）和"化身"（Avatar）这两个概念，描绘出网络虚拟世界将成为与现实生活平行的空间，人类可以同时拥有物理性的真实躯体和数字化的虚拟分身并进行"数字化生存"的未来图景。虽然《雪崩》中所描绘的景象至今仍未实现，但其提出的"元宇宙"概念却在2021年引起了全球性关注。

元宇宙关涉技术在新闻业有着广泛的应用前景，提前布局、整合运用元宇宙核心技术已成为新闻业共识。元宇宙依托技术群庞大，核心技术包括区块链技术、交互技术、电子游戏技术、人工智能技术（AI）、网络运算技术及物联网技术等新一代信息技术。

AI技术是元宇宙产业发展的重要基础，是元宇宙产业发展竞争的必需品，只有AI技术发展达到一定水平，机器才能拥有"大脑"，元宇宙整体产业发展水平才能得到飞跃。在新闻领域，AI的重点是智能化新闻生产和个性化内容推荐。此外，元宇宙社会中，自然人、虚拟人、机器人三者共融共生。2020年的全国"两会"报道中，新华社联合搜狗推出全球首位人工智能驱动的3D版AI合成主播"新小微"，其不仅可以进行360度无死角新闻播报，还可以在云计算和算法的驱动下根据语义生成对应面部表情和肢体语言，实现了多机位、多景深动态表情播报。

资料来源：黄怡静，赵云泽. 元宇宙背景下的新闻业发展趋势研究. 新闻爱好者，2022（6）：9-12.

2. 大众传播是运用先进的传播技术和产业化手段大量生产、复制和传播信息的活动

大众传播的出现和发展，离不开印刷技术以及电子传播技术的进步。美国社会学家查尔斯·霍顿·库利在《社会组织》一书中指出：报纸、书籍和杂志作为新的大众媒介，不仅消除了人们相互隔绝的障碍，影响社区相互作用的方式，而且引起了社会的组织和功能的重大变化，甚至永久地改变了那些使用者的精神面貌和心理结构。因为，"个人通过与更大范围的更多样化的生活发生关系而头脑开拓，而且这种生活给他带来的大量的不断变化的启发，使他保持兴奋，有时甚至兴奋过度"①。一句话，媒介技术革命使人类社会在各个方面都发生了前所未有的深刻变化。

今天的大众传播体系因技术的日益精进而在不断经历着重大变化：大众市场的图书和大量发行的杂志曾很快取代廉价报业的报纸。进入20世纪后，在这两个流行媒介之上，又加进了电影、广播及录音唱片。几十年后，将新闻与娱乐、影像与声音相结合的电视又出现了，人们足不出户便能收看。传统媒介发掘出新功能，与电视一同繁荣起来。时至今日，又产生了互联网和万维网，以及智能手机和平板电脑这样的移动终端。这些新技术使得如今所有的媒介产业均面临深刻变化，包括如何进行自我建构和经营运作、传播内容的性质以及如何与受众互动和应对。当这些变化显露出来时，大众传播的本质以及我们在此过程中所充当的角色，自然也会跟着显露出来。

3. 大众传播的对象（受众）是社会上的一般大众

受众是一个模糊的集合概念，它并不特指社会的某个阶层或群体，而是指社会上所有的"一般人"。任何人无论其性别、年龄、社会地位、职业、文化层次如何，只要他接触大众传播的信息，便是受众的一员。受众的广泛性，意味着大众传播是以满足社会上大多数人的信息需求为目的的大规模传播活动，也意味着它具有跨阶层、跨群体的广泛社会影响。

德弗勒和丹尼斯说："大众传播能改变我们的语言和我们对世界的认识"，"改变我们对社会问题的看法，还可能改变我们的公开行为"。实用主义哲学家杜威的一个重要观念是"大众传播是社会变迁的工具"，并且他从未放弃借用传媒改良社会的可能性。大众传媒对个体及社会的影响越来越大，它的作用是通过受众实现的。

受众观念是指导大众传播者传播行为的指南，涉及传播目的与传播效果。当传播是为满足传播者需要（劝服）而传播时，受众就成了宣传对象，而当传播是为满足受众需要而传播时，受众就是信息接收者、消费者。前一类受众是被传媒左右的"沉默的螺旋"，后一类受众则被大众传媒奉为"上帝"。

受众观念随着时代的变迁而发展变化。总体而言，我国的受众观念经历了从重灌输轻反馈、重指导轻服务向指导与服务并重的变化。梁启超在谈论报纸的功能时曾说"对于国民而为其向导者是也"。同时代的王韬曾言"辅教化之不及也"。这些论断表明大众传播的作用是"通达民隐"和"教化百姓"。洪仁玕在《资政新篇》中提出的报纸的主要功能是：政治宣传功能、舆论监督功能、信息传递功能、人伦教化功能等。孙中山则提出了最具特色的作为其政治理想的体现的"舆论归一"主张。毛泽东提出了"全党办报、群众办报"和"要政治家办报"的思想。

以上叙述表明了中国强大的政治（政党）新闻学的发展传统。这个体系中的受众，毫无疑问就是宣传对象、教育对象。今天我们的大众传媒已经由政治传媒向商业传媒转变，传播者普遍认为大众传播的首要功能是传播信息，大众传播的受众又成了消费对象、服务对象。②

①　邵培仁. 论人类传播史上的五次革命. 中国广播电视学刊，1996（7）：6.
②　王文科. 传媒导论. 杭州：浙江大学出版社，2008.

4. 大众传播的信息既具有商品属性，又具有文化属性

大众传播作为生产信息产品的产业，其产品价值是通过市场得到满足的。人们无论是从印刷媒介还是从电子媒介上获得信息，都要支付一定的费用，这说明大众传播的信息产品本身就是一种商品。但是，信息产品又与满足人们的生理需求的一般物质产品不同，人们对它的消费主要是精神内容即意义的消费。意义是一定社会文化的产物，具有鲜明的文化属性。这里的文化是一个广义的概念，它包括了社会的思想、观念、科学、道德、政治、法律、宗教、价值标准和行为规范等广泛的内容。信息与上述这些内容是分不开的。

传媒与文化有着不可分割的联系，一方面，传媒本身就是文化的组成部分；而另一方面，传媒又极大地影响着文化，为文化的传承、革新和发展注入了活性机制，使文化在时间和空间两个维度上真正绽放了夺目的光彩。

1871年，英国文化学家泰勒在《原始文化》一书中给"文化"下了一个堪称文化学科经典的定义："文化或文明，就其广泛的民族的意义来说，乃是包括知识、信仰、艺术、道德、法律、习俗和任何人作为一名社会成员而获得的能力和习惯在内的复杂整体。"这是从文化的精神层面所下的定义，在文化研究史上具有里程碑式的重要意义。

然而不管何种定义，文化从本质上来说，都是人类借助符号传达信息和意义的行为。文化也因此而具有了符号性、社会性、创造性等特点。

了解了文化，那么传媒对文化有什么影响呢？

传播媒介是文化传播的工具，为文化的传承、革新和创造提供了多方面的可能性，使文化传播可以超越时代，超越国界。传播媒介还通过各种渠道弘扬先进文化，培养优秀的文化精英人才，不断促进文化事业的发展和进步，因此传媒对文化的影响是深远的。

一方面，文化的传承和延续离不开人的活动，一种缺乏接受群体的文化必定走向衰亡，成为历史的化石。如日本的俳句、短歌原是日本宫廷贵族吟咏玩唱的高雅艺术，在当代由于缺乏固定的传承群体而面临生存的危机。由于精英文化一直"居庙堂之高"而与大众相隔甚远，因此须将其与立足大众的传播媒介相结合，将高雅的内容通俗化，将严肃的学术话题融于大众更易接受的形式。[①]

📝 **阅读链接**

《经典咏流传》是一档由中央电视台综合频道和央视创造传媒联合制作的大型文化节目。该节目会邀请不同的鉴赏嘉宾对故事背后的历史文化进行讲解，同时也邀请众多传唱人来传唱经典。自2018年第一季节目播出至2023年7月，已推出六季节目。该节目始终秉持着"和歌以诗"的形式，为古诗词赋予新韵律，将文字媒介转化为时下流行的视听媒介，让诗词在传唱中从流行走向流传。

《经典咏流传》以一种大众乐于接受的方式，将诗词的美韵展现得游刃有余，进而培养人们认识美、理解美、欣赏美、创造美的能力。讲好中国故事，传递好中国声音，是当前主流媒体需要思考的一个重要问题。

---

① 王文科. 传媒导论. 杭州：浙江大学出版社，2008.

另一方面，一些地处偏远地区的少数民族的传统文化或一些在现代化进程中逐渐被人们遗忘的民族文化也必须借助现代传媒，才能重新焕发传统内蕴与现代品格交相辉映的文化魅力。[①]

"天地混沌的时候没有太阳，没有月亮，四周漆黑一片。敲一下，东边亮了，再敲一下，西边亮了……"原生态舞蹈《云南映象》就在这样的歌谣中开始了。自2003 年 8 月在昆明首演至今，此剧热度不减。时至今日，《云南映象》仍是少数民族舞蹈编创的典范，也是民俗民间舞工作者讨论的热门话题。

《云南映象》涵盖了生活在云南地区的多个少数民族的舞蹈，包括彝族、傣族、佤族以及藏族等。这些原生态舞蹈真正打动观众的地方不是突破极限的动作幅度，而是在现代都市日常生活中所缺乏的原始生命力，以及蕴含在这些原生态舞蹈中的更为高层、能够引起都市观众共鸣——获得更高生命质量的美好愿望。

由此可见，大众传媒与文化在现代呈现两者彼此交融、不可分割的关系。在社会转型与历史变迁的进程中，以文化为生命力的传媒与以传播为存在方式的文化应该互相融合、互相渗透，这样方能共荣共进。[②]

从另一些成功的案例也可以看出大众传媒将很多知识故事化以供传播，这也正是很多大众传播活动的成功所在。

中央广播电视总台的《百家讲坛》是在讲故事、《大国崛起》是在讲故事，湖南卫视的《变形记》是在讲故事，凤凰卫视的《鲁豫有约》是在讲故事……其中的道理并不复杂，因为故事有人物、情节、环境，有悬念和猜测，有推理和判断，符合人们的心理认知和审美需求，能使观众获得融入其中的乐趣，从而对节目念念不忘。"讲故事"能够将庞大而复杂的题材分解为若干个小巧而单纯的单元。小巧，让观众不至于疲劳；单纯，可以将一件事讲得更精彩。有人说，《百家讲坛》就是比较高雅的评书，这个评价比较准确地体现了该节目"讲故事"的表现特征。说评书的办法就是每一回说个故事，结束时来个"下回分解"留个悬念。传统的评书、章回小说，现在的电视剧，都可以说是这种模式的应用。

从扭转《百家讲坛》节目命运的《正说清朝十二帝》说起，主讲人阎崇年以"董鄂妃身份之谜""太后再嫁之谜"等大大小小的故事串起整个节目，一桩又一桩的清宫疑案是大多数观众知悉却不熟悉的事实。这些事实，正是节目吊起观众胃口的兴趣点和切入点。跟着阎崇年老师，读史的过程被简化为听故事。

将抽象、枯涩的理论转化为观众看得懂且爱看的，具体、感人和形象化的电视节目，这是由电视作为"家庭艺术"的内在规律决定的。电视节目通过"讲故事"，可以使观众轻松、愉快地学习，也可以使观众由直观的事实，形象、轻松地去接触事物本质。

资料来源：王晖. 对电视传播中大众文化属性审美意义的思考. 理论与现代，2007（6）.

①② 王文科. 传媒导论. 杭州：浙江大学出版社，2008.

5. 从传播过程的性质来看，大众传播属于单向性很强的传播活动

说它单向性强，并不是说大众传播没有任何互动机制，而是说这种机制较弱。大众传播的单向性（见图 8-1）主要表现在两个方面：一是传媒组织单方面提供信息，受众只能在其提供的范围内进行选择和接触，具有一定的被动性；二是没有灵活、有效的反馈渠道，受众对媒介组织的活动缺乏直接的反作用能力。大众传播过程的单向作用性质为它赋予了强大的社会影响力，这种影响既包括正面的，又包括负面的。

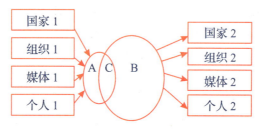

图 8-1　大众传播的单向性

大众传播媒介在传播过程中处于主导地位，因其特点，大众传播过程中很少有有效的反馈机制。也正是这样，受众在接收了大众传媒所传达的信息后却不能将个人意见及时与大众传媒沟通，使两者的观点相互协调。

6. 大众传播是一种制度化的社会传播

这个特点是由以上五个特点所决定的。换句话说，由于大众传播是从事信息的大量生产和传播的信息产业，由于它的内容与社会观念、价值和行为规范有直接关系，由于传播过程的特殊性赋予它的巨大社会影响力，因此，无论哪个国家，都会把它纳入社会制度的轨道。实际上，每个国家的大众传播都有各自的传播制度和政策体系，这些制度和政策都是在维护特定社会制度的方向上起作用的。[1]

由于大众传播的制度被纳入国家的社会制度的轨道上，因此其制度也因国家体制的不同而不同。

当美苏两国的报业同行偶尔碰在一起谈论大众传媒问题的时候，这种谈话往往是既有趣而又令人失望的，因为在最初几分钟内就显示出这两种思想范畴的互不相容。美国人为他的自由报刊感到幸福，对于在国家检查制度之下的苏联同行不禁感到同情。苏联人声言他享受到唯一真正的新闻自由，而他的不幸的美国同行却不得不为一种唯利是图的、受特殊利益支配的、腐败的和不负责任的报刊服务。美国人自豪地谈到他的报刊和电信工作能够使他得到全世界的最新消息，以及他的大众传媒能够给他以享受和娱乐。苏联人认为最新消息并不是很重要的公众服务，而且美国传媒所提供的大部分娱乐性的东西都是"废话"，对一个大国来说是毫不可取的。谈话这样继续下去，直到双方都怀疑对方思想混乱而分手。

资料来源：施拉姆，等. 报刊的四种理论. 中国人民大学新闻系，译. 北京：新华出版社，1980.

[1]　郭庆光. 传播学教程. 北京：中国人民大学出版社，1999：111–113.

第二节 大众传播的社会功能

在李普曼撰写的那本著名的《舆论》（*Public Opinion*）中有这样一个故事：

> 大洋中有一个岛屿，1914年时，那里住着几个英国人、法国人和德国人。岛上不通电缆，英国邮轮每60天来一次。到了9月，本该8月来的邮轮还没来，这些岛民谈论的话题仍是最后那期报纸报道的即将对"卡约夫人枪杀加斯东·卡尔梅特一案"进行审判的消息。因此，9月中旬邮轮来的那天，他们抱着非同寻常的急切心情全都涌向码头，想听那位船长说说做出了什么样的裁决。但是他们得知，6个星期以来，英国人和法国人为了协约的尊严正在同德国人作战。在这不可思议的6个星期中这些岛民仍像朋友一样相处，而事实上他们已经成为敌人。
>
> 资料来源：沃尔特·李普曼. 公众舆论. 阎克文，江红，译. 上海：世纪出版集团，2006：3.

李普曼意在提醒我们，传播，尤其是大众传播，给人们提供了其生存处境的映像，很多时候，我们不是生活在真实环境中。如果大众传播的反映出现了延迟或偏差，我们采取的行动也会相应受到影响。

📝 阅读链接

沃尔特·李普曼

沃尔特·李普曼（Walter Lippmann，1889—1974），美国著名的政论家、专栏作家，传播史上具有重要影响的学者之一，在宣传分析和舆论研究方面享有很高的声誉。和其他重要的早期传播学人物不同，作为哈佛大学的毕业生，李普曼从未执过大学的教鞭，但就大众媒体在构成舆论方面的作用而言，他是最有权威的发言者。李普曼的著作颇丰，其中最为著名、流传最广的是1922年出版的《舆论》，被公认为传播学领域的不可忽视之作。

那么，大众传播的功能包括哪些方面呢？

一、拉斯韦尔的"三功能说"

1948年，哈罗德·拉斯韦尔在《传播在社会中的结构与功能》一文中，对传播的功能做出了经典论述。他认为，大众传播最明显的功能包括以下几方面。

1. 监视环境功能

约瑟夫·多米尼克在《大众传播的活力》（1996）中举了一个例子证明了即使是娱

乐节目也有监视环境的功能。①1973 年 12 月 19 日，美国全国广播公司（NBC）《今日秀》（Tonight Show）的撰稿人注意到一则消息。该消息引用威斯康星州一位议员的话，说联邦政府没有及时在卫生纸供应商中招标。撰稿人注意到这里的幽默含义，便在主持人卡森的开场白中插入了一些类似的笑话。当晚卡森开玩笑地告诉数以千万计的观众：美国面临严重的卫生纸短缺危机。

不幸的是，一些人把《今日秀》当作了 NBC 的晚间新闻，第二天超市一开门就冲进去采购卫生纸。在纽约，有位妇女买了一大箱 64 卷。一些杂货店被迫限量供应，每位顾客只能买 4 卷。生产卫生纸的厂家猝不及防，虽然厂家加紧生产来应付这种异常的需求，但要让产品最终上到货架上还需要一些时间。与此同时，消费者的购买热情不减，超市卫生纸脱销。其他消费者看着空荡荡的货架，越发相信卡森关于卫生纸短缺的论断，急急忙忙地赶到其他商店去购买。

卡森试图平息这场混乱。他宣布说这只是个玩笑，节目中所说的短缺指的是较低级的政府配给纸，而非柔软的高级的消费用纸。虽然他的解释起了些作用，但恐慌是会"传染"的，所以，一直过了三个星期，超市货架上的卫生纸供应才恢复正常。

2. 社会协调功能

社会是个建立在分工合作基础上的有机体，只有实现了社会各组成部分之间的协调和统一，才能有效地适应环境的变化。传播正是执行联络、沟通和协调社会关系功能的重要社会系统。

3. 社会遗产传承功能

人类社会的发展是建立在继承和创新的基础之上的，只有将前人的经验、智慧、知识加以记录、积累、保存并传给后代，后人才能在前人的基础上做进一步的完善、发展和创造。传播是保证社会遗产代代相传的重要机制。

拉斯韦尔解释道："外交官、使馆官员和驻外记者是专门研究环境的代表性人物，编辑、新闻工作者和演说家是内部反应的起关联作用的人，家庭和学校里的教育者传递社会遗产。"② 实际上，大众传播在这三个方面都在发挥作用。首先，大众传播时刻注视着世界上的最新变动，将其向自己的受众和社会进行传达。其次，大众传播在社会内部调节着各种关系，凝聚着各种人群，控制着各种行为。最后，大众传播也在把人类积累下来的文明和文化成果向更广的范围进行传递。

二、拉扎斯菲尔德和默顿的观点

在 20 世纪 40 年代，拉扎斯菲尔德和默顿对大众传播的功能做了探究。

在社会学领域中，默顿是结构功能主义理论的代表人物之一，他区分了社会系统中的"正功能、反功能"和"显性功能、隐性功能"。他认为，任何有利于一个社会系统的适应与调整的结果，都叫作"正功能"；相反，就叫作"反功能"。社会系统中的参与者所企求的或寄予希望的社会功能，称为"显性功能"；社会系统中的参与者不了

---

① 佘绍敏. 传播学概论. 厦门：厦门大学出版社，2003.
② 胡正荣，等. 传播学总论. 2 版. 北京：清华大学出版社，2008.

解或未企求，但仍存在于社会的，称为"隐性功能"。

从这个观点出发，拉扎斯菲尔德和默顿特别强调的是两种隐性功能——赋予社会地位的功能和社会规范强制的功能，以及一种负功能——麻醉精神的功能。

赋予社会地位的功能是指任何一种问题、意见、商品、团体乃至人物或社会活动，只要得到大众传播媒介的广泛报道，就会成为社会瞩目的焦点，获得很高的知名度和社会地位。这个观点在当下社会中很容易找到支撑，演员需要通过大众媒介的曝光获得知名度，而能够获得人们的喜爱在很大程度上取决于大众媒介如何报道，报道内容属于什么性质。通过大众传播使信息流通本是进行联系和协调社会关系的必要手段，但同时也使社会地位、权利、利益关系发生了改变。

社会规范强制的功能是指大众传播媒介将偏离社会规范和公共道德的人或事件公之于众，形成舆论压力，从而达到引导社会规范实现的目的。大众传播的社会规范强制功能可以被理解为传递正确合理的行为范式，这与拉斯韦尔的主张有相似之处。形成稳定的社会行为范式并通过大众传播媒介加以维护是不断将控制合法化的隐性过程，这与拉斯韦尔在协调社会的大众传播功能上达成了共识。

关于麻醉精神的功能，拉扎斯菲尔德和默顿认为，现代大众传播具有明显的负面功能。它将现代人淹没在表层信息和通俗娱乐的滔滔洪水当中，人们每天都在接触媒介上花费大量的时间和精力，降低了积极参与社会实践的热情。人们在读、在听、在看、在思考，但是，人们却把这些活动当作行为的代替物。人们有知识、有兴趣，也有关于今后的打算，但是，当人们吃完晚饭、听完广播、读完报纸以后，也就到了睡觉的时间了。拉扎斯菲尔德和默顿把这种现象称为大众传播的"麻醉作用"，认为过度沉溺于媒介提供的表层信息和通俗娱乐中，就会不知不觉地失去社会行动力，而满足于"被动的知识积累"。

拉扎斯菲尔德和默顿认为大众传媒具有负面的麻醉精神的功能表现在：一方面，大众传媒提供大量娱乐节目，使人们沉醉其间无力自拔，在浅薄的乐与笑的满足中放弃了对社会现实的思考；另一方面，大众传媒由于人力、物力、财力所限，以及受截稿时间和版面、节目容量的制约，所提供的往往是表层化的信息，而人们往往被蒙蔽和淹没在表层信息的汪洋大海之中，难以寻求真相。此外，大众传媒虽然揭露了某些耸人听闻的事件，但往往不去寻求事件背后深层的社会原因及解决方法，给予这些事件以长久的关注。这些片段化的戏剧性的社会问题报道不断刺激着人们的神经和感官却难以解决，使人们对社会现实变得麻木不仁，丧失了批判社会的动力。

随着传媒的日益商业化、庸俗化、刺激化，传媒娱乐化和新闻娱乐化所带来的社会后果令社会学家和传播学者忧心忡忡。已故纽约大学教授尼尔·波兹曼提到了英国历史上的两位小说家奥威尔与赫胥黎，奥威尔在他的小说《1984》中预言了人类的精神将毁于人类所痛恨的独裁统治，而赫胥黎则在他的科幻小说《美丽新世界》中警告人们，在一个科技发达的时代里，造成精神毁灭的敌人更可能是一个满面笑容的人。波兹曼认为，成为现实的可能是赫胥黎的预言，而不是奥威尔的预言。他说："如果一个民族分心于繁杂琐事，如果文化生活被重新定义为娱乐的周而复始，如果严肃的公众对话变成了幼稚的婴儿语言，总而言之，如果人民蜕化为被动的受众，而一切公众事务形同杂耍，那么这个民族就会发现自己危在旦夕，文化灭亡的命运就在劫难逃。"①

三、赖特的"四功能说"

美国学者赖特从社会学角度对传播的功能进行了探讨。他修正了第二个功能，即"社会协调"，认为大众媒介在内部起到的作用更多的是"解释和规定"，他引用社会学名词"社会化"来代替第三个功能"社会遗产传承"。在拉斯韦尔的观点之外，赖特还增加了第四个功能：娱乐。

在很多情况下，我们会发现这种结论是有合理之处的。当我们在观看大部分电视节目的时候，能够得到多少对于现实的真实理解和对于文化的可靠传承呢？更多时候，我们是在用它来消磨时间，获得一种放松、快乐或者逃避的感觉。

从施拉姆的《传播学概论》中我们也可以得到佐证，证明参与大众传播活动占去了人们很多时间。

> 美国学者尼尔·波兹曼作为传播技术批判的代表学者，是世界著名的媒体文化研究者和批评家。他撰写的《娱乐至死》《技术垄断：文化向技术投降》《童年的消逝》构成了"媒介批评三部曲"。"媒介批评三部曲"有一个纵贯始终的主题，即技术对人类社会、文化和心理的影响。
>
> 波兹曼在《娱乐至死》（1985）中指出，"我们正处于从以文字为中心向以形象为中心转换的过程中。""电视时代蒸蒸日上，电视改变了公众话语的内容和意义，政治、宗教、教育、体育、商业和任何其他公共领域的内容，都日渐以娱乐的方式出现，并成为一种文化精神，人类无声无息地成为娱乐的附庸，毫无怨言，甚至心甘情愿，其结果是我们成了一个娱乐至死的物种。"
>
> 电视媒介具有娱乐性，它为电视受众提供了不少欢乐。电视成为大众媒介后，衍生出了易于被人们接受的大众文化，在某种程度上消除了文化交流方面的阶层、教育隔阂，使人们在公共领域内得以自由、平等地交流。电视的娱乐性并不会对文化造成任何威胁，而真正具有威胁意义的是电视把娱乐本身变成了表现一切经历的形式。现在的问题不在于电视为人们提供的娱乐内容，而在于电视将所有人们看到的内容以娱乐的形式表现出来。电视的影响在于它阻止了我们理性的思考。
>
> 《娱乐至死》提醒人们可能成为现实的是，毁掉我们的，不是我们憎恨的东西，而恰恰是我们热爱的东西。

四、施拉姆的总结

施拉姆对前人的研究进行归纳、分析和总结后，认为大众传播具有四项社会功能：

（1）大众传播是雷达，具有寻求、传递和接收信息的功能，用于监视社会环境；

（2）大众传播具有操纵、决定和管理功能，对受众进行诱导、劝服，并引导其做

---

① 尼尔·波兹曼. 娱乐至死. 章艳，译. 北京：中信出版社，2015.

出决定；

（3）大众传播具有指导功能，也就是教育功能；

（4）大众传播具有娱乐功能。

大众传播所具有的正功能和负功能如表 8 - 2 所示。

表 8 - 2　大众传播的功能分析

正功能	负功能
1.守望功能：告知、提供新闻	
示警：自然灾害、危险	过度强调危险而造成恐慌
工具：与经济、大众及社会有关的基本资讯	麻醉人心：冷漠、被动、疏离
呈现规范：公众人物、事件	过度呈现，流于肤浅
2.协调各界反应功能	
强化社会规范：凝聚共识，指责偏差	强化顺从，灌输刻板印象
授予地位：塑造意见领袖	制造假事件、形象及名人
消除任何危险因子、反映民意	阻碍社会变革与创新
监督政府	不允许严厉批评，形成多数暴力，维护并扩大当局权力
3.文化传递功能：教育	
凝聚社会：扩大共同经验的基础	减少次文化的多元性，促成单调同质的大众社会
减少迷乱：降低人们无所适从的感觉	去人性化，减少人际接触
持续社会化：儿童与成人教育	标准化、规格化，阻碍有机的文化发展
4.娱乐功能	
消除日常生活烦恼	鼓励人们逃避现实
创造大众文化：大众有机会接触艺术、音乐	伤害精致艺术、高雅文化
提升公众品位：激发人们对艺术的兴趣	庸俗娱乐降低了公众品位，阻碍人们对艺术的喜好

资料来源：沃纳·赛佛林，小詹姆斯·坦卡德. 传播理论：起源、方法与应用. 罗世宏，译. 台北：五南图书出版有限公司，2000：398.

但施拉姆所概括的四大功能并非完美无缺。事实上，根据不同的研究目的，或从不同角度在不同层次上运用不同的方法研究，都有可能得出对传播功能的不同表述。

五、李普曼的"拟态环境"论

1922 年，美国政论家、学者沃尔特·李普曼撰写了《舆论》一书，书中提出的许多观念影响深远，其中"拟态环境"的概念对于我们思考大众传播的功能有重要价值。

柏拉图在《理想国》中曾有一个著名的洞穴隐喻。在某个洞穴里，有一些被锁着的囚徒，他们的前面是一堵墙，后面是一堆火。火光将他们的影子投射到墙上。他们动弹不得，看不到别的东西，只是看到他们自己和墙上的影子。他们不可避免地将这些影子看作是实在的，而对于造成这些影子的东西却毫无概念。

李普曼认为，现代社会中的人们就是"洞穴中的囚徒"，而大众媒介就是一堆火和一堵墙组成的"影子投射装置"。人们只能获得两种东西：一种是自己的感受器官能直接了解的东西，另一种是大众媒介给人们提供的东西。身外世界日趋纷繁芜杂，超出了人所能直接感受的范围，对大多数人而言，他们实际上是生活在一个"拟态环境"之中。

所谓拟态环境（Pseudo-environment），或译作虚假环境、假环境，指的是大众媒介创造出来的，来源于真实环境却又与其不尽一致的一个媒介环境，是一种间接的感知，可常常被社会公众当作真实世界而接受。

> 美国传播界有一幅漫画：在一个起居室里，有一对父子正在看电视，父亲坐在大躺椅里，儿子站在父亲身后问："爸爸，如果森林里有一棵树倒了，而新闻记者没有把它报道出来，那么这棵树算不算真的倒了？"

这幅漫画有许多诠释的可能性，它让我们体验到大众传播媒介塑造人们头脑中图像的威力，一件事如果未经大众传播媒介的披露，在瞬息万变的现代世界，几乎就等于不存在，没有发生过。

这种拟态环境的映像进入人的脑海，进一步影响了人的态度和行为。现代社会中，人们已逐渐习惯并依赖于媒介带给人的世界，人们通过媒介的选择来了解客观事物的变动。然而媒介只能部分再现真实世界，大量的事实被筛选掉，被选中的事实也经过了加工。即使传播者尽力进行客观、真实的反映，也不能避免偏差。李普曼的拟态环境的概念揭示了大众媒介运作的基本机制，也提醒我们，大众传播在实现其正面功能的同时，埋下了遮蔽人们认知的可能性。[1]

> 我们每个人都生活、工作在这个地球的一隅，在一个小圈子里活动。我们对具有广泛影响的公共事件充其量只能了解某个方面或某一段落。和那些起草条约、制定法律、颁布命令的显要人物一样，被要求接受条约的约束、法律的规范和执行命令的人们，也是些实实在在的人。我们的见解不可避免地涵盖着要比我们的直接观察更为广泛的空间、更为漫长的时间和更为庞杂的事物。因此，这些见解是由别人的报道和我们自己的想象拼合在一起的。
>
> 然而，即使是目击者也不可能原原本本地再现事件的全貌。
> ⋯⋯⋯⋯⋯
> 多数情况下我们并不是先理解后定义，而是先定义后理解。置身于庞杂喧闹的外部世界，我们一眼就能认出早已为我们定义好的自己的文化，而我们也倾向于按照我们的文化所给定的、我们所熟悉的方式去理解。
>
> 资料来源：沃尔特·李普曼，公众舆论. 阎克文，江红，译，上海：上海世纪出版集团，2006：61-62.

---

① 胡正荣，等. 传播学总论. 2版. 北京：清华大学出版社，2008：109-118.

📖 本章重点内容提要

1.作为一种特殊的社会信息系统,大众传播是专业化的媒介组织运用先进的传播技术和产业化手段,以社会上一般大众为对象而进行的大规模的信息生产和传播活动。

2.大众传播的六大特点:传播者是专业化媒介组织;运用先进的传播技术和产业化手段大量生产、复制和传播信息;面对一般大众;传播的信息同时具有商品属性和文化属性;单向性很强;属于制度化的社会传播。

3.大众传播具有四大社会功能,即监视环境,社会协调,社会遗产传承,娱乐。

4.拟态环境是大众媒介创造出来的,来源于真实环境却又与其不尽一致的一个媒介环境,是一种间接的感知,可常常被社会公众当作真实世界而接受。

🌸 思考题

1.为什么会有大众传播这一活动出现?

2.杰诺维茨对大众传播下了怎样的定义?

3.郭庆光对大众传播下了怎样的定义?

4.与其他类型的传播相比,大众传播有哪些特征?

5.赖特对大众传播的功能进行了怎样的阐述?

6.拉斯韦尔对大众传播的功能进行了怎样的阐述?

7.拉扎斯菲尔德和默顿是怎样阐述"麻醉精神的功能"的?

知识目标

1. 掌握受众的特点
2. 熟悉受众的三种角色
3. 掌握受众研究的经典理论

能力目标

1. 能够分析受众理论在理解大众传播方面的价值
2. 能够从传播史和媒介技术史角度分析数字时代受众需求的变化

素质目标

思考在社会主义国家中大众传播媒介如何发挥舆论引导的作用

报刊的读者、广播的听众、电视的观众、互联网的使用者等，这些大众传媒的使用者，统称为受众。受众是大众传媒产品的消费者，也是传播过程的终点站，是传播信息的归宿。

第一节　认识受众

一、受众的特点

传播学中用英文表达的 Audience，在我国被翻译成"受众"。受众是指在特定的国家和地区中能够接收到媒介信息的总人口。在大众传播中，相对于传播者而言，受众是受传者，是传播对象。受众在整个传播过程中起着重要作用。受众在构成上有以下特点：

第一，大众传播的受众数量庞大。这主要表现在媒介使用者多，使用媒介的时间长，使用的媒介种类多样。2022 年数据显示，卡塔尔世界杯期间，中央广播电视总台赛事相关内容全媒体受众规模 9.19 亿人，全媒体受众总数达 254.27 亿人次，用户收视总时长 59 亿小时。[1] 在美国，家庭电视机数量甚至超过了人口数量。由此可以看出，大众传播的受众数量是惊人的。

由于受众是大众传播信息的接受者，因此任何人一旦开始使用传播媒介，就自动成为受众的一员，尽管当时几乎没有人注意到这个事实。在城市和很多农村地区，人们一般从一两岁就开始收看电视，至迟也从学龄时开始使用传播媒介，从此就开始了自己作为受众的经历。有意思的是，除了少数例外，人们一旦开始使用传播媒介就一发不可收拾，这种行为贯穿人们的一生，甚至直到人生的最后一天。由此可见，受众实际上是世界各国、各地区有条件、有能力使用传播媒介的所有人的集合。在一个国家的内部，受众可谓是仅次于公民和人民的一个概念。因此，无论是在世界上还是在一个国家，受众的数量都极其巨大。即使就某一种传播媒介的使用者而言，无论是报刊、书籍的读者，还是广播的听众和电视、电影的观众，数量也都相当惊人。受众的这个特征，从根本上决定了大众传播是最重要的一种传播类型。[2]

第二，大众传播的受众具有广泛性、多样性的特点。大众传播的受众由社会各个阶层的人士构成，他们分布的地域非常广泛。

受众不仅人数众多，而且在年龄、性别、居住环境、受教育程度、职业、经济状况、宗教信仰、政治态度、婚姻状况、价值观念和审美情趣等方面都表现出明显的差异。凡是人类可能存在的差异，在受众中都可以找到。而受众的共同点，除了都接收媒介信息这一点之外，似乎找不到第二点。受众的这个特征，为受众分类提供了可能。后文中介绍的"社会分类论"，就是建立在受众的这种差异性基础上的。受众的这个特征，还决定了他们对传播内容有多样化的要求。所谓众口难调，用来形容受众对传播内容的"口味"是再确切不过的了。因此，传播者在制作信息时必须充分考虑受众的这种差异性，唯有如此才可能使大众传播取得预期的效果。[3]

第三，大众传播的受众具有分散性、无组织的特点。使用大众传媒的人们大体上互不相识，分散在各个角落、各个地区、各个行业，他们一般情况下互不联系，处于隔离状态，因此也是无组织的。这种情况使传播者很难掌握受众的特点。

受众虽然人数众多、层次丰富，但却不是一个组织，当然不受任何组织纪律的约束。具体来说，要成为受众的一员（即开始使用传播媒介）不需要提出任何申请，暂时不使用传播媒介（即暂时放弃受众的身份）也不必办理任何手续。不仅如此，成为受众后在使用传播媒介时没有任何必须遵守的规章制度，无论是读报、听广播还是看电视，可以迟到、早退甚至缺席，也可以评头品足，发表议论，决不会受到任何纪律惩罚。

---

① https://www.163.com/dy/article/HQBQFFIB0517D57R_pdya11y.html，2023-01-24.

②③ 戴元光，金冠军. 传播学通论. 上海：上海交通大学出版社，2007.

值得指出的是，某些传播媒介虽然有自己的读者、听众和观众联谊会等组织，但这些仅仅是个别传播媒介的极少数受众代表组成的一种相当松散的组织。世界上没有一个由一份报纸的全体读者组成的组织，也没有由一家广播电台的全体听众或一家电视台的全体观众组成的组织，由所有传播媒介的全体受众组成的组织是不可思议的。这种"没有组织，没有纪律"的状况表明，受众是一个极其松散的社会群体。[①]

第四，大众传播的受众具有不固定性和不确定性。由于受众使用传播媒介是自觉的行为，使用什么媒介、何时使用这种媒介都是由受众自己决定的，因此，受众使用媒介是不固定的，大众传播的传播者很难确切知道究竟有哪些人在使用这种媒介，有哪些人在阅读自己写的文章或观看自己制作的节目，更无法确切知道使用这种媒介的受众究竟是谁。

由于大众传播的受众具有这些特点，早期的大众传播学工作者认为大众传播媒介的受众是消极的、被动的，媒介传播什么内容，受众就接受什么，传播者可以单方面地控制受众。但是事实证明，受众尤其是现代的受众，并非完全消极、被动。受众对传播的内容往往进行独立思考，有独立的判断能力。就总体而言，不能把受众看作一个一成不变的、单一的群体。

📝 **阅读链接**

流量与流量思维

今天，人们谈论的线上"流量"指的是，网络平台中的用户访问量、聚集程度，并通过网页或平台阅读量、转发量等可量化统计的指标，对客户消费行为予以直观呈现与评估。

在数字化以前的时代，所谓流量是不存在的。例如，人们只知道报纸的销量，无法精确统计报纸上一则新闻的阅读量。但是，随着1997年首个社交媒体六度空间成立，2000年前后博客诞生，2004年脸书出现，2005年油管创立，2006年推特上线，中国的豆瓣网创立于2005年，优酷网2006年上线，2011年腾讯公司推出微信……数字化媒体环境的建构，让人们透过流量，不仅能够精确统计出阅读量，还可以精确到受众看了多久。现在，流量已经成为大多数平台考虑和衡量内容的一个重要指标。

有学者认为，流量的本质就是互联网用户的时间。这样的话，流量其实就等于用户数与用户使用时间相乘。从这一角度出发，流量实际就是新媒体时代的"收听率"和"收视率"，而且，可以说流量思维等同于一种用户思维。

作为一种直观、透明的媒体消费数据，流量为内容的生产方向与消费选择提供了一个看似客观的技术参照，同时将双方置于一个关联更为紧密、能够实时呼应的动态关系场中。在消费端，用户往往趋于优先选择用户聚集的产品，拥有更多浏览

---

① 戴元光，金冠军. 传播学通论. 上海：上海交通大学出版社，2007.

量与评论量的内容更容易受到用户的青睐。同时，这些由一个个用户个体贡献的数据，是对网络用户内容消费整体偏好的直观反映，从而让媒体能更为及时准确地了解用户需求。

媒体建设需要"流量思维""流量竞争"，但不应"流量优先""流量至上"。流量背后鲜明的利益导向会使市场对流量的盲目追逐问题凸显，核心表现为媒体在生产传播过程中由"有的放矢"滑向"投其所好"，市场逻辑凌驾于公共利益之上。

二、受众的三种角色

我们可以从三方面来理解大众传播的受众：作为社会群体成员的受众、作为市场主体的受众和作为权利主体的受众。

1. 作为社会群体成员的受众

受众作为社会群体成员并不是孤立地存在的，而是分属于不同的社会集团或群体，有着不同的社会背景。"物以类聚，人以群分"，受众因年龄、性别、文化程度、职业、经济收入和居住地区的不同，形成了不同的社会群体。那些特征、地位相类似的群体，便具有相似的人格，持有比较一致的社会观、价值观和看法。因此，他们大体上也会选择相同的传播工具，接触相同的传播内容，对于媒介的信息也会产生相似的反应。受众在接触大众传播的信息时并不是不加选择的，而是更愿意选择那些与自己的立场和态度接近的内容。选择性接触除了兴趣或爱好等个人因素外，受众的群体价值和群体规范起着重要的作用。

📝 阅读链接

我们的世界

1967年7月25日，欧洲、美洲、亚洲、大洋洲的14个国家利用卫星做了一次全球性的电视转播，节目名称是《我们的世界》，时长为两个小时，包括风靡全球的英国甲壳虫乐队（Beatles）在内的无数演艺人士都参演了这次节目，观众人数达到3.5亿。

这个划时代创举的受众，既包括现场的观众，也包括全世界各地通过卫星信号实时收看的观众，受众的数量达到了空前的规模。然而，3.5亿观众大多来自美国、西欧，在冷战东西方对立的背景下，由于意识形态的巨大分歧，没有社会主义国家参加这次直播。

可以说，即使是"我们的世界"，也是由不同的社会群体组成的，人们的性别、年龄、职业、价值观等属性也决定了他们作为不同受众的特点。

2. 作为市场主体的受众

市场把传媒与受众的关系固定为"卖方"与"买方"，着眼于受众的购买能力、与消费特点相关的人口特征，如收入、年龄等。它不能反映受众内部更深层的社会关系和意识形态，容易把收视率或发行量、流量作为判断传媒成功与否的唯一标准，而把公益性和社会效益标准放在次要位置上。

麦奎尔认为，如果从市场的角度考虑问题，受众可以定义为特定的媒体或信息所指向的、具有特定的社会经济侧面像的潜在消费者的集合体。

把受众看作市场或消费者的观点，是建立在以下几个基本认识的基础之上的：（1）大众传媒是一种经营组织，必须把自己的信息产品或服务以商品交换的形式在市场上销售出去；（2）要做到上述这一点，必须使自己的产品或服务具备一定的实用价值或交换价值，换句话说，即能够满足消费者的各种需求；（3）传媒活动既然是市场活动，那么各传媒机构之间必然存在着激烈的竞争关系，而竞争的对象自然是消费者。

"受众即市场"是大多数媒介机构的基本观点。不过，对受众市场性质的看法，随着时代变迁也有一个变化的过程。20世纪80年代以前，多数传媒把受众看作一个未分化的"大众"市场，其有效经营方式是提供能够满足普遍需求的信息产品或服务；而在媒体丰富化的今天，许多传媒则认为大众市场已经饱和。因此，准确进行市场定位，开拓具有特定需求的"小众"市场，成了保证经济效益的最佳选择。[①]

"受众市场论"是商业媒介的受众观。在这种理论中，受众被看成是市场或消费者市场。消费者是一个超越阶级、民族、性别、年龄和国家的概念。对于商业媒介来说，收视率、发行量决定一切，故而媒介和受众的关系是市场经济下的供求关系，市场即受众需要什么，媒介就提供什么。美国的大众电视就是按这样的模式运作的。按照经济学的理论，要最大限度地占有市场，就是要获得最大的消费群体——受众。在某种意义上，受众的概念是来自市场的。[②]

"受众即市场"的观念强有力地促进了媒介通过有序竞争为公众和社会提供更好、更多的信息产品与服务，但正如麦奎尔（1983）所概括的那样，对其缺陷也不应忽视，主要问题如下：[③] 第一，把媒介与受众的关系仅仅视为卖买双方的关系，这显然是一种对两者真实关系的简单化，实际上只反映了媒介资本对受众的关心；第二，媒介对受众的探究主要着眼于其消费能力及相关的人口统计学属性，不能真实地反映受众的社会关系和意识形态；第三，媒介主要追求产品的"销售量"——收视率、发行量等，并以此作为判断媒介成功与否的标准，而容易忽视从社会效益方面来评估媒介；第四，这一观点是立足于媒介的立场而非受众的立场来思考、实践的。

📑 **阅读链接**

斯迈兹的"受众商品论"

达拉斯·斯迈兹（Dallas Walker Smythe）是一位倾向于马克思主义的加拿大政

---

① 赵建国. 传播学教程. 郑州：郑州大学出版社，2008；郭庆光. 传播学教程. 北京：中国人民大学出版社，1999.

② 臧海晨，张晨阳. 受众学说：多维学术视野的观照与启迪. 上海：复旦大学出版社，2008.

③ 张国良. 传播学原理. 3版. 上海：复旦大学出版社，2021：189.

治经济学学者，"受众商品论"是他的代表性理论。

基于马克思主义学说，他别具慧眼地指出，在资本主义市场经济的框架中，以广告收入为主要经济来源的媒介，其生产的商品其实不是信息，而是受众这一特殊的商品，媒介生产各种信息的目的在于吸引受众的时间和注意力，然后将其销售给广告主。

更重要的是，从宏观层面看，正是通过媒介资本的这一机能让其他产业、商业资本得以实现剩余价值，从而保障了资本主义制度的运转和延续。

斯迈兹认为，在发达的资本主义社会里，所有的时间都是劳动时间，受众即使在休闲之际，也不仅仅是消磨时光，而是仍在工作，创造价值——这种价值最终通过购买商品时付出的广告附加费来实现。也就是说，受众在休闲时间里也不知不觉地付出了劳动，为媒介创造了价值，却得不到任何补偿。

这一理论从传播政治经济学的角度，揭示了媒介、广告主、受众三者关系及整个社会关系的实质，具有独到的批判性、深刻性。

"受众商品论"的传播研究路径，摒弃了美国管理学派过度关注效果的实证研究方法，在传播思想史上具有重要意义。

3. 作为权利主体的受众

在媒介传播过程中，受众是传播符号的释码者、传播活动的参与者、传播效果的反馈者，也是传受活动中的权利主体。受众是传媒信息的使用者和消费者，他们付费获得媒体的产品，有权要求媒体及传播者提供所承诺的服务。

多重的身份和角色，使得受众拥有多项基本权利，其中最重要的三种权利是：传播权、知情权和接近权。

在中国，"传播权"习惯上称为"言论自由"或"表达自由权"。它是所有社会成员都享有的基本权利之一，也是大众所拥有的其他一切权利的基础。

知情权指的是社会成员获得有关自身所处的环境及其变化的信息，以及生活所需各种有用信息的权利。所以在某种程度上，它也是人的生存权的基本内容之一。知情权在大众传播中的具体运用为：受众有权要求新闻媒体提供真实、客观、公正、全面的报道。

📑 **阅读链接**

法律中的受众权利

中华人民共和国公民有言论、出版、集会、结社、游行、示威的自由。

——《中华人民共和国宪法》第三十五条

传播权与知晓权

我国宪法规定中国公民享有言论、出版自由，在立法上保障了公民的传播权。

同时，党和政府历来主张"将大事告诉人民"，通过政情公开将公共权力机构的活动置于人民群众的广泛监督之下。近年来，政府通过大众传播以及其他各种渠道，不断地拓宽政情公开的信息种类和范围。1998年年底开始的"政府上网工程"标志着我国公共权力机构已经进入了利用互联网等新媒体开展信息公开活动的崭新阶段。2007年4月我国公布了《中华人民共和国政府信息公开条例》，第一条开宗明义："为了保障公民、法人和其他组织依法获取政府信息，提高政府工作的透明度，建设法治政府，充分发挥政府信息对人民群众生产、生活和经济社会活动的服务作用，制定本条例。"这个条例为保障公民的知晓权、监督权和新闻媒介的各项权利，提供了法律保障。[①] 2019年修订了该条例，在扩大主动公开范围及深度、提升政府信息公开在线服务水平、取消依申请公开门槛等方面，呈现出颇多亮点。

在现代社会，大众传播拥有广泛的出版自由或新闻自由的权利，包括采访权、编辑权、报道权以及对公共传播资源的使用权等。在某些方面，传媒的权利甚至超过了社会成员作为个人所能享有的权利，成为传播特权的拥有者。应该指出的是，传媒的这些权利，是建立在它们的公共性和公益性的基础之上的。换句话说，只有在传媒作为社会成员和公民实现自己的传播权和知晓权的场所、工具和手段发挥作用的时候，它们才能享受这些特权；如果传媒活动仅仅是为了谋取私利，拒绝承担这些义务和责任，它们的自由权利也就失去了任何法理上的依据。认识到这一点，对于传媒加强自律和行业规范是十分必要的。

接近权即一般社会成员利用传媒阐述观点、发表言论以及开展各种社会和文化活动的权利。接近权强调传媒具有向受众开放的义务和责任，从而使广大受众与传媒的关系更加亲密。

1967年，美国学者J.A.巴隆在《哈佛大学法学评论》上发表了《接近媒介——一项新的第一修正案权利》一文，首次提出了"媒介接近权"的概念。1973年，他又出版了《为了谁的出版自由——论媒介接近权》一书，对这个权利概念进行了系统的论述。巴隆认为，《美国宪法第一修正案》规定的"出版自由"所保护的是作为一般社会成员的受众的权利，而不是传媒企业的私有财产权；在传播媒介越来越集中于少数人手中、广大受众越来越被排斥在大众传媒之外的今天，已经到了"必须把第一修正案的权利归还给它的真正拥有者——读者、视听众的时候了"。

媒介接近权的核心内容是要求传媒必须向受众开放。这个权利概念提出后，在美国至少在三个方面产生了普遍的影响。

第一个方面是"反论权"，即社会成员或群体在受到传媒攻击或歪曲性报道时，有权要求传媒刊登或播出反驳声明。

第二个方面是"意见广告"。为了争取受众的好感和信任，目前很多印刷媒介已经能够在不同程度上以收费形式接收读者要求刊登的意见广告。

第三个方面体现在多频道有线电视领域。一些国家基于媒介接近权原理，在发放

---

① 郭庆光. 传播学教程. 北京：中国人民大学出版社，2011：159.

有线电视系统经营许可证时，规定了必须开设允许受众自主参与的"开放频道"的附加条件。这些措施虽然不能从根本上解决问题，但在缓解社会矛盾方面起到了一定的作用。

我国的传媒实行社会主义公有制，从原理上来说是不存在受众的媒介接近权问题的。不过，伴随着市场经济的发展，我国的大众传媒也逐渐具有了经营实体的性质，有了自身的经济利益。当传媒的自身利益与受众利益发生冲突之际，如何自觉地尊重、维护和保障受众的权利和利益，在我国的传媒活动中也是一个应该引起重视的问题。

三、中国受众的特征

随着中国政治、经济改革大环境的变迁，中国受众的面貌发生了巨大的变化，概括起来主要表现在以下几方面。

1. 受众的信息需求增强

在从计划经济向市场经济转型的过程中，中国社会处于急剧变动之中。社会生活日新月异，了解外界的信息已经成为人们的日常行为，受众对大众传媒在信息传播方面的依赖达到了前所未有的程度。越是经济发达地区的城市受众，越是关注时事新闻、权威评论、法制、财经、科技、健康卫生等信息类节目。

📝 **阅读链接**

2022—2026 年中国娱乐及媒体行业展望

2022 年 6 月，普华永道发布的《2022—2026 年全球娱乐及媒体行业展望》中国摘要（以下称《报告》）显示，预计中国娱乐及媒体行业至 2026 年收入将达到约 5 269 亿美元，未来五年的复合年增长率为 5.7%，高于全球的 4.6%。其中，在虚拟现实（VR）、互联网广告、视频游戏及电子竞技等细分领域，中国的平均增速将领先全球。

2022 年新冠疫情、供应链变化等因素持续影响消费者行为和娱乐及媒体行业的发展。但在所有的不确定性中，市场的整体趋势和推动增长的力量变得更加清晰，娱乐及媒体行业的全球格局正在重塑，消费模式或将大大改变，元宇宙或将掀起新一轮数字化浪潮。

在互联网广告方面，《报告》预计到 2026 年中国互联网广告市场规模可达到约 1 853 亿美元，复合年增长率将达 13.1%，市场规模依然庞大。如今人们生活方式发生改变，对互联网的依赖程度显著提高，数字化成为社会发展趋势，为互联网广告进一步发展提供机遇。其中，移动互联网广告支出将主导中国互联网广告的增长，至 2026 年其在中国互联网广告总收入占比将增至 81%。移动互联网广告收入的增长率高于有线互联网广告收入，移动互联网广告 2021—2026 年预计复合年增长率达 17.2%，而有线互联网广告的增长率仅为 1.8%。移动付费搜索互联网广告将表现得更好，其年复合增长率为 10.7%。

《报告》指出，电影行业于 2021 年开始复苏，预计至 2026 年中国影院总收入将达到 139 亿美元，未来五年电影收入的复合年增长率为 8.62%。中国票房仍以中国本土电影为主，2021 年本土电影占总收入的 84.5%。2021 年期间，新增 6 725 个屏幕，预计这一增长将在整个预测期内持续。中国电影制造能力不断提升，能满足不断增长的中国观众的需求。

资料来源：马常艳. 报告：中国娱乐及媒体行业整体复苏，预计未来 5 年增速高于全球水平. 经济参考报，2022-09-23.

2. 受众的媒介接触行为由被动转向主动

受众与传播者的关系不再是传播客体与主体的关系，受众与大众传媒在地位上日趋平等。改革开放以来，我国各类传媒总量迅猛增长，传媒规模急剧膨胀，受众的选择面更宽了。媒介之间的激烈竞争在客观上增强了媒介服务受众的意识，从而使受众受惠。受众可以对媒介的服务提出自己的要求，也可以更为自由地选择媒介。

📝 阅读链接

互联网与互联网用户

人们通常把使用某种媒介的人称作受众，但说到互联网时一般使用"用户"这个词。人们可以随时甚至在阅读互联网内容的同时创造内容，电子邮件和在线聊天室就是明显的例子，用户既是受众又是创造者。这样的例子还有很多，比如大型多人在线角色扮演游戏允许即时创造不同的事实；电报屏幕上的多窗口显示，允许用户在"阅读"某一网站的内容时进行创作。我们可以轻松上网，从一个网站到另一个网站，从一个网页到另一个网页，甚至可以让人人都成为记者、播音员、评论家、电影制作人和专栏作家。

互联网和传统媒介不一样。它不是改变受众与产业的关系，而是改变传播过程中不同因素的性质。我们原以受众自称，但我们现在大多已是（很快还会越来越）离不开网络的数字原住民（Digital Natives）。互联网上与你交流的人数，简直可达跨国公司制作的网络电视节目的观众人数，这些规模符合我们最初定义的大众传播信源，即有等级的大型结构性组织，但是互联网用户不是有等级的大型结构性组织。大众传播中的反馈，传统上是推断的、延后的，但在线反馈可以且常常是即时的、直接的，更像人际交流中的反馈而不是大众传播中的反馈。

3. 受众的维权意识增强

在以往的计划经济时代，"新闻官司"是十分罕见的。因为新闻传媒有着特殊的社会地位。而近年来，受众与新闻传媒之间的各种纠纷和争端不断出现。据不完全统计，80% 以上的新闻官司起于受众状告新闻传媒"新闻报道失实"。新闻官司的增多，反映出受众维权意识的增强，这是社会进步的体现。

阅读链接

"纸包子"与受众维权

2007 年 6 月，原北京电视台生活频道《透明度》栏目工作人员訾某通过查访，在没有发现有人制作、出售肉馅内掺纸的包子的情况下，为了谋取业绩，冒充建筑工地负责人，对制作早餐的陕西省来京人员卫某等四人谎称需订购大量包子，要求卫某等人为其加工制作。后訾某携带秘拍设备、纸箱和自己购买的面粉、肉馅，以喂狗为由，要求卫某等人将浸泡后的纸箱板剁碎掺入肉馅，制作了 20 余个"纸箱馅包子"。与此同时，訾某秘拍了卫某等人制作"纸箱馅包子"的全过程。

在节目后期制作中，訾某采用剪辑画面、虚假配音等方法，编辑制作了虚假电视专题片《纸做的包子》播出带，对北京电视台隐瞒了事实真相，使该虚假新闻得以于 2007 年 7 月 8 日在北京电视台生活频道《透明度》栏目播出，造成了恶劣影响。

2007 年 8 月 12 日，北京市第二中级人民法院依法公开开庭审理了"纸箱馅包子"虚假新闻炮制者訾某涉嫌损害商品声誉案。訾某因犯损害商品声誉罪，被一审判处有期徒刑 1 年，并处罚金 1 000 元。

思考："纸包子"案是怎样体现受众维权的？该案中站在法庭原告席上的应该是谁？

4. 受众的细分成为趋势

改革开放以来，我国社会正在向工业化、信息化社会转变，由计划经济体制向市场经济体制转变。随着宏观环境的变化，社会群体之间的分化加深，作为受众的社会成员之间的共同兴趣点则趋向减少。因此，社会成员作为特定的传媒的受众，出现分化现象是必然的结果。不同的媒介只能满足不同的受众。

阅读链接

分众传播

从传播学研究的历史来看，以美国学者为主的经验学派的传播研究主要采用分众视角，特别是在传播效果研究中，社会关系论和个人差异论为其主要的理论依托。前者以拉扎斯菲尔德为代表，主要考察人所处的社会关系结构对大众传播效果的影响和制约，后者以霍夫兰为代表，主要考察受众在心理和认知结构上的差异如何影响其媒介接触和信息处理过程。

分众（Fragmented Mass Audience/The Fragmentation of Mass Audience）一词最早是由美国学者提出的。面对信息传播媒介数量倍增的局面，传播对象也将逐渐从庞大的整体受众分化为各具特殊兴趣和利益的群体。传播依据受众群体大小与性质，可分为大众传播和分众传播。

自 20 世纪末以来，随着信息传播技术的飞速发展，特别是互联网的普及，媒介呈现出多样性。网络媒体的兴起真正实现了个性化的传播服务，例如，广播（Broadcasting）变成"窄播"（Narrowcasting）成为可能。

面对越来越多的信息，人们的注意力被极度分散，因此受众的选择显得越来越重要。从心理学的角度来看，注意是指人类心理活动或意识对一定对象的指向与集中，注意的基本功能是对信息进行选择。

分众传播是指传播者根据受众需求的差异性，为特定受众群体或某种特定需求提供特定的信息与服务。分众化、差异化传播改变了媒体竞争格局，给传统媒体带来挑战。1971 年，美国学者梅里尔和洛文斯坦在《媒介、讯息和人的新视角》中指出，媒介发展的分众化趋势可以分为"精英媒体""大众媒体""专业媒体"三个阶段。

（1）精英媒体阶段，指早期的报纸和政党报刊时代，主要满足社会精英和富裕人群的需求。

（2）大众媒体阶段，指大众报刊、通俗读物、大众电影、广播电视的出现和发展的时代，大众媒介力图满足最大多数人的最基本的信息需求。

（3）专业媒体阶段，指专业报纸、期刊、频道内容具有一定程度专业化的有线电视为代表的时代，专业媒体满足多样化需求，是以不同的受众群体作为目标定位的各种各样的新型媒介。

分众传播的优势明显，但是不得不指出，在普遍的社会影响力上，分众媒体与大众传媒仍是不能相提并论的。

第二节　受众研究经典理论

1975 年，美国著名传播学家德弗勒在他的《大众传播理论》一书中，对受众理论做了一个总结，把它们分为四种类型。

一、受众的个人差异论

大众传播中，同样的信息往往会收到不同的效果。显然，这种情况的出现不仅仅是由传播的内容引起的。为此，一些学者转而研究受传者并提出，对于同一信息的不同反应是由于人们性格和态度上的差异造成的，这就是个人差异论的起源。

每个人的成长环境和社会经历都不尽相同，他们的性格也就各有差异。因此，大众传播学上并不存在整齐划一的受众。在大众传播提供的信息面前，每个人会因为心理、性格的差异而对信息做出不同的选择和理解，随之而来的态度和行为的改变也会因人而异。比如，爱好文史的同学，会常常收看介绍文学、历史知识的栏目，而且记忆比较深刻；而爱好体育的朋友很可能是体育节目的忠实观众；还有一些年轻人所表现出的对娱乐新闻的关注令人吃惊。这便是个人差异。个人差异论的主要贡献在于提出了选择性注意和选择性理解。

📑 **阅读链接**

个人差异论

个人差异论由卡尔·霍夫兰于1946年最先提出，并由德弗勒作了某些修正而形成。这个理论以心理学"刺激-反应"模式为基础，从行为主义的角度来阐述接受对象，认为"受众成员心理或认知结构上的个人差异，是影响他们对媒介的注意力以及对媒介所讨论的问题和事物所采取的行为的关键因素"。世界上不存在一成不变的传播对象。受众的兴趣、爱好、性格、价值观等个人差异并非先天赋予的，而是后天习得的。也就是说，每个人所处的社会环境、社会经历和所受的社会教育不同，他们各自的个人素质、心态也就不同。当这些心态各异的受传者面对大众传播媒介的信息时，所做出的反应也势必因人而异。

德弗勒（1975）将这种个人差异分为五种：（1）人们的心理结构是形形色色、千差万别的；（2）人们的先天禀赋与后天习性的各不相同形成个人差异；（3）人们从不同社会环境所习得的不同立场、价值观、信仰、态度，造成了心理构造的不同；（4）由不同的社会环境所造成的人们在个人特性上的不同，决定了人们在理解客观事物方面的差异；（5）由于对客观事件理解不同而形成的稳定见解，又影响人们对各种信息的选择与解释。

个人差异论认为，大众传播媒介在设计劝服性传播前，需先弄清受众的兴趣、爱好、需要、价值观、态度等，再挑选与之相应的信息进行传播。否则，与受众特点和需求不符合的信息，就会遭到回避和拒绝。正如德弗勒所言：个人差异论在提高大众传播的针对性方面是有价值的，也是从第二次世界大战直到20世纪60年代有关受众的主要指导论点。其主要局限在于，它所展示的受众与大众传播之间的关系并不全面。

资料来源：邵培仁. 传播学. 北京：高等教育出版社，2007.

个人差异论认为，遗传以及后天的环境和学习等因素决定了每个人都有自己鲜明的个性，并在心理结构、认知方式以及需求、信仰、态度、价值观等方面表现出种种差异，正是这些差异决定了他们接受传播尤其是接受了同样的传播内容后会出现不同的反应。作为一种心理学理论，个人差异论注意到了人的复杂性及其形成原因，从而否定了早期心理学机械的"刺激-反应"理论，并为推翻建立在这种理论基础上的"靶子论"提供了理论依据。[1]

---

[1] 戴元光，金冠军. 传播学通论. 上海：上海交通大学出版社，2007.

二、受众的社会分类论

社会分类论也可称为社会类别论、社会分化论或社会范畴论，是对个人差异论的修正与延伸。这一理论以社会学为基础，由美国社会学家赖利夫妇（1959）在《大众传播与社会系统》中首先提出。社会分类论认为，受众可以根据年龄、性别、民族、文化程度以及经济收入的相似性组成不同的社会群体，因而可以把受众分成不同的群体来加以研究。

社会分类论强调群体内部的统一性，同时又注意到了群体之间的差异性，这是其优于个人差异论的地方。个人差异论注重个人性格和心理上的差异，而社会分类论则看到了社会群体的特征差异。可以说，社会分类论是对个人差异论的修正和改进。

当下的社会分类论开始关注主导受众与附庸受众、强势受众与弱势受众之间以及受众同媒介之间的关系本质与互动基础，关注他们因为客观的经济或物质标准所造成的信息不公平和媒介歧视，进而思考信息公平、媒介公正问题。

对受众进行分类的一种最新方法是价值和生活风格拓扑学，"它将消费者以价值观与生活风格来分类，而非用统计资料"，受众共分为九种不同的消费者。"他们主张广告主必须将他们的广告对象锁定为这些组群之一，即使其中有重复。""当某一人要针对某一项产品或服务做广告时，把其焦点放在迎合某一个组群的价值上是有意义的，因其最有可能会对此产品产生兴趣。"

尽管社会分类论没有完整描述出大众传播中受众行为有所不同的根据，也没有对受众现象做更深入的分析，但它特别强调了拉斯韦尔"五要素"中"对谁"这一要素，使媒介的决策者或传播者在策划提高传播效果的策略时能够考虑受众的某些因素。①

社会分类论认为，可以按年龄、性别、民族、受教育程度、职业和经济状况等标准将人们划分为不同的社会类别。同一社会类别的人在选择传播媒介和传播内容方面表现出明显的相似性，所以他们接受传播后会出现相同或相近的反应；不同社会类别的人则在选择传播媒介和传播内容方面有很大的差异性，所以他们接受传播后会出现不同的反应。

三、受众的社会关系论

受众的社会关系对受众有着巨大的影响，在受众的媒介接触中，社会关系经常既能加强也能削弱媒介的影响。事实上，媒介的效果经常被受众的社会关系所削弱。社会关系主要包括人际网络、群体规范和意见领袖等，具体到受众的社会关系则主要有他们所处的工作单位、社会组织以及各种非正式的群体等。社会关系论为大众传播和人际交往提供了一个结合点，而结合的桥梁就是社会关系。

社会关系论主要得益于拉扎斯菲尔德、贝雷尔森、卡茨等人的研究成果。与个人差异论和社会分类论不同，社会关系论比较注意受众参加的组织或团体的压力、合力对其本人接收信息的影响。这种理论认为：受传者都有自己特定的生活圈。这种生活圈可能是有纲领、有领导、有组织的团体，也可能是无纲领、无组织、临时性的非正

① 邵培仁. 传播学. 北京：高等教育出版社，2007.

式的团体，还可能只是邻里、家庭等群体关系。然而，不管你属于哪一种生活圈，你都将在信息接收中受到他们直接或间接的约束和影响。大众媒介传播的任何信息，在这种生活圈面前都要遭到审查、过滤或抵制，很难通行无阻、全部过关，并且许多人首先得到的信息往往不是来自大众媒介而是来自"意见领袖"，而这种二次传播的信息并非不偏不倚。因此，大众媒介的效果既非一致的、强大的，也非直接的，个人间复杂的社会关系极大地限制和约束着传播效果。

总之，社会关系论打破了大众媒介有巨大影响力的定见，描述和揭示了大众媒介的信息如何到达受众那里，以及他们是怎样做出反应的。[①]

社会关系论认为，人们一旦加入某个组织，无论是政党、工会等正式组织还是联谊会、俱乐部等非正式组织，就与这个组织的其他成员建立了一种社会关系。这种社会关系不仅会影响人们对传播媒介和传播内容的选择，而且会对他们接受传播后的反应产生影响，有时甚至是很重要的影响。如果说"两级传播论"注意到了人际传播与受众反应的关系，那么"社会关系论"则注意到了组织传播与受众反应的关系。这两种理论的共同点是都认为研究受众反应的形成原因不能仅仅着眼于大众传播，换言之，大众传播的效果会受到其他传播的影响。[②]

群体压力理论是一种与社会关系论相关的理论。这种理论认为，群体压力能够影响受众对媒介内容的接收。人们一般都会选择加入与自己意见一致的团体，团体对这些意见的认同会加强个人关于此意见的信息。

📝 **阅读链接**

全球国家好感度调查

随着中国国力的不断增长，中国已经成为国际社会举足轻重的大国。对中国的研究和关注是各国智库研究的重要组成部分，我们在媒体上常常看到的对全球国家好感度的调查结果就是其中之一。

国家好感度从一个侧面反映了一个国家在受访者心目中的国家形象。在民主化、信息化、全球化的背景下，国家与国家的关系，乃至人类未来的命运，在很大程度上取决于民众对国际社会各个行为主体（国家）的认知判断和情感投射，取决于当事国在国内外民众心目中的国家形象。每个国家都有自己的利益，这些利益常常互相冲突，而国家声誉（形象）则能使这些冲突的成本呈几何级放大或缩小。

学界对于"国家形象"的界定不尽相同，众多学者将其界定为一种"媒介形象"，或界定为"公众认知与评价"。这种评价和认同受媒介传播和人际传播建构的信息环境以及个体既有经验的影响。中国外文局一项包含 10 500 个海外样本的中国国家形象全球调查显示，国外民众了解中国的渠道主要基于当地传统媒体（61%）及当地新媒体（43%），有与中国人交往以及到过中国直接经验的受访民众仅达

---

① 邵培仁. 传播学. 北京：高等教育出版社，2007.
② 戴元光，金冠军. 传播学通论. 上海：上海交通大学出版社，2007.

15% 和 7%。在国外研究机构所作调查中，受访者也有大致相同的特征。

资料来源：当代中国与世界研究院课题组. 2016—2017 年中国国家形象全球调查分析报告. 对外传播，2018（2）：18–21.

思考：这一调查数据体现了不同人际关系、社会组织中的受众的什么特点？

四、受众的文化规范论

文化规范论与前三种理论有所不同，前三种理论以受众为出发点来探讨媒介与受众之间的关系，而文化规范论则以传播媒介为出发点，认为大众传播的内容会促使受众发生种种变化。文化规范论最早由美国传播学者梅尔文·德弗勒（Melvin L. Defleur）在 1966 年提出。

文化规范论认为，传播媒介能够对受众产生很大的影响，足以使受众产生新的观念，并按照媒介所树立的文化道德规范行事，并依此对信息进行是非判断。例如，我国的报纸、广播、电视里经常宣传先进人物的事迹，目的是倡导一种好的社会风气，树立好的社会风范，观众长期受这类宣传的影响，就会不知不觉地按照媒介所宣传的是非标准、价值观念进行判断、取舍，久而久之，媒介所宣传的好的社会风尚就会深入人心。

文化规范论，表面上看应属于传播效果，但实际上，受众的文化规范论是侧重于传播效果产生后对于受众接收信息的影响，即受众如何接收信息。受众如何处理信息与媒介传播的文化规范有着直接的关系。

文化规范论认为，由于大众传播具有"设置议程"的功能，所以传播媒介长期倡导或反对某种观念，实际上就为社会树立了一种文化规范。人们一旦认同这种文化规范，就会以这种规范作为评判和取舍传播内容的标准。因此，人们接受传播后出现的反应会受到传播媒介树立的文化规范的影响。文化规范论不仅注意到了传播媒介具有树立文化规范的功能以及这种规范对人们的影响，更重要的是它指出了传播内容对人们累积性的影响，因为文化规范的树立和人们对这种规范的认同都不是短时期内可以完成的。[①]

（想一想）

"全球国家好感度调查"的结果与文化规范论有没有关系？

📝 阅读链接

中国互联网络信息中心网民调查

中国互联网络信息中心（CNNIC）发布的第 53 次《中国互联网络发展状况统计报告》显示，截至 2023 年 12 月，我国网民规模为 10.92 亿，互联网普及率达

---

① 戴元光，金冠军. 传播学通论. 上海：上海交通大学出版社，2007.

77.5%。网民人均每周上网时长为 26.1 个小时，使用手机上网的比例达 99.9%。

报告指出，我国网络视频用户规模达 10.67 亿人，占网民整体的 97.7%。新入网的 2 480 万网民中，37.8% 的人第一次上网时使用的是网络视频应用。

在信息基础设施建设方面，由 5G 和千兆光网组成的"双千兆"网络，全面带动智能制造、智慧城市、乡村振兴、文化旅游等各个领域创新发展，为制造强国、网络强国、数字中国建设提供了坚实基础和有力支撑。截至 2023 年 12 月，累计建成 5G 基站 337.7 万个，覆盖所有地级市城区、县城城区。

自 1997 年起，国家主管部门研究决定 CNNIC 牵头组织开展中国互联网络发展状况统计调查，形成了每年年初和年中定期发布统计报告的惯例。统计报告力图通过核心数据反映我国制造强国和网络强国建设历程，成为我国政府部门、国内外行业机构、专家学者和广大人民群众了解中国互联网发展状况的重要参考。

资料来源：第 53 次《中国互联网络发展状况统计报告》. 中国互联网络信息中心，2024-03-22.

📇 本章重点内容提要

1. 受众的特点：大众传播的受众数量庞大；大众传播的受众具有广泛性、多样性的特点；大众传播的受众具有分散性、无组织的特点；大众传播的受众具有不固定性和不确定性。

2. 我们可以从三方面来理解大众传播的受众：作为社会群体成员的受众、作为市场主体的受众和作为权利主体的受众。

3. 中国受众的特征：受众的信息需求增强；受众的媒介接触行为由被动转向主动；受众的维权意识增强；受众的细分成为趋势。

4. 受众研究经典理论：受众的个人差异论；受众的社会分类论；受众的社会关系论；受众的文化规范论。

🌷 思考题

1. 受众在大众传播中扮演了什么样的角色？

2. 受众有哪些权利？

3. 联系现状，谈谈受众在大众传播中维护合法权利的状况，以及你对改进这一状况的意见和建议。

4. 简述近年来受众群体分化的原因和现状。

5. 简述个人差异论、社会分类论、社会关系论、文化规范论的主要观点有何差异。

第十章　大众传播的社会控制

知识目标

1. 掌握报刊的四种理论
2. 理解发展中国家的媒介规范理论
3. 了解大众传播的社会控制的主要表现
4. 掌握"把关"与"把关人"

能力目标

1. 对于大众传播事业，能够分析对其进行管理时应该考虑的因素
2. 具备分析世界各地不同媒介体系差异的能力

素质目标

了解我国社会主义传媒制度的优越性

在网络媒体广泛参与舆论监督的全员媒体时代，"人人都是记者，人人都是评论员"，公众参与公共事务的渠道得到了拓展。特别是微博成为新媒体时代的舆论监督新渠道，由此形成了丰富多样的网络舆论议题。2020 年，在新冠疫情暴发初期，一名男子从武汉红十字会仓库提出一箱口罩并带走的视频在网上流出，舆论哗然，焦点集中在该男子的身份、口罩的去向以及红十字会口罩领取的规章制度方面。在巨大的舆论压力下，湖北红十字会对此事进行了及时回应并采取了整改措施。

这个例子体现了舆论监督的巨大力量，也揭示出大众传播活动不是孤立进行的。它是一种社会行为，在影响社会的同时，也受到各种社会因素的制约。

社会对媒介的控制表现在，一方面通过媒介内部的操作规范和职业道德进行直接控制，另一方面通过行政、法律、经济、文化手段对大众传播活动进行限制。此外，受众的反馈对媒介活动也有一定的影响。[①]

---

① 郭庆光. 传播学教程. 北京：中国人民大学出版社，1999：130-133.

第一节 几种重要的媒介控制理论

每个国家都有各自的传播制度和政策体系，这些制度和政策都是在特定的社会制度下产生作用的。传播制度作为社会制度的反映，其内容十分复杂。它从各方面制约和影响着大众媒介的传播活动，既界定了大众媒介与政府的关系，也决定了媒介与社会群体和广大受众的关系；既赋予了大众媒介自由与权利，也明确了大众媒介所应承担的责任和义务。

一、报刊的四种理论

传播学界关于"控制"分析的学说，最具代表性的就是西伯特、彼得森和施拉姆在《报刊的四种理论》中提供的分析框架。他们认为："世界各国的新闻传播制度与其社会制度是一脉相承的，自大众媒介诞生以来，世界上先后出现的大众传播体制基本上可以分为四种，即威权主义理论、自由主义理论、社会责任理论、苏联（式）共产主义理论，它们分别以四种相应的社会政治制度理论为基础。"[1]

> **阅读链接**
>
> ### 《报刊的四种理论》
>
> 《报刊的四种理论》（*Four Theories of the Press*）是一部专门研究传播体制的著作，在西方大众传播体制研究领域具有广泛影响。作者为美国伊利诺伊大学教授弗雷德·西伯特（Fred S. Siebert）、西奥多·彼得森（Theodore Peterson）和威尔伯·施拉姆（Wilbur Schramm）。该书 1956 年出版问世，后来连续再版。《报刊的四种理论》不仅得到美国领导集团的赏识，还曾获得美国新闻学荣誉学会授予的奖章，开创了比较新闻学的先河。
>
> 书名虽为《报刊的四种理论》，但实际上正像作者在绪论中所写的那样，"报刊"（Press）一词是对一切大众传播媒介（Mass Media）而言的。的确，它所论述的内容涉及所有大众传播媒介，其中对报纸、刊物等印刷媒介谈论得更多一些。这部著作主要探讨了报刊体系差异存在的原因。
>
> 《报刊的四种理论》认为，报刊总是带有它所属的社会和政治结构的形式和色彩，特别是报刊反映一种调节个人与社会关系的社会控制方式。报刊体系间的差异，是一种哲学上的差异。它所要研究的是世界上所有不同种类报刊背后的哲学理论和政治原理。

---

[1] 弗雷德·西伯特，西奥多·彼得森，威尔伯·施拉姆. 报刊的四种理论. 中国人民大学新闻系，译. 北京：新华出版社，1980.

1956 年正值冷战高潮，美国社会中弥漫着美苏意识形态的对峙、非此即彼的冷战思维方式。毫无疑问，这些都会影响到书稿的撰写，《报刊的四种理论》就是在这一时代背景下诞生的。

1. 威权主义理论（Censorship Theory）

威权主义理论是人类传播史上第一种也是最古老的一种传播制度理论。威权主义理论属于一种绝对控制的传播体制和观念。大众传播产生于欧洲报业发展之初，由于报刊出现时，大多数西欧政府是建立在威权主义的原则上的，因而这些原则同样也成为管理报刊的制度基础。基于从柏拉图到马基雅维利几百年来的独裁主义政治思想，威权主义理论从历史上和地理上来说，都是最具有普遍性的。

威权主义理论认为报刊是国家的公刊，必须对当权者负责，维护统治者和专制国家的利益；大众媒介必须绝对服从于权力，不得批评政府或在任官僚，也不得批判占统治地位的道德和政治价值；大众媒介必须统一步调，推介和支持现任政府的政策，为国家服务。从 16 世纪初开始，英国作为世界上第一个通过法律管制传媒的国家，相继建立了特许制度（即规定从事印刷、出版业需获得当局批准）、经济保证金制度、事先审稿制度、总逮捕制度（即规定任何出版物中如果有诽谤国王、皇室和政府官员的内容均可逮捕当事人）。随后，其他西欧国家也纷纷效仿。

在大众传播事业发展初期，威权主义制度是从消极方面去实现其控制的，比如上述英国的做法；在后期，则采取了一种较积极的政策，如收买私营报刊或用公款给予补贴，规定特别税制度来限制印刷品的发行和利润。根据这种政策，国家积极参与通信事业，并将公众通信工具作为达成目的的一种重要手段。

📝 **阅读链接**

威权主义理论的源头

威权主义理论的源头可追溯到古希腊时期形成的君主和政府绝对权力的哲学思想。早在公元前 4 世纪，古希腊思想家柏拉图在《理想国》中就指出，凡是反对言论管制的人，都应"放逐到其他城市去"；在《法律》中则要求诗人们把自己的作品交给执政者审阅，以便判断作品是否有益于市民的精神健康。其实，这就是一种"事前审稿制度"，其理论根据是，真理在统治者手中，强权即真理。但统治者往往不满足于"放逐"，而是采取更严酷的极端手段。如公元前 2 世纪中国的秦始皇焚书坑儒事件（公元 1 世纪罗马的奥古斯都皇帝亦有类似举动），就是这方面的典型个案。

在（16 世纪）这种政治气候下，大众媒介（主要为新兴的报纸）无异于"戴着镣铐跳舞"，新闻自由、出版自由被缩小到最低限度，稍有不慎便可能招来杀身之祸，罚款、坐牢则更成了"家常便饭"。

资料来源：宫承波. 传播学纲要. 北京：中国广播电视出版社，2007：158.

2. 自由主义理论（Libertarian Theory）

对大众传播媒介的控制几乎与大众传播媒介同时产生，随之而来的就是反控制的斗争。因此，与威权主义相对立的自由主义，同样源远流长。自由主义理论发端于17世纪，实际形成于18世纪，盛行于19世纪。这种理论是自由主义思想的产物，反映了现代资本主义"观念的自由市场"和"真理的自我修正"的自由观念，其代表人物有英国政论作家约翰·弥尔顿、英国哲学家约翰·洛克、美国资产阶级革命家托马斯·杰斐逊等。

📝 阅读链接

杰斐逊的新闻自由理念

杰斐逊是美国独立战争中的风云人物，他是《独立宣言》的起草人之一，继华盛顿、亚当斯之后成为美国历史上第三位总统。他在促使美国国会通过《宪法第一修正案》（《权利法案》），确保新闻自由权利的过程中出力不少。而亚当斯总统在国会炮制钳制新闻自由的《外侨法》和《煽动法》这两项反动法案（1798年，有效期3年）时，他就曾进行过坚决的斗争，并在他就任总统后使这两项法令按期自然失效。

杰斐逊对新闻自由的信念，主要表述在1787年（另有一说是1789年）写给爱德华特·卡灵顿的信中。他在信中说："我深信，人民之善良理智将永远是精锐的大军。他们也会被引入歧途，但将迅速纠正他们自己，人民是其统治者之唯一监督；甚至他们的过失也往往是要使这些统治者遵守他们制度的真正原则。而对那些过失惩戒太厉，即意味着镇压公众自由所仅有的一点保障。预防此类对人民之不正当的干预方法，就是通过公共报刊的渠道，向人民提供关于他们自己事物的全部情况，并且力争做到使这些报纸深入到全体人民群众之中。"接着他表示："若要我来决定要一个没有报纸的政府，还是没有政府的报纸，我会毫不迟疑地立即回答：我宁愿后者。"

资料来源：戴元光，金冠军. 传播学通论. 上海：上海交通大学出版社，2007：105.

自由主义理论的主要思想是：报刊不应接受第三者的事先检查；出版、销售自由；抨击政府、官员（恶意人身攻击除外）合法；新闻的收集只要手段合法，就不得限制；新闻传播自由。自由主义思想家主张传播媒介最好是私营的，以建立完全自由、不受政府干预的"观念的自由市场"，任何错误和有害的思想观点会在与正确思想互相争辩和比较的过程中自行得以修正。

自由主义理论至今仍是大多数资本主义国家传播体制的理论基础，它实质上是资本主义自由竞争的经济制度在传播领域的反映。自由主义者承认国家通过各种机构不可避免要参与一些传播的过程，但是他们认为政府的介入越少越好。在绝大多数奉行自由主义的国家，主要的控制工具是司法体系。自由主义理论主张用一种更加非正式的控制，即通过自行修正过程以及通过消息、评论和娱乐市场的自由竞争来代替国家的干预。国家的主要任务是保持一个稳定的体系，使个人主义的自由力量得以相互作用。

应该看到，现实中自由主义的传播体制并非像它的理论构想那么美妙。在自由主义的传播体制下，媒介不再受政治上的专横压制，但受到经济上的无形操纵。在没有伦理规范与制约机制的情况下，媒介在传播自由的华丽外衣下无所顾忌，以至于造谣诽谤和耸人听闻、低级趣味的内容泛滥成灾。当资本主义从自由竞争进入到高度垄断时期后，报刊自由主义理论的危机也随之暴露得越加明显。无限制的新闻自由是危险的，甚至危及资产阶级的统治和资本主义制度。

3. 社会责任理论（Social Responsibility Theory）

社会责任理论主要是在自由主义理论的基础上产生和发展的新理论，因而有人也称它为新自由主义理论。

面对自由主义在实践中遭遇的困境，面对社会上对传播界的指责，美国社会的有识之士开始考虑这方面的问题。著名出版家亨利·卢斯决心对美国新闻出版业进行一次调查，他委托芝加哥大学校长罗伯特·哈钦斯主持。1944 年，哈钦斯组成了由 12 名著名学者参加的新闻自由委员会[①]。三年后，该委员会发表了《一个自由与负责任的报业》（A Free and Responsible Press）的调查总报告，这个报告构成了社会责任理论的基础。《报刊的四种理论》一书根据这一报告，正式提出了"社会责任理论"这一概念。

社会责任理论在"自由伴随着义务"的理论前提下，对新闻自由重新做了解释，认为传播活动一方面应该是自由的，不受限制的；另一方面，传播者应该对社会负责，对接受传播内容的公众负责。传播机构、传播者要对自己的良心负责，传播的内容应对社会有利，不应对社会造成不良的影响。言论自由是有条件的，它的性质是在言论自由权的基础上产生的，言论自由以人对其思想负有义务为基础。如果一个人不负担起这个良心义务，反而运用言论自由去煽动仇恨、诽谤、说谎，故意用言论自由来玷污真理，那么他就没有要求言论自由的权利。只有在他承担起相伴随的道德义务时，他才有道德权利。

社会责任理论建立在积极的自由基础上，在它的指导下，大众传播媒介主要有 6 项职能：（1）提供关于公共事务的消息、讨论和辩论，为政治制度服务，也就是传播新闻，及时报道世界上发生的重大事件；（2）启发公众，使他们能够实行自治；（3）作为监督政府的一个哨兵，以保护个人的权利；（4）通过广告沟通买卖双方，推销商品，为经济制度服务；（5）供给公众消遣和娱乐的材料；（6）维持财政自给自足，使报刊能够不受特殊利益的侵害。

社会责任理论的提出有着积极的进步意义，但是围绕该理论的一些认识上的分歧，直到今天，仍然争论不休。

4. 苏联（式）共产主义理论（Soviet-totalitarian Theory）

《报刊的四种理论》一书探讨的最后一种理论，是苏联（式）共产主义理论，也称作苏维埃威权主义理论。

该书针对苏联及东欧社会主义国家新闻业做出了理论概括，认为苏联的新闻制度是威权主义的表现形式，传播媒介是执政党手中的工具，目的是巩固苏维埃制度，其

---

① 人们也把该委员会称为哈钦斯委员会（Hutchins Commission）。

特点是：（1）媒介全部归国家所有；（2）媒介执行党和国家政策，其职能在于宣传和鼓动；（3）党和政府控制传播活动；（4）强调责任重于自由；（5）为了控制思想，禁止外国媒介在国内流通。

二、权力的媒介

《报刊的四种理论》出版后，影响巨大，其中不乏反对之声。在众多的批评著作中，值得一提的是美国印第安纳大学新闻学院教授阿特休尔在 1984 年出版的《权力的媒介》，这本书成为批判学派的代表作之一。

阿特休尔在书中指出，所谓的"报刊的四种理论"的讲法，只是冷战时期的产物，不再适合解释当今的媒介制度。他着重阐述了这样一个基本观点：在任何传播体制中，传播媒介都是政治和经济权力的代言人，都体现统治阶级的利益，为媒介所有者和经营者服务。他认为，传播媒介被当作社会控制的手段，成为统治阶级用以维护现行社会制度的工具。

他通过对美国大众传播媒介发展史的研究，得出结论：在资本主义制度下，大众传播机构为了追逐利润，不可能成为完全独立于政府的所谓"第四权力"。"新闻媒介看起来确实独立自主，看起来确实在向权势们挑战——俨然成为政府第四大部门。然而，只要进一步深入调查，显然就会看到这种关于新闻媒介权力的信念，只是那些拿它追逐自身目的者手中庞大的武器而已。政府和政治、经济权贵们操纵报纸的事实贯穿于整个历史。"①

阿特休尔在对世界各地的传播体制深入研究的基础上，提出了当今世界传播媒介的三种模式，即市场模式、共产主义模式和进展模式。

三、发展中国家的媒介规范理论

20 世纪 70 年代以来，发展中国家在国际事务中起着越来越重要的作用，这些国家的传播制度及理论也引起了不少学者的关注。发展中国家的社会制度是多种多样的，但就国家发展的状况和条件来说，也有不少相同的特点。例如：经济比较落后，发展经济是国家的首要目标；从大众传播的状况而言，由于资金和技术的限制，在硬件和软件两个方面对西方发达国家的依赖程度都很高。发展中国家的传播制度和理论从总体上反映了这种现实状况。

根据英国学者麦奎尔的归纳和概括，发展中国家的传播制度和媒介规范理论大致包含了以下几个方面：

（1）大众传播活动必须与国家政策保持同一轨道，以推动国家发展为基本任务；

（2）媒介的自由伴随着相应的责任，这种自由必须在经济优先的原则和满足社会需求的原则下接受一定限制；

（3）在传播的内容上，要优先传播本国文化，优先使用本民族语言；

（4）在新闻和信息的交流合作领域，应优先发展与地理、政治和文化比较接近的

① 阿特休尔. 权力的媒介. 黄煜，裘志康，译. 北京：华夏出版社，1989：165.

其他发展中国家的合作关系；

（5）在事关国家发展和社会稳定的利害问题上，国家有权对传播媒介进行检查、敢于限制传播媒介乃至实行直接管制。

从总体上来看，大多数发展中国家所采取的传播制度是符合自己的国情和条件的。生存和发展问题是发展中国家面临的最大课题，这不仅包括经济上、政治上的生存和发展，而且也包括民族文化的生存和发展。在跨国传播和全球信息化飞速发展的今天，西方发达国家的文化产品正在像洪水一样涌入发展中国家，造成了这些国家传统文化的危机。在这种状况下，为了抵御来自少数传播大国的"文化侵略"，不少发展中国家在维护"信息主权"的口号下，从制度上采取了保护和发展传统文化的措施，并加强了对外来信息的自主管理。

第二节 传播的社会控制

作为社会学的一个概念，"社会控制"最早由美国社会科学家罗斯提出。美国芝加哥学派的帕克发展了这一概念的内涵，他认为一切社会问题都是社会控制的问题。[①]

就大众传播而言，传播的社会控制主要表现在下述几个方面。

一、政治控制

政治控制集中地体现在权力组织（诸如政府部门、执政党和其他拥有社会权力的组织）对各种传播方式、路径的行政或党务管理上。行政管理的手段种类繁多，诸如：给予倾向政府的传播者获取种种内幕新闻的优惠或特权，反之则做出种种限制和处罚；直接或变相地资助某一传播机构，在传播渠道和信息源方面给予方便，反之则堵塞信息渠道，征收高额保证金和知识税。最严厉的政治控制是宣布中止宪法赋予公民的言论出版权利，例如军事政变当局通常采用这种专制的控制手段。对于违反控制制度者，政府往往通过行政手段甚至暴力手段加以严惩。

在非常时期，例如2001年"9·11"事件后，美国政府对其直接管理的对外广播电台"美国之音"（VOA）下达禁播令，要求慎播恐怖组织领导人的言论。但VOA还是播放了对恐怖组织塔利班领导人奥马尔的采访录音，不久，其台长和国家广播理事会主席被撤职。新台长上任后积极配合布什政府的反恐政策，然而后来该台又出现剪辑播出有关奥马尔言论的事件，新台长上任10个月后被迫辞职。

对大众传播的政治控制是各国的通则。不管在程度上有何种差别，对大众传播的

---

① 陈力丹，闫伊默. 传播学纲要. 北京：中国人民大学出版社，2007：203-214.

政治控制都"不约而同"。政治控制的常规方式是制定法律和颁布法规、行政规章。法律控制是一种刚性控制。目前，世界各国与传播特别是大众传播有关的法律主要涉及以下几个方面：（1）表达自由和新闻自由；（2）信息公开和保护国家安全；（3）禁止淫秽与色情；（4）新闻传播活动与公民、法人的人格权（包括名誉权、隐私权等）；（5）著作权；（6）新闻业的行政管理（包括报纸、期刊、广播、电视、电影、互联网新闻传播的管理）；（7）广告管理；（8）传媒产业的管理。在我国，随着改革开放和民主法治建设的完善，涉及传媒侵犯公民权益的新闻纠纷呈上升趋势，体现了法律控制对传播与其他社会系统之间关系的调整。

警惕通过法律的形式实行专制统治，是在谈到传播控制时需要关注的话题。以"保守国家秘密"为例，每个国家出于自身的安全和利益，都把保守国家秘密视为维护国家安全的重要方面。例如：英国《公务秘密法》、法国《刑法典》有关于泄露国家机密罪的规定，我国有《中华人民共和国保守国家秘密法》等。但是，保密的义务通常是规范应当履行保密义务的公务人员。一旦秘密流传到社会上，秘密就不再是秘密。大众传媒能够知道的事实，不能视为国家秘密，除非获得的途径非法。非公务人员的普通公民没有保守国家秘密的义务，因为他不掌握国家秘密，除非他窃取国家秘密。若一个国家的普通公民因为透露了既非他职务内承担保密责任也非窃取的信息而被冠以泄露国家机密罪，这样的控制就属于极权政治，会遭到国际社会的谴责。

政治控制还体现在对传播的间接操控上。政府部门因控制着社会的重要资源而成为大众传媒的重要信源，因此，操纵新闻发布会、控制消息来源就成为一种常见的政府控制新闻传媒的手段。政府通过新闻发布会、记者招待会、"吹风会"这些软性调控手段，控制着较大的公共关系网络，从而控制着公务信息，无形中引导了舆论。

阅读链接

政治对媒体的控制、审查问题

在一些资本主义国家中，有专门的新闻出版审查制度。比如，在2003年春季美、英对伊拉克的战争中，各种新闻媒体的采访、传播活动都受到了不同程度的限制。各国记者对战争的采访，必须获得美军的许可证，而且活动范围、采访对象等都受到严格的限制。而对战争前线的采访，当时所看到的则主要是美国有线电视新闻网（CNN）的记者做的。实际上，跟随美军前进的战地记者的视线，也是受到严格限制的。如此，关于战争进程的新闻，就掌握在美军的手里。各国记者虽然拥有各自的传播资源，但却丧失了获取真实新闻信息的自由。比如，2003年3月20日，凤凰卫视两名随军记者就被逐出美军军营，并被没收采访器材。美军士兵不仅没收了他们的临时采访证、工作电脑、胶卷、录像带，而且连两人的生活用品都仔细地检查了一遍。理由是他们违反了军方新闻中心的50条规定，拍了边境铁丝网和美军军人的生活照片。据报道，美军新闻中心对记者的采访有非常严格的限制。在要求记者签署的采访条例上，要求不准拍美军办公室、警察局、油田、工作电脑屏幕、工事。拍摄美军生活照应经对方允许，大部分采访要先取得新闻官的同意。

资料来源：陈汝东. 传播伦理学. 北京：北京大学出版社，2006：41-42.

二、经济控制

在市场经济条件下，谁拥有传媒，谁就拥有话语权，有传播什么和不传播什么的权力。经济控制的关键是传媒的所有权。目前世界上对传媒所有权的控制一般分为三类。第一，公营体制，即某些传媒被认为是公共财产，例如欧洲一些国家的部分广播、电视台为公营，这类体制的代表公司是英国广播公司（BBC）。公营是指社会所有，公营不等于国营。第二，商业体制，即传媒民营的体制。美国和拉美国家（除了古巴）的传媒绝大多数为民营。欧洲的平面传媒也均为民营，而电子传媒则公营、民营并存。第三，国营体制，即传媒为政府所有，政府的财政拨款为传媒的主要经济来源。我国现在党的各级机关报刊和中央政府直接管理的媒体，以及发达国家极少数的对外广播电台，属于这类体制。

阅读链接

谁拥有大媒介？

在美国，印刷与广播新闻机构的董事会充斥着福特、通用汽车、通用电气、可口可乐、菲利普·莫利斯、国际电话电报（ITT）、国际商业机器公司（IBM）及其他互相控股系统的公司代表。美国最大的通讯社——美联社的主要股东是华尔街的证券业者——美林集团。美国国家广播公司（NBC）则直截了当被通用电气公司拥有，这个财团经常支持保守派事业及其候选人。在1995年，哥伦比亚广播公司（CBS）被西屋电气公司以50亿美元购入，时代华纳公司准备要兼并泰德·特纳的美国有线电视新闻网（CNN）。全国两大通讯社、三大商业电视网、四大广播网就基本上瓜分完了新闻传播市场。像这样的情况又何止是在美国，一位媒介专家曾指出："在美国，50个新闻寡头决定了几亿人获取信息的范围和质量，然而在澳大利亚，四个新闻寡头决定几千万澳洲人所能看到的新闻事实。"

资料来源：戴元光，金冠军. 传播学通论. 上海：上海交通大学出版社，2007：142-143.

对传媒的经济控制，主要表现为资本控制。一些经济实力雄厚的跨国资本，看准了大众传播媒体带来的巨大利润，以资本作为杠杆操纵和掌控着大众传播。起家于澳大利亚的跨国公司新闻集团的董事长鲁伯特·默多克说："政策由我来定，编辑可以提出建议，但最后还是我说了算。"这典型地显露出资本的强大控制力度。

广告收入是传媒的主要经济来源。基于这个缘故，在传媒传播的内容中，一些并不重要但却有利于广告商的信息可能会被有意放大。这与大众传媒的职业规范，诸如准确、客观、公正、全面等是相悖的，这是新闻传播活动中经常可以看到的悖论现象。

美国学者阿特休尔指出，经济控制对传媒是有害的。传媒若为私人谋利，就会丧失自由。"在商业形式中，新闻传媒的内容反映广告商及其商业伙伴的思想观点，这些人常常本身就是新闻传媒的所有者和出版商。甚至在计划经济中，一些商业影响仍然有所表现（尽管这种影响只是通过间接的途径产生）。在利益关系形式里，新闻传媒的内容反映金融企业或政党或宗教团体或追求特殊目标的其他各类组织的利益。在非正式形式中，新闻传媒的内容则以反映亲朋好友的利益为目的，他们或者直接提供资金，或者运用他们的影响来确保人们能聆听到吹笛手演奏的乐曲。"[①]

📝 **阅读链接**

马斯克收购推特

2022年10月，美国社交媒体推特宣布特斯拉总裁马斯克支付440亿美元收购推特。

推特的功能接近国内的微博，同时具有新闻和社交属性，与另一社交媒体脸书相比，推特的新闻属性更强一些。因此，推特成为许多大公司以及名人"官宣"的首选，发布时间甚至先于官网。虽然脸书的日活跃用户数量（Daily Active User，DAU）是推特的8倍之多，但在新闻发布方面，推特更有优势。

马斯克收购推特对新闻业意味着什么呢？在目前美国运营的所有社交媒体平台中，推特是最深耕于新闻领域的。虽然并不是所有的记者都在用推特，但是目前有数量惊人的记者把阅读和使用推特作为他们工作的重要组成部分。美国新闻编辑室最激烈的辩论集中在对用户身份核实进行收费的提议是否会导致记者放弃认证。由于缺少竞争对手，加上规模庞大的全球平台的网络效应，这意味着如果推特无法让记者们安全使用，市场上仍存在一个面向公众的协议缺口，该协议需要将公众利益作为其设计和所有权的核心使命的一部分。如果这一诉求不能实现，那么留在推特平台上的记者则需要更加谨慎地使用这一平台。

有人可能会认为，马斯克对推特的所有权对记者来说并不重要，因为他并不比其他许多控制信息基础设施的人差多少。社交媒体平台的所有权和新闻媒体是不同的，即使是一个活跃用户基数相对较小的社会媒体平台，也与新闻媒体有本质差异。两者的不同之处在于，平台不仅收集内容，还收集用户数据。

由于推特成为一家私人公司，其原有的信任与安全团队正在遭到重创，任何消息都无法保证真正的匿名性和安全性。更重要的是，马斯克并不屑于针对个别记者。他会对他不喜欢的报道进行澄清，也会利用后台的特权来回应媒体的批评，这些都是危险的迹象。失去对平台所有权或治理的监管，可能会无法阻止滥用权力的行为，这反映了自由市场在维护公共利益方面的失职。

资料来源：窦锋昌. 马斯克与推特面临两道"考题". 青年记者，2022，（23）：127；王茜. 马斯克收购推特对新闻业意味着什么. 青年记者，2022，（23）：99-100.

---

① 阿特休尔. 权力的媒介. 黄煜，裴志康，译. 北京：华夏出版社，1989：287.

三、文化控制

人和社会属于特定的文化，文化因此形成一种规范性力量，实施着控制功能。就传播过程而言，文化是大众传播活动的"情境"性因素。传播的意义除了符号本身确定的意义之外，更多的意义来自特定情境，而作为承载意义的符号本身亦是文化的产物。因此，文化作为人类的胎记，对传播形成潜在而强大的社会控制。

文化的宽泛性导致的传播的文化控制分析也显得极为复杂。在此，仅以道德层面为例，阐述文化对传播的控制。

"从质的规定性看，所谓道德，就是人类现实生活中，由经济关系所决定，用善恶标准去评价，依靠社会舆论、内心信念和传统习惯来维持的一类社会现象。"[1] 道德作为一种社会观念形态，具有历史发展的传承性，其融合了特定时期的文化、民族意识、社会心理等因素。而且，一个时期的整体道德风貌由该时期占统治地位的阶级或集团的意识形态所决定。

这里所谈的道德对传播的控制，不仅指上述宏观的社会道德，而且指社会道德灌注到传媒业而形成的职业道德，包括与工作相关的一般社会公德意识，诸如重视生命、尊重妇女、保护儿童、维护人权等，其中一些可以在行业内部形成自律条文的，即为行业的职业规范，它只对行业内和跨行业的个人（例如自由撰稿人）具有一定的约束力。传媒业的职业道德，远没有法律、法规、行政规章那样具有强制力，它需要内化为传播者的自觉意识和行为准则。媒介组织通过自律以及制定内部的奖惩措施，来维持社会道德与传媒行动之间的平衡。

传媒的职业道德和工作规范的内容，受制于不同国家的不同政治制度和文化背景，但还是具有一些共同的原则。例如，传媒职业道德通常包括：维护新闻自由，具有独立精神；献身正义、人道，为公众利益服务；恪守新闻报道真实、客观、公正、平衡等工作标准；为新闻来源保密；不诽谤、侮辱别人；拒绝收取馈赠以及其他各种影响客观报道的酬谢；不参与商业和广告活动。中华全国新闻工作者协会（中国记协）于1991年制定了《中国新闻工作者职业道德准则》，是中华人民共和国成立后第一个正式颁布的新闻职业道德规范，此后修订四次。准则颁布实施30多年来，在新闻工作者忠实履行人民赋予的职责使命方面发挥了重要作用。当然，也应该看到，这个准则在语言表述上还需要进一步职业化，以更具有可操作性。

世界上许多国家建立了新闻评议会，作为传媒职业道德的评判机构（社会组织），它可以对违规的当事人和传媒进行行业内的裁定和惩罚。较早建立这类机构的是瑞典等欧洲国家。第二次世界大战以后，各国的新闻自律组织普遍建立并得到发展。例如成立于1991年的英国报业投诉委员会，它接待并处理对任何一家英国报纸或杂志的报道内容的投诉。它成立的初衷是为了抵制通过政府管制或法律手段解决传媒道德问题的提案。报业投诉委员会的16名成员，除少数是英国报纸或杂志的编辑外，大多数是报业以外的社会知名人士和学者，这是为了保证报业投诉委员会独立于报业之外，不受报业的控制。报业投诉委员会的经费通过各家报纸、杂志募捐得来，运作上保持了

---

[1] 罗国杰，等. 伦理学教程. 北京：中国人民大学出版社，1985：8.

很大的独立性。该会平均每年收到 3 000 多起投诉，其中大量投诉都直接由报刊编辑以令投诉者满意的方式迅速解决。报业投诉委员会的所有批判性裁定，均在涉嫌出版物的显著位置全文发表。

单纯依靠分散的传媒各自制定自律规则，不足以遏制传媒业中的一些恶行。通过建立管理规范的新闻评议机构，能够较公正地处理新闻界与社会公众之间的摩擦及纠纷。中国记协每年接受几十起涉及传媒的投诉，大多数问题得到了处理。

四、受众控制

受众是决定传播活动成败的关键。传播效果的好坏必须从受众的反应中进行评价，因此，受众对媒介传播活动具有较大的制约作用。这种控制是以不同形式和通过不同渠道表现出来的。

第一，受众的控制可以直接通过社会舆论来实施。报刊如果刊登了一篇有违民意的新闻、评论，立即会遭到舆论的指责和反对，这在传播史上是不乏其例的。

第二，受众的控制可以通过反馈、预馈的形式出现。反馈是指受众对信息传播的反应和传播组织由此进行的相应调节。预馈则是指受众在信息传递前对传播组织提出的要求。这也有两种：一是受众通过来信、来电、来访直接表述对大众传播的各种意见、建议和批评；二是受众通过报纸订阅数、广播收听率和电视收视率显示自己对传播的意见。另外，传播组织也可以通过其他形式，如召开座谈会、咨询会等直接听取和主动征求受众的意见。

在西方国家，受众的态度与意见历来受到重视，受众的多寡和态度的改变会直接影响到传播媒介的各项经济收入，甚至影响其存亡。很多在受众中具有广泛影响的传媒组织拥有自己的意见调查员或受众代表。在我国，传媒也在主动接受受众控制，不少报纸辟有《读者信箱》等专栏，广播和电视也有《听众之友》《观众之友》等专题节目。

第三，各种受众团体会对大众传播公开表述意见。例如，少年儿童的家长和教师自发组成专门的团体，反对电视播放暴力镜头；消费者组成协会采用各种形式反对广告的失实等。

📑 **阅读链接**

美国电影分级制度

美国电影分级制度是由美国电影协会（Motion Picture Association of America, MPAA）负责组织的由家长组成的委员会，根据电影的主题、语言、暴力程度、裸体程度、性爱场面和毒品使用场面等，代表大部分家长可能给予的观点对电影进行的评价制度。其目的是提前给家长提供电影的相关信息，帮助父母判断哪些电影适合特定年龄阶段的孩子观看。评级与电影内容的好坏并无关联。

美国电影分级制度并不是强制执行的制度，决定电影是否要被分级是电影制片方的独立选择，但是基本上所有的电影制片商都选择提交电影分级，而且所有的MPAA成员也都同意将其要公映的所有电影进行分级。

美国电影分级制度大致把影片分为以下几级：

（1）G级：大众级，任何人都可以观看。例如：《玩具总动员》系列、《狮子王》。

（2）PG级：辅导级，该级别电影中的一些内容可能不适合儿童观看。例如：《神偷奶爸》《少年派的奇幻漂流》《功夫熊猫》。

（3）PG-13级：特别辅导级，建议13岁以上的儿童观看。例如：《阿凡达》《泰坦尼克号》《哈利·波特》。

（4）R级：限制级，建议17岁以上者观看。例如：《黑客帝国》《特洛伊》。

（5）NC-17级：17岁以下（包括17岁）禁止观看。

（6）特殊分级：指未定级的或不准在大院线放映的电影。

此外，受众的文化心理结构也会对传播活动产生一定程度的约束。比如，在公民的素质修养没有达到一定层次时，就会出现迎合低级趣味的各种报道、作品和节目；而今天，炒作公众人物的隐私等内容会引起受众的极大反感，这就迫使媒介组织注意掌握报道的分寸。[①]

五、技术控制

新的传播技术的诞生和应用会给社会带来深远的影响，这种影响不仅表现为人们的交流方式和传播渠道的改变，更重要的是影响人们的生活方式、思维方式以及价值观念。例如网络，"网络舆论对社会生活影响最大的，不是具体对于某个事件的作用，而是其对生活方式、生活理念的影响。网络与网络舆论正在改变我们的思维方式与价值观念，从而促进了社会的转型。从传媒发展的角度看，印刷时代强调文化的传承性，电视时代彰显文化的丰富性、敏锐性，而网络时代则突出了社会成员的个性价值和成就了人们的个性发展"[②]。

传播技术对大众传播的控制主要体现为两个方面：一方面，新的传播技术打破了传统的传播模式，产生了新的传播效果。例如，P2P技术便是网络传媒分权的一种技术基础，它使得作为"中心"的新闻网站的权利受到削弱。此外，RSS技术、博客技术、维客技术等，也都具有一种赋予个体权利的能力。另一方面，技术的发展也给网络传播的控制提供了新的方式和可能。网络看似是一个自由开放的空间，但是数字化技术能够确定个人身份，通过IP地址找到现实中的人。从技术上查找一个使用过网络的人，比查找在印刷传媒上发表意见的人更轻而易举。

信息与传播技术能否推动民主政治的发展？对这类议题争论不断。持悲观态度者

① 戴元光，金冠军. 传播学通论. 上海：上海交通大学出版社，2007：144-145.
② 喻国明. 变革传媒：解析中国传媒转型问题. 北京：华夏出版社，2002：322.

认为传播技术有可能使政府集中控制信息，扩大信息富者与贫者的落差；而对传播技术发展持乐观态度者则认为传播科技具有促进民主政治、展开平等对话的潜力。看来，技术可以开创一个时代，却无法造就一个理想的社会。

📝 **阅读链接**

信息茧房

随着互联网和大数据技术的高度发展，在信息过滤技术主导下用户信息行为发生改变以及引起的社会效应令人关注。其中，"信息茧房"（Information Cocoons）作为信息过滤机制负面效应的代名词被反复提及，引起大范围讨论，信息茧房问题逐渐成为目前互联网生态治理的重要议题之一。

"信息茧房"一词最早出现在美国学者凯斯·桑斯坦（Cass R. Sunstein）2006年所著的《信息乌托邦》。在该书中，桑斯坦引述了尼葛洛庞蒂在互联网早期预言的"我的日报（the Daily Me）"中描述信息茧房现象出现的技术条件，即"一份完全个人化的报纸，我们每个人都可以在其中挑选喜欢的主题和看法"。桑切斯认为这个个性化获取信息的技术并非看上去那样美好，他将信息茧房表述为，个人或群体自主或不自主地亲近于自身喜爱的信息而排斥自身厌倦的信息，久而久之在信息选择上愈发局限。那些人们选择的信息如同蚕茧一般把个人包围在一个狭小空间中，让他们失去以包容的态度与视角认识社会的能力。

在现代社会，"信息茧房"之所以被称为茧房，就是因为除非我们在根本上放弃互联网生活，否则就很难逃脱它的控制。从人的知性发展来看，信息茧房导致了人们仅仅对自身所喜欢的信息盲目选择，而对那些陌生且无趣的信息一无所知乃至拒绝认知。因此，难以形成健全的世界观。同时，从人的理性发展来看，信息茧房导致了对某一种价值观的盲从，对其他的价值观既不能包容理解，也做不到对自身认同的价值观的冷静思考。反而在"群体盲信"之中作茧自缚，盲从茧房之中的他者一道行动，从而丧失了理性判断能力。就实践来看，信息茧房意味着不同的茧房之间缺乏沟通与了解，难免由于极化的出现而做出极端化的行为。

信息茧房是信息时代的副产品，它不利于人们健全地认识世界，不利于人们判断权威话语的正确性，更不利于交往的有序展开。有学者指出，通过媒介素养教育，使人们形成对信息的选择标准与对信息文明的健全认识，可以防止茧房的出现；以品德教育使人们树立符合社会主流价值观的道德、理想，有助于突破茧房之中的盲信；以法纪教育进行问责和典型表彰，可以直接遏制极端化的蔓延，矫正茧房之中的极端化。

资料来源：眭莉. 网络技术"信息茧房"的生成机理与破解路径. 安徽师范大学学报（人文社会科学版），2022，50（6）：84–97.

第三节 传播中的"把关人"

2009年3月30日，国家广播电影电视总局（现国家广播电视总局）在其官网上发出通知，强调对网络音乐视频MV、综艺、影视短剧、动漫等类别的节目以及"美女""搞笑""原创""拍客"等题材要重点把关。通知在各新闻网站发布之后，如一石激起千层浪，大批网站相继掀起整改浪潮。

国家广播电视总局就是我们这一节将要提到的信息传播中的把关人（Gatekeeper）。这位把关人在中国媒体界的地位可谓是重量级的。

传播者在传播过程中负责搜集、整理、选择、处理、加工与传播信息。他们被称为"把关人"，他们的这种行为称为"把关"。[1]也就是说，把关人是决定什么样的信息可以传达给公众的人。[2]

"把关人"这个概念最早由传播学奠基人之一库尔特·勒温提出。第二次世界大战期间，美国为节约战争开支号召美国人食用牛下水。勒温主持了针对这次宣传运动的社会调查。美国人传统上不吃牛下水，战时一个家庭是否吃牛下水往往取决于家庭主妇的选择。这些家庭主妇就是餐桌上的把关人，于是她们成为美国媒体和政府的宣传对象。勒温指出，"信息的传播网络中布满了把关人，这些把关人负责把关，过滤信息的进出流通。"

1950年，勒温的学生怀特在《守门人：新闻选择的事例研究》一文中，对一家报纸的电讯编辑工作进行研究时，验证和扩充了勒温的理论，从而揭开了"把关人"研究的序幕。

怀特对该报电讯编辑接收到的通讯社（美联社、合众社、国际社）一周内的稿件选用情况的研究表明：只有10%的电讯稿被选用，有90%被舍弃、淘汰。怀特通过询问值班编辑得知有两大理由：（1）不值得登（占被舍弃稿的32%）；（2）已选登其他稿件（占被舍弃稿的68%）。在"不值得登"的具体理由中，有许多为"主观"理由，即编辑个人认为不该登，标准是个人的喜好和情绪（见表10-1）。[3]

表10-1 把关人抛弃稿件的理由

理由	次数
不值得登：	
没趣味	104
写得枯燥、含糊	80
不好	67

---

① 胡正荣，等. 传播学总论. 2版. 北京：清华大学出版社，2008：205.
② 约瑟夫·R. 多米尼克. 大众传播动力学. 黄金，蔡骐，译. 北京：中国人民大学出版社，2004：22.
③ 邵培仁. 传播学. 北京：高等教育出版社，2007：129.

续表

理由	次数
登太多了，常出现	62
琐碎，浪费篇幅	55
不用此稿	23
宣传	18
不喜欢自杀消息，太挑逗，趣味庸俗	14
合计	423（32%）
已选登其他稿件：	
篇幅不够；如够，必登	640
等进一步发展	172
太远，不在本地区	40
太地区性	36
已用另一家通讯社的稿件（它短而有趣）	20
昨天已登横贯全页大标题	1
漏掉了	1
合计	910（68%）

　　社会上存在着大量的新闻素材，信息繁杂需要把关。每天报社编辑的电子邮箱中总是塞满了读者来信，编辑们必须权衡哪些来信具有代表性，哪些可以上报并引起更多的关注。在这个过程中，传媒组织形成了一道"关口"，只有新闻素材中的少数内容可以通过这道"关口"到达受众那里。

　　大众传媒对信息的"把关"活动是一个复杂的过程，把关人并不是只有一个。记者是把关人，在众多信息中搜集有新闻价值的素材，写成新闻稿；编辑是把关人，按照媒体的把关标准对稿件进行筛选和过滤，决定是否刊播。遇到重要事件，还需要级别更高的把关人进行把关。

　　那么，制约传媒进行这种取舍的因素有哪些呢？

　　首先，从宏观层次上来看，把关过程受社会政治、法律、文化传统等的制约。例如，当电影审查委员拿到一部送交的新片时，首先考虑它是否符合《电影剧本（梗概）备案、电影片管理规定》。

　　其次，信息产品要符合媒介组织的业务标准和市场标准。当报纸编辑决定一条新闻能不能上头版时，他需要思考很多方面的问题，包括它是否具有新闻价值，是否符合本报办报的一贯方针，是否能得到读者的普遍关注等。受众需求也是一个不可忽视的要素。

　　把关人就像一个饮水机的过滤芯。他按照把关标准对信息进行筛选和加工，然后传达给受众。受众在接收信息的同时也接收了过滤芯所提供的矿物质——把关人的立场和价值观。

　　把关人提供给受众的"真实"不等于事实的真相。由于把关人的存在，受众难以了解"所有的"信息，受众掌握的是带有把关人色彩的"真实"。

📝 **阅读链接**

从美军虐待伊拉克战俘看信息把关

　　1. 信息传播过程中，把关人通过对新闻的信息筛选，对新闻媒体进行直接控制

　　2004年4月28日是美国历史上一个特别的日子，因为在这一天美国哥伦比亚广播公司披露了美军在伊拉克虐待战俘的照片。顿时，美国和国际舆论哗然，谴责和声讨的声音从世界的各个角落传向美国政府。美国总统布什于5月6日就虐俘事件道歉。美国政府的国防部长、军队将领等也出面进行道歉和澄清，宣称这种虐俘行为是个别美国士兵的行为，并不代表整个驻伊拉克美军。5月19日，美军虐待伊拉克俘虏第一案在巴格达联军总部开审。但是在这一事件的传播过程中，明显留有"把关人"对信息实施控制的痕迹。这种控制主要包括美国政府禁止发布大量的虐俘照片、侧重突出个别美国士兵的责任、挽救政府形象等方面。

　　虽然社会上存在着大量的新闻素材，但是大众传媒的新闻报道不是也不可能"有闻必录"，而是有一个取舍的过程。在这个过程中，媒介组织形成了一道门，通过这道门传达到受众那里的信息只是很小的一部分。

　　就美军虐俘事件而言，事实上，早在2003年10月，国际红十字会就曾向美国军方高层递交了一份关于虐俘细节的报告，美国出于对自身利益的考虑而没有重视。

　　2004年4月12日，哥伦比亚广播公司在《60分钟》节目中向五角大楼发出通知，表示将要公开阿布格莱布监狱的虐俘照片。4月14日，迈尔斯将军私下要求哥伦比亚广播公司延期公布照片，以免引起反美暴力行动。哥伦比亚广播公司同意了这一要求。一周后，在迈尔斯的要求下，照片再一次被延期公开。直到2004年4月28日，美国哥伦比亚广播公司才首先公布了美军虐待伊拉克战俘的照片。

　　美国政府最终没有捂住"虐俘丑闻"。因为信息和媒介全球化本身就意味着信息的高密度和国家行为的高度透明，信息以更大的规模和更快的速度传播。一旦事件发生，各种信息通过媒介迅速传播，这使国家处理信息的难度更大。据报道，美军的虐俘照片就是来自美军手中的成千上万的数码相机，控制的难度可想而知。

　　虽然美国媒体对这一事件加以报道，使人们更多围绕着美军惨无人道的行为进行批评，但是在媒体进行的传播过程中，被报道出来的仅仅是一小部分，即整个事件的导火索——媒体所刊登的虐俘照片只是冰山一角。因为还有大量的照片美国政府不允许公开披露。美国政府的这一行径阻塞了信息流通的渠道，人们不可能知道在阿布格莱布监狱究竟还隐藏着什么，在虐俘事件的背后还存有什么样的更深层次的秘密。

2. 国家和政府通过对新闻信息的模糊化处理，对新闻媒体的信息输出实行间接控制

在信息传播过程中，新闻和信息的选择或"把关"活动是一个复杂的过程，是一个多环节、有组织的过程。信息的发布要受到来自各方面的制约，其中国家和政府对信息输出的控制尤为突出。

国家和政府是政治控制的主要方面。其控制的目的在于通过对媒体活动的控制，保障其为国家制度、意识形态，以及各种国家目标的实现服务。

在美国，媒体有两种所有制方式：公营机构和私营商业机构，无论哪种机构，都必须接受特许证管理机构"FCC"即联邦通信委员会的管理。在这种情况下，国家和政府就能够限制或禁止某些信息内容的传播。H.H.弗里德利克曾经归纳了美国各种法律和政令中严格限制或禁止传播的内容，涉及共产主义宣传、外国人在美国的政治宣传等。不难看出，美国的限制或禁止内容具有鲜明的意识形态性。

在这种意识形态的规定下，国家和政府可以通过对新闻信息的模糊化处理，对新闻媒体的信息输出实行间接控制。这一问题可以用以下这个模式来说明（见图10-1）：

（运动）　　　（被噪声影响）　　（模糊处理）　　　（运动）
事实信息——→信息传输——→把关人——→信息输出——→受众影响

图10-1　"把关人"对信息把关的隐蔽模式

从图10-1中可以看出，新闻事件在传播过程中，把关人对信息进行模糊化处理，再传给受众，从而对受众产生影响，造成一种假象：从表面上看，媒体似乎是把事实信息传达给了受众，似乎维护了受众的知情权。实际上，受众所得到的信息和事实信息本身存在一定的差异，这个差异由把关人所需要的信息来决定。就国家和政府而言，就是要符合它们意识形态的需求。

虐俘事件显然与政府有着千丝万缕的联系。据涉嫌参与施虐的美军士兵称，他们的所作所为是受美军情报部门指示。但是这种联系究竟是怎样的呢？媒体没有任何报道。而美国政府对此事件采取了模糊的处理方式，极力转移受众的视线，为自己寻找替罪羊，极力为政府开脱责任。

在虐俘事件被报道一周后，美国总统布什接受电视台的采访，表示将对有关情况进行调查，并将把有关人员绳之以法。但是之后的事实表明，布什政府并没有采取什么实质性的行动，只是推出了几个替罪羊。

5月8日，布什在每日的例行广播演说中，对美军士兵对待伊拉克战俘的做法表示"厌恶"，他再次强调："伊拉克监狱发生的事情是少数人的罪行，并不足以代表驻伊拉克全体20多万美军的品行。"并且将罪行归咎于"包括女兵在内的少数美国大兵"。讲话发布不久，年轻女兵英格兰和切尼成为媒体追逐的焦点。

在事件披露的第二周，布什政府对此事件表示沉默，正如《纽约时报》批评的那样：看看总统布什和国防部长拉姆斯菲尔德本周的表演，很难不让人消沉地感

到，他们已从阿布格莱布监狱的混乱出发重新回到其习惯的做法上，就是对所有的坏消息不理不睬，盲目向前，仿佛什么事都没有发生过。

美国政府没有完整的关于此事件的报告，也没有向媒体提供伊拉克受虐战俘的确切人数，可以说，很难找到美国政府对此事件的任何详细的资料。充斥报纸版面的也无非开庭审讯虐俘士兵之类无关痛痒的信息，只有一名美国士兵被判处一年有期徒刑。看来，"调查"与"绳之以法"只不过是布什政府用来平息民愤的一个幌子。

从某种程度上讲，媒体在虐俘事件中无法从政府那里得到更多的信息资源，而在这一事件中政府恰恰是重要的信息来源。失去了新闻源头，对于信息传播来讲，意味着一个传播过程将无法进行。可见政府作为把关人删除了大部分重要的信息。

资料来源：吕杰，张波，袁浩川. 传播学导论. 北京：科学出版社，2007：361-364.

本章重点内容提要

1. 报刊的四种理论：世界各国的新闻传播制度与其社会制度是一脉相承的，自大众媒介诞生以来，世界上先后出现的大众传播体制基本上可以分为四种，即威权主义理论、自由主义理论、社会责任理论、苏联（式）共产主义理论，它们分别以四种相应的社会政治制度理论为基础。

2. 就大众传播而言，传播的社会控制主要表现在：政治控制、经济控制、文化控制、受众控制、技术控制。

3. "把关人"是在传播过程中负责搜集、整理、选择、处理、加工与传播信息的传播者。他们的这种行为被称为"把关"。

思考题

1. 简述"报刊的四种理论"的主要内容。
2. 传媒的社会控制主要表现在哪几个方面？
3. 报刊的社会责任理论对传媒行业的道德自律有什么样的影响？
4. 请结合网络、博客、有声报纸等，思考新媒体的出现和旧媒体的改变给社会带来了哪些益处。
5. 在网络传播的今天，传统的大众传媒的控制模式面临怎样的挑战？应当如何应对？

大众传播媒介

📋 **知识目标**

1. 了解东西方语境中对"媒介"的不同认识
2. 掌握几种主要大众传播媒介的特征
3. 掌握几种媒介理论的主要观点

📢 **能力目标**

1. 具备认识并理解数字革命给新闻传播业带来影响的能力
2. 能够思考网络时代是否引发了有关社会因素影响媒介的新问题

📖 **素质目标**

理解大众传播媒介在弘扬社会主义核心价值观中应该发挥的作用

　　媒介，它的语义涉及范围很广。它可以是传播渠道、手段或工具，也可以是将传播过程中各种因素相互连接起来的纽带。物质可以成为媒介，人类的思想和观念也能成为媒介。作为传播学核心概念之一的媒介，并不是一个土生土长的中国固有词汇，现代英语中用 medium 表示，其复数形式 media 更加常用。今天，媒介是生活中经常使用的语汇，但是从世界范围看它走入人们视野的时间很短，在中国则更晚，直到改革开放之后才被引进。

第一节　何谓媒介

一、中西方语境中的媒介

　　在探讨中西方的媒介观念时，我国学者刘海龙把中国的媒介观念称为"以人为媒"，与之相比，将西方人的媒介观念称为"以物为媒"。这对于我们理解中西方对待媒体的态度有一定帮助，因此，本章首先介绍一下他的观点。[①]

1. 中国人"以人为媒"

媒介虽然是音译，但是不得不说，"媒"字翻译得十分巧妙，反映了我们中国人对沟通和传播属性的理解，即"以人为媒"的观念。

"媒"这个汉字古已有之。上古时候，先民信奉由高媒神掌管人间男女婚事，并立庙供奉。到了周朝，周人设立了掌管婚姻之事的官员——媒氏，负责民众的婚配。据《周礼·地官·媒氏》记载："媒氏：掌万民之判。凡男女自成名以上，皆书年月日名焉。令男三十而娶，女二十而嫁。凡娶判妻入子者，皆书之……若无故而不用令者，罚之。"在中国古代，未婚男女结婚是要经由媒人说合的，否则于礼不合。

在人们的印象中，媒人负责联络、协调、烘托气氛，是热心肠、积极主动的行动派角色，起到了连接的作用。从思想史来看，"以人为媒"是中国传播观念中的独特之处。

2. 西方人"以物为媒"

西方的 medium（媒介）更像一个被动的信使，意味着把信息从一个人传递到另一个人。在 19 世纪末 20 世纪初欧美人的日常生活中，如果提到 medium 这个词，人们头脑中通常浮现的不是今天的手机、电视这类机器媒介，而是"灵媒"。

灵媒是指一些能够通神、通灵、通鬼的人，鬼神借助他们的身体能够和人进行交流。例如，在好莱坞经典电影《人鬼情未了》中著名的喜剧女演员戈德堡扮演的那个角色，就是灵媒。影片中，死于非命的男主角就借助灵媒的身体与在人间的爱人进行交流。

就像灵媒只是借个躯壳给幽灵用一样，信使自己没有什么属于自己的目的，就像快递员那样，把一件东西传到另外一个人所在的地方，自己没有任何目的。

从上述对比中可以看出中西方对媒介的不同看法。

（想一想）

近年来一看到负面新闻报道，一些人就批评媒体，认为媒体没有尽到伦理责任。你认为这跟上述媒介观念有关系吗？

二、一切皆媒介

接下来我们暂且抛开中西方媒介观念的文化差异，一般性地讨论一下何谓媒介。通常人们说起媒介，就会想到大众媒介，报纸、广播、电视以及互联网等新媒介。但是，事实上媒介的范围却不止于此，所有把两个及以上的事物连接在一起的，都可以称为媒介。比如声音是媒介，语言是媒介，道路、轨道、高铁、货币、病毒、基因，人们使用的数字、文学里的隐喻，也是媒介，甚至人类的某些观念也能成为媒介。

媒介不一定只是信息载体，它还可以运载其他东西，就像公路作为媒介可以运载汽

---

① https://www.thepaper.cn/newsDetail_forward_8156423，2022-11-27.

车。同样，汽车也是媒介，它可以运载人与货物。所以，公路是媒介的媒介。另外，汽车能够运行，还要靠火的燃烧作为动力，让它能够在密闭的容器中爆发。在这里，火又成为动力的媒介。同时，产生火的燃料——石油则是由几百万年以前生物遗体中的有机物质转化而来的。如此推论，我们还能源源不断地枚举，其实一切都可能成为媒介。

这样看似无穷无尽，但这正是媒介的视角，也就是不断地追寻每个事物与其他事物的联系与依赖。在媒介学者的眼中，从来没有直接的关系，而总是在寻找那个将不同事物连接在一起的"第三者"。媒介的基本特征就是连接。

此外，媒介的另一特征就是可感知性。媒介把抽象符号变成具体的、可感知的物质和身体。作为第三者，媒介不仅把我们连接在一起，还会打开我们感知世界的空间，使世界展现出来。媒介如同一个讲故事的人或是表演者，用它自己的方式把世界转述、表演、呈现在我们面前，否则这个世界就是遥远的、不可感知的。就像我们在电视上看到令人激动的赛事，在微博上看到的他人的苦难，在微信朋友圈里刷到的周围人的美好生活，这些都是不同媒介呈现出的不同世界。

不过，我们今天遇到的问题还不是世界不可感知的问题，而是我们通过媒介所感知的世界正在成为世界本身，而那个所谓的真实的客观世界反而已经无关紧要。这就是媒介化生存。

三、媒介未必是物质的

媒介未必是物质的，它还可以是观念、制度等其他无形的东西。同时更重要的是，虽然万物皆可以是媒介，但是重要的不是我们去区分哪些是媒介、哪些不是媒介，而在于形成一种从媒介的视角来看待和思考世界的方法。

例如，如果分析文学只看内容，就会忽视媒介对内容的影响，但是如果我们从口头传播如何影响唐诗宋词，报纸连载如何影响小说的形式和内容，今天网络流量如何影响小说的内容和形式，就会看到文学的不同侧面。再比如，研究网络化、信息化和平台化如何影响中国的经济发展。一旦把媒介考虑进去，过去简单的二元因果关系就会因为加入居于其中的媒介而变成三元关系甚至更多，一个新的思想和实践空间就被打开了。

第二节　几种主要大众传播媒介的传播特征

接下来，我们把视线缩小到大众传播媒介。不同媒介运用不同的传播手段进行信息传播，报纸、杂志、广播、电视以及互联网都有自己的传播优势和劣势。通过分析，我们可以了解媒介是如何扬长避短进行发展演化的。

一、报刊（报纸、杂志）

这里仅重点分析报纸。报纸是以刊载新闻和新闻评论为主的公开、连续发行的定期出版物，是最早的大众传播媒介。即使在电子媒介的强大冲击下，报纸也没有被取代，反而在竞争中获得了一席之地，更好地发展起来。

报纸的主要优势体现在以下几点：

（1）信息易保存。报纸是印刷品，易于保存，便于人们以后查阅。

（2）受众的选择性大。阅读哪一部分内容、采用哪种读报的方式，均可由读者自己选择。

（3）权威性。总体而言，公众对报纸信息的真实性和准确性认可度较高。

（4）解析性。现代报纸向解释、分析的方向发展，力图以其理性、思辨之长，同电子媒介的形象性优势相抗衡。

与电子传播媒介相比，报纸也有一些短处：

（1）报纸报道新闻的时效性远逊于广播、电视、互联网。

（2）报纸报道的形式缺乏图声并茂的电视新闻、网络新闻的动感，也不如利用声音传播的广播报道亲切、活泼。

（3）阅读报纸要求读者必须达到一定的文化程度，不像广播、电视，只要受众视听觉正常就不受什么限制。

不过，5G时代的新技术革命带来传播格局的深刻变化。2019年报纸广告从2011年的488亿元下降到44亿元，8年间已下降到不足一成。报纸发行量更低，报纸更薄更贵。人们通常认为，移动互联网代替了报纸的移动媒介属性和使用价值，报纸的媒介属性如果还沿袭旧有模式，或将被替代。如果还像4G时代那样在技术上挖空心思，则难有获胜的可能。这就需要报社致力于5G时代媒体核心竞争力的发掘，强调与其他媒介所不同的价值，才能成为传播生产链中不可或缺的重要环节，才能拥有未来。

📝 阅读链接

报业已不再是"报"业

报业不等同于报纸，曾经以报纸为主的产业已经逐步转型为以传播为主的产业。实际上，报业很早就开始了转型的尝试与努力，从20世纪90年代的数字化、集团化、资本化，到2014年以来的媒体融合转型，报业在转型之路上既有经验也有教训。

报纸当前最大的问题是传统广告模式已经"失灵"，将报纸读者注意力卖给广告商的模式由于报纸阅读率的走低，已经越来越不具备可行性。但报纸近年来正在发掘新的广告模式，比如纯粹形象展示的政务广告、企业注销登记等公告、证券类报纸的信息披露等，皆是与传统广告模式完全不同、不依赖于报纸阅读率的广告类型。目前，报纸上纯粹的商业广告已经变得极其稀缺，大部分广告都是专刊、专版形式的政务类广告，占比甚至达到60%～70%。

近年来，依托于报纸的新盈利模式层出不穷，在一定程度上减轻了报纸传统广告模式下滑对报业产生的冲击，报纸的经营收入越来越多元化，但依然无法完全替代传统报纸广告模式。现在更为重要的趋势在于，报业的收入并不是全部来自"报"业，更多的是来自多元产业。

资料来源：马骁，陈国权. 报业未来发展的核心竞争力. 当代传播，2020（3）：63-65，87.

二、广播

广播是听觉媒介，它利用声音符号传播信息。广播具有以下优势：

（1）传递信息极其迅速，时效性强。

（2）受众面广，渗透性强。

（3）广播属听觉媒体，它声情并茂，可以充分运用人类丰富的语言和各种音响去感染听众，不同的声调、语气常常会达到不同的效果，而且广播传播音乐的效果极佳，是提供娱乐的有效工具。立体声广播的出现，更是为人们欣赏音乐提供了方便的渠道。

（4）广播对广大的受传者来说有较强的接近性。

当然，广播也有不如其他媒介之处：

（1）广播内容转瞬即逝，其保留性远不如报刊；受众对广播选择的余地也很小。

（2）广播单纯提供听觉形象，给受众留下的印象不如视听兼备的电视、互联网深刻。

三、电视

电视属大众传播媒介行列的后起之秀，它是运用电子技术手段传输图像和声音的现代化大众传播媒介。它具有以下优势：

（1）视听兼备，图声并茂，生动、形象、逼真，感染力强。

（2）时效性强，覆盖面广，受众广泛。

（3）使用便利。电视是一次投资、长期消费的媒介，它在使用上比其他媒介方便。

（4）家庭媒介。家庭是电视的收看环境，通过一起收看节目可以加强家庭成员间的交流。

但是，电视也有不足之处：

（1）电视画面转瞬即逝，这一情况与广播相似。现在有很多节目提供了回看功能，在一定程度上克服了这一点不足。

（2）观看电视需要受众听力、视力兼用，不如收听广播方便。

📝 **阅读链接**

电视媒体在新冠疫情期间的远程教育功能

新冠疫情期间，除了新闻与公益宣传，电视媒体在教育领域（特别是K12教育）发挥了独特的作用，成为特殊时期响应国家教育动员的重要力量。

2020年1月27日，为应对新冠疫情带来的威胁，教育部宣布2020年春季学期延期开学。中小学生（K12）正常教育计划受到影响，客观上需要国家和社会提供相关解决方案。2月7日，教育部通过视频会议部署"停课不停学"。2月中旬，工信部部署保障中小学在线教育渠道畅通，社会动员气氛迅速形成，教育资源快速集聚。在此背景下，电视媒体积极参与疫情期间中小学教育公共服务供给。

在特殊时期，电视媒体在教育动员过程中的表现呈现了公共服务责任担当和市场竞争主体的双重身份。随着电视技术、互联网技术、教育技术在市场化发展过程中的演进，电视与教育的关系也在不断演化，凸显其转型发展的迫切性。

四、网络媒体

互联网被称为继报刊、广播、电视这三大传统媒体之后的"第四媒体"。基于互联网的网络媒体集三大传统媒体的诸多优势于一体，是跨媒体的数字化媒体。

网络媒体具有许多传统媒体所没有的特点，可以归纳为以下几点：

（1）数字化。数字化是网络媒体存在的前提，也是它最基本的传播特点。互联网实现了声音、图片、文字、图像等多种传播符号的有机结合。数字化的革命意义不仅仅是便于复制和传达，更重要的是方便不同信息之间的相互转换，如将文字转换为声音。

（2）超时空传播，受众广泛。网络媒体不受时间和空间的限制，任何人都可以通过互联网接收和传播信息。数以亿计的网民分布于世界各个国家、各个地区，通过互联网形成一个全球一体的信息传播网。

（3）海量信息。互联网是一个由无数局域网连接起来的世界性的、巨大的多媒体信息资源库。

（4）传播迅速，时效性强。利用互联网可随时发布新闻，尤其是在报道突发性事件和持续发展的新闻事件方面，网络的"刷新"功能比电子媒介的"滚动播出"更胜一筹。这种实时传播的特征使得互联网在新闻信息发布方面具有极强的时效性。

（5）交互性。传统的大众传播是单向传播，信息反馈迟缓、模糊，受众的选择与参与受到极大的限制。网络媒体双向传播、交互沟通、及时反应的特点，使每个用户都可以根据自己的需要选择信息。用美国未来学家尼葛洛庞帝的话说，"在网络上，每个人都可以是一个没有执照的电视台"。但有时候，这也会成为劣势。网络自由与交互的传播特点，改变了受众被动接收信息的局面，但却给网络管理带来了极大的困难，导致一系列社会问题的产生，如网络病毒和计算机犯罪、虚假信息传播、知识产权受侵犯等。

媒介作为信息传递、交流的工具和手段，在人类传播中起着极为重要的作用。没有语言和文字中介，人类传播就不能摆脱原始的动物传播状态；没有机械印刷和电子传输等大量复制信息的科技手段出现，就不可能有近现代的大众传播，也不可能有今天的信息社会。

媒介发展与社会的演化、变革密切结合在一起，它们之间错综复杂的关系大致遵循两条路线：社会决定论和技术决定论。在社会决定论者看来，是社会因素导致人类产生了某种需求，从而促进媒介的新发明，或是抑制某种媒介发展。技术仅是中介工具，那些非技术动力，如社会阶层、政治权力，甚至个人性格对媒介的发明与控制具有独立影响，也就是"社会塑造技术"。[①] 而技术决定论者认为，技术发展是内生动力的唯一结果，它不被其他因素所影响，通过塑造社会来适应技术模式。[②] 技术决定论者秉承着这样一种理念：技术形式具有与生俱来的特性，而这些特性是人类无法干预的。

一、麦克卢汉的媒介理论

加拿大著名传播学家马歇尔·麦克卢汉（Marshall Mcluhan）于20世纪50年代初开始涉足传播媒介与大众文化领域，他提出的媒介理论大胆、新颖，引起了人们广泛的关注甚至争议，麦克卢汉的学术成就使他成为20世纪的重要思想家。

麦克卢汉认同媒介技术发展的巨大力量，他认为当某个媒介发明出来，这个媒介会影响社会的诸多方面，在某种程度上媒介决定社会发展进程。需要先说明一下，说麦克卢汉认同"媒介决定论"是不准确的，没有人简单地认为媒介这一个单一的力量，可以不经过任何因素的中介，直接改变社会，麦克卢汉也不例外。

麦克卢汉的媒介理论大致可以概括为以下几个方面。

1. 媒介是人体的延伸

媒介的性质究竟是什么？麦克卢汉用比喻的方式提出，"媒介是人体的延伸"。如印刷品是眼睛的延伸，电视机是眼与耳的共同延伸，计算机更是中枢神经系统的延伸，轮子是脚的延伸，衣服是皮肤的技术投射，书被概念化为眼睛的派生物，而广播则被表征为耳朵的技术表达。电视是触觉（全身器官）的延伸——触觉不局限于皮肤接触，它标志着人类所有的感觉总和，也就是部落人长期失落的"感觉总体"。[③] 总之，作为媒介的一切技术都是肉体和神经系统增加力量和速度的延伸。

技术性传播媒介的发明和使用，的确极大地扩展了人类进行信息交流的能力，用

---

① MACKENZIE D，WAJCMAN J.The social shaping of technology．2nd ed．Buckingham：Open University Press，1999：246.

② WINNER L. Do artifacts have politics?. Durham：Duke University Press，1988：35.

③ 马歇尔·麦克卢汉. 理解媒介. 何道宽，译．北京：商务印书馆，2000：81.

"人体的延伸"来概括技术性传播媒介的根本特性，无疑是抓住了要害。值得注意的是，"人体的延伸"不单是一种技能的延伸，而且是给人类社会带来巨大改变的一种延伸。

如果说印刷媒介代表了以一致的重复为基础的机械过程的诞生，并为后来的大规模生产、商品与知识的标准化提供模式的话，那么，电子媒介则克服了视觉空间的感觉分裂，为人的高度参与和介入提供了广阔的天地。麦克卢汉把电子媒介比作中枢神经系统的延伸，它作为一种整合性的媒介，促成了长久处于分离和分散状态下的经验成分之间的相互作用。人类得以重新体验部落文化中村庄式的接触交往。于是，电视成了恢复"感官平衡"的工具。"在信息时代，后电子媒介、数字媒介的出现和普及，使全球已在纵向上、时间上、横向上内爆。人类已自我崩溃，回归到具有口语社会那种乡村式的特征。"①

在论述各种延伸的过程中，麦克卢汉始终围绕着作为人体延伸的媒介给人类社会所带来的影响展开。在麦克卢汉看来，技术性传播媒介总是随着技术的发明而不断创新，从而不断地改变着我们使用媒介的形态。在文字发明以前，人们主要是使用口语媒介，文字发明以后，人们便偏重于使用文字进行交流，广播使人们读报的时间大为减少，电视使人们读报和听广播的时间减少，互联网又让人们看电视的时间大大减少。因此，"媒介作为我们感知的延伸"，必然要改变我们各种感知的比率，影响各种感知的整体场，进而改变人际依存模式，改变思维模式和评价模式，最后对整个人类历史的塑造产生重要影响。

> 麦克卢汉预言："时间和空间在瞬息信息时代双双化为乌有。在瞬息信息时代，人类结束了其分门别类的专业化工作并承担起收集信息的角色。今天，收集信息重新占据包罗万象的'文化'概念，完完全全如同原始的食物采集者在同整个环境完全平衡的状态下工作一样。我们在这一新的游牧和'无工作'世界中的追求目标，就是知识和对于生活及社会的创造性过程的洞察。"
> 资料来源：马歇尔·麦克卢汉. 理解媒介. 何道宽，译. 北京：商务印书馆，2000：130.

2. 媒介即信息

在提出"媒介是人体的延伸"这一论点的基础上，麦克卢汉提出了其媒介理论的中心命题：媒介即信息。这是麦克卢汉对传播媒介在人类社会发展中的地位和作用的一种高度概括。其含义是：媒介本身才是真正有意义的信息。换个容易理解的说法，即人类有了某种媒介才有可能从事与之相适应的传播和其他社会活动。因此，从漫长的人类社会发展过程来看，真正有意义、有价值的"信息"不是各个时代的传播内容，而是这个时代所使用的传播工具的性质、它所开创的可能性以及带来的社会变革。

麦克卢汉认为，媒介效力之强是因为它被赋予另一媒介作为其"内容"。电影的内容是一部小说或戏剧，电影形式的效果与它的内容无关。文字或印刷的内容是言语，但读者几乎全然意识不到印刷或语言。

---

① 史蒂文森. 认识媒介文化. 王文斌，译. 北京：商务印书馆，2001：193.

言语是文字的内容，正如文字是印刷的内容一样。如果有人问："言语的内容是什么？"那么就有必要回答："它是思想的实际过程，这本身是非语言的。"

技术的影响并不是产生于意见和观念的层次上，而是体现在它悄悄地、毫无抗拒地改变感觉比例或知觉形式。[①]

麦克卢汉的媒介概念是广义的，它不仅指语言、文字、印刷物、广播、电视，而且包括各种交通运输工具在内。他认为，真正决定文明历史的是传播科技（形式）本身，不是它的内容。媒介的内容是五花八门的，它使我们对媒介的性质熟视无睹。传播媒介决定并限制了人类进行联系与活动的规模和形式。

麦克卢汉把媒介影响下的人类历史分为四大时代：口头传播时代、文字产生时代、印刷媒介时代、电子时代。在口头传播时代，人们只能进行面对面的谈话和小范围内的交流，这就决定了当时的人类处在"部落化"阶段。印刷媒介普及后，人们可以脱离"部落"的活动，进行单独的阅读和思考。印刷媒介促成了社会的个人化发展。由于广播、电视等电子媒介的出现，人与人之间的时空距离缩短了，整个世界又紧缩为一个"部落村""地球村"。麦克卢汉把这一阶段称为"重新部落化"阶段。他认为，从口语传播到电子传播的两次"部落化"都是媒介而不是内容带来的。据此，可以认为媒介本身就带来了信息，媒介就是信息。

> 美联社、路透社和法新社是世界三大通讯社，尽管世界上还有近百个其他新闻通讯社，但看起来它们根本无法打破由三个主要通讯社构成的全球垄断。而三者中，能在全球新闻体系中起主导作用的新闻媒体当属美联社。尽管路透社是其主要竞争对手，但是在提供的新闻的广泛性和财政实力上还是无法与美联社匹敌，而法新社与前两者相比差距更大。美联社不仅具有强大的生产新闻与各种信息的能力，同时其遍布全球的通信网络也使得全球可以即时地消费美联社的新闻与信息。

3. "热媒介"与"冷媒介"

麦克卢汉对媒介分类提出了两个著名概念："热媒介"与"冷媒介"。他划分的依据是，媒介提供信息的清晰度及与此成反比的受众在信息接收过程中的参与程度。他认为，有些媒介"低清晰度地"延伸人的感官，它们提供的信息清晰度低，且明确给出的信息量小，受众在信息接收过程中需要大力发挥想象力填补空白，参与程度高，这些媒介即为"冷媒介"。另一些媒介则"高清晰度地"延伸人的某个单一感官，它们提供的信息清晰度高，且明确给出的信息量大，给受众留下的凭想象力填补的空白甚少，受众可用某个单一的感官承担起接受信息刺激的活动，参与程度低，这些媒介即为"热媒介"。

例如，一张照片是清晰的，一目了然，属于"热媒介"；而一幅漫画中的形象比较模糊，需要人进行联想和思考，则属于"冷媒介"。麦克卢汉认为书籍、报刊、广播、无声电影、照片等是"热媒介"，因为它们都作用于一种感官而且不需要更多的联想；

[①] 马歇尔·麦克卢汉. 理解媒介. 何道宽，译. 北京：商务印书馆，2000：23–24.

而漫画、有声电影、电视等属于"冷媒介"，因为它们作用于多种感官、需要丰富的联想和参与。

在"冷热媒介"理论中，"电视是冷媒介"引起了质疑。麦克卢汉解释为"电视形象的方式除了提供形式的一种非语言的格式外，同电影和照片毫无相同之处……它不是任何意义上的照片，而是由扫描指针勾画的、不断形成的事物轮廓。由此所产生的可塑的轮廓，是光线投射过去出现的而不是光线照射在上面而出现，这样形成的形象具有雕塑和雕像的特性"①。但是，麦克卢汉的这种分类并没有一贯的标准，而且存在着逻辑上的矛盾。例如，就信息的清晰度和所需的想象力而言，无声电影显然比有声电影更为模糊和需要联想；就信息量而言，作用于多种感官的媒介传递的信息内容显然比作用于单一感官的媒介更丰富。

所以，"热媒介"和"冷媒介"的分类本身并没有多少科学价值和实用价值，在麦克卢汉的一系列重要论断中，它引起的质疑和批评是最多的。这种划分的重要意义在于它给我们的启示：不同媒介作用于人的方式不同，引起的心理和行为反应也各具特点，研究媒介时应该把这些因素考虑在内。

4. 地球村

我们经常把"地球村"这个说法挂在嘴边，最早提出这个概念的人就是麦克卢汉。在《理解媒介》一书中，麦克卢汉首创了"地球村"（Global Village）一词。他认为传播革命改变了人们的感官尺度，电子媒介的高速传播压缩了广漠的空间，消除了人类视觉和听觉的畛域，使世界逐步变小，最终变成了一个村庄。

麦克卢汉在20世纪六七十年代提出的"地球村"设想，如今已经基本实现了。随着卫星电视、互联网和数字技术革命的蓬勃兴起，信息传播技术正飞速发展，各地区、各国、各大洲之间的信息交流可随时随地发生，人们实现了真正意义上的"信息即时共享"，空间距离再一次被大大缩短。地球村的出现和发展给人类社会带来了极大的影响。人与人、社会与社会、国家与国家之间的相互依赖性及关系的密切程度大大增强，经济、社会、文化等社会结构要素的形态发生了前所未有的变化。

怀疑者指出，麦克卢汉的思想表明了他对技术不切实际的空想与迷恋。但是，麦克卢汉自己从未说过地球村里会非常平静。的确，他相信电子媒介能让"人类部落"变成"大家庭"，但他也意识到大家庭会有纷争：

与同在一城市中的成千上万家庭相比，在同一屋檐下的家庭，内部矛盾会更多，一致性更少。地球村规矩越多，变化和分化就越多。地球村对任何问题都绝对最大限度地允许分歧。

资料来源：MCLUHAN M，G E STERN. Hot and cool：A primer for the understanding of McLuhan and a critical symposium with a rebuttal by McLuhan. New York：Dial Press，1967：279.

麦克卢汉的理论着重强调了传播媒介在社会发展中的地位，富有创新意义。他开拓了人们认识媒介的思路，强调了受众在媒介接受中的作用。但是，应该看到他的理

---

① 马歇尔·麦克卢汉. 理解媒介. 何道宽，译. 北京：商务印书馆，2000：272-273.

论夸大了媒介的作用，甚至将媒介看作社会发展的决定性力量，这无疑走向了极端。实际上，在具体的传播过程中，媒介作为传递社会信息、信息交流的工具，主要还是通过传播内容对受众产生影响。

二、梅罗维茨的"情境"理论

在继承麦克卢汉的研究取向的学者中，美国传播学者梅罗维茨（Joshua Meyrowitz）是特别出色的一位，他同样重点考察媒介（而非内容）的作用和特点，但更加细致、具体，并参考、借鉴了美国社会学者戈夫曼的戏剧理论，深入探讨了情境、媒介和传播者、受众之间的互动关系，提出了富有创新性的"媒介即情境"理论。

梅罗维茨的观点集中体现在出版于 1985 年的《空间感的失落：电子媒介对社会行为的影响》中。该书面世后，好评如潮，获得 1986 年全美广播电视机构协会与广播电视教育协会最佳著作奖，并被列入 1995 年出版的《大众传播理论：基础、争鸣与未来》一书的"大众传播（学）大事年表"，足见其影响之大。

梅罗维茨的"情境"理论主要的观点如下。

1. 情境作为一种信息系统

戈夫曼的戏剧理论认为，人们在日常生活中的行为与演员在舞台上的表演类似，都是按照社会规范的脚本扮演着属于自己的社会角色。在此过程中有两种行为，一种是在面向"观众"的"前台区域"进行表演的前台行为，另一种是在可以放松地成为"自己"的"后台区域"进行的后台行为。

就分割这两种行为区域的界线而言，戈夫曼重视的是自然情境或物质场所，如门、窗、墙壁、过道等，而梅洛维茨提出，地点、场所等有形物件配置固然重要，但关键在于感觉障碍的设置、信息类型的区分。例如，对一家餐厅来说，厅堂是前台，厨房是后台，但厅堂无人光顾时，也可以成为服务员休息、闲聊的后台，相反，当某位顾客走进厨房时，厨房就临时变成了前台。同样，当两位服务员在厅堂里窃窃私语时，就是在进行后台交流，尽管他们身处前台。可见，作为情境的前台、后台，其实都可视为信息系统。概言之，正是信息的类型（而非物质的场所）最终决定了传播（信息交流）的性质。

2. 电子媒介造成社会情境的变化

在此基础上，梅罗维茨提出他的核心观点，即电子媒介对情境的变化产生了影响。因为它可以轻而易举地消除"现场与通过媒介间接互动之间的差异"，"人们无须亲临现场，就可以耳闻目睹他人的发言与容貌"。电子媒介的广泛使用，造成了一些情境的分离，又造成了一些情境的合并，旧情境与新情境、公共情境与私人情境之间的界限变得模糊不清，开创了许多新的前所未有的社会情境。

例如，某人在公共场所（如公交车、图书馆等）自得其乐地通过耳机收听音乐等节目；某个家庭在一起喝茶或用餐，其成员各自通过手机与他人联络；某个教室中，老师在讲台上滔滔不绝地教授，学生们则一刻不停地使用电脑、手机处理各种信息（既可能在记录讲课内容，也可能在执行其他与学习无关的事务）。

这样一来，以往的一些传统关系也随之发生了变化，例如，与印刷媒介相比，电子媒介有助于消除男女之间（在政治参与方面）的差异、成人与儿童之间（在接触信息方面）的不平等地位，等等。

梅罗维茨提出其独到见解时，还是以电视媒介为主要研究对象的，其实，这些观点也适用于以互联网为代表的各种媒介。其主要不足，与麦克卢汉相似，即过于强调传播技术自身的功能，而相对忽视社会因素、条件的作用。

三、莱文森的"新新媒介"研究

伴随着互联网时代的来临，麦克卢汉的媒介理论再度受到重视，吸引了许多学者，美国传播学者保罗·莱文森（Paul Levinson）是其中的一位杰出代表。他不仅研究媒介，还是科幻小说作家、教育公司总裁、音乐人，曾任美国科幻小说研究会会长，多次在美国及国际科幻小说界获奖，可谓多才多艺，被称为"数字时代的麦克卢汉"。其主要著作有：《软利器：信息革命的自然历史与未来》（1997）、《思想无羁》（1998）、《手机：挡不住的呼唤》（2003）、《新新媒介》（2009）等。

莱文森的观点主要包括以下几点。

1. 人性化趋势

纵观人类传播技术发展的历史，总的趋势是越来越人性化。技术总是在模仿乃至复制人体的功能，模仿或复制人的感知模式和认知模式。显然，这是对麦克卢汉的观点"媒介是人体的延伸"的一种引申，也是一种符合实际的总结。

2. 补偿性功能

在传播技术的演化过程中，人类始终在进行着理性选择：任何一种媒介，都有某种补偿性功能，都是对以往旧媒介的不足进行补救或补偿。换言之，媒介的发展是一个逐步趋于完美的过程，新的媒介往往带来新的问题，于是，就需要开发新的媒介来予以解决。

3. 媒介的"三分法"

基于这样的认识，莱文森提出媒介"三分法"。互联网诞生前的媒介为"旧媒介"，如报纸杂志、广播影视，其特点是时间和空间位置的固化、自上而下的控制、专业化的生产。互联网出现后的第一代媒介（20世纪90年代问世）为"新媒介"，如电子邮件、电子书店、报刊和广播电视的网络版、留言板、聊天室，其特点是，各种信息一旦上网，人们即可利用、获益，而不受时间、空间的限制。互联网时代的第二代媒介（20世纪末登场）为"新新媒介"，如"博客"，其主要特点有：消费者都是生产者；生产者大多是非专业人员；免费是常态；互相之间既竞争又合作；服务功能多样化；控制依然存在，但大大弱化。也就是说，其拥有诸多优点，体现了强大的补偿性功能，不仅远胜"旧媒介"，也明显超越了"新媒介"，因而可被称为"新新媒介"。

4. "软"和"硬"的技术决定论

对于麦克卢汉媒介理论经常被指摘为"技术决定论"，莱文森给出了如下回应：最好是记住"硬"决定论和"软"决定论的区分。"硬"决定论，相当于"唯"技术论，即认为A（媒介技术）是产生B（社会变革）的一切必要条件；"软"决定论则认为，A（媒介技术）对B（社会变革）来说，是必要条件而非充分条件。

　　莱文森以升降机和摩天大楼的关系为例加以说明：如果没有前者，是建不成后者的，但仅有前者是不够的，还需要有钢梁和其他建筑材料与技术。因此，"当我们说媒介推进社会发展时，我们说的是软决定论"。他据此为麦克卢汉辩护："麦克卢汉写过这样的一些话：没有无线电广播就没有希特勒，没有电视就没有肯尼迪1960年的当选，他心里想到的，就是这样的关系。"①

　　总之，作为一位密切关注当代媒介变化的敏锐的传播学者，莱文森在传承麦克卢汉思想的基础上有所创新、发展，更为全面、辩证，尽管他的论点未必都在学界达成共识（如"新新理论"就是有"权宜"之嫌），但总的来说，瑕不掩瑜，富有教益。

📖 本章重点内容提要

　　1. 大众媒介分为印刷媒介（报纸、杂志、书籍）、电子媒介（广播、电影、电视）和新媒介（手机、互联网等）。

　　2. 麦克卢汉认为，媒介是人体的延伸，媒介即信息。

　　3. 梅洛维茨认为，应该把情境视为信息系统，电子媒介对于情境的变化产生了影响，它促成了一些旧情境的分离和合并，开创了新的社会情境。

　　4. 莱文森认为，媒介演化具有越来越人性化的趋势，且任何一种媒介都是对以往媒介的不足进行补偿或补救。

🌸 思考题

　　1. 简述麦克卢汉媒介理论的基本观点。

　　2. 简述梅洛维茨媒介理论的基本观点。

　　3. 简述莱文森媒介理论的基本观点。

　　4. 当今传播体系中主要的大众传播媒介有哪些？

　　5. 报刊媒介与电视媒介相比，各自的优势是什么？

---

　　① 约书亚·梅洛维茨. 经典反文本：马歇尔·麦克卢汉的《理解媒介》// 伊莱休·卡茨，等. 媒介研究经典文本解读. 常江，译. 北京：北京大学出版社，2011.

第十二章 大众传播效果研究

知识目标

1. 掌握传播效果的定义
2. 掌握有限效果论
3. 掌握使用与满足理论
4. 掌握议程设置理论
5. 掌握培养理论
6. 掌握沉默的螺旋理论
7. 了解社会说服论
8. 掌握知识沟假说

能力目标

1. 能够分析传播效果研究成果在数字时代的影响
2. 具备借助大众传播效果理论来理解媒介对个人、组织和社会产生影响的能力

素质目标

理解意见领袖在我国舆论场中的舆论引导作用

传播效果是传播活动的核心，效果研究从某种程度上说，差不多就是传播学经验学派研究的全部。所谓传播效果，是指受众在接收了传播媒介传递的信息后，在思想感情、立场态度、行为举止等方面所发生的变化。

美国学者伊莱休·卡茨（Elihu Katz）在 1977 年将过去 40 多年来的传播效果研究分为三大阶段：第一阶段是 1935—1955 年，传播媒介被认为是"魔弹""皮下注射器""传送带"，威力巨大，信息从传者到受众单向流动；第二阶段是 1956—1960 年，大众传播媒介极难改变一般人的意见、态度和行为，其效果有限；第三阶段是 1961—1977 年，人们采取了折中立场，既承认大众传媒有相当强的效果，也强调其并非万能。美国学者沃纳·赛佛林（Werner Severin）和小詹姆斯·坦卡德（James W. Tankard, Jr.）在合理吸收卡茨阶段理论的成果后，对传播效果的发展阶段做了四个方面的概括，即

"超强效果论""有限效果论""适度效果论""回归强大效果论"。他们指出，从传播效果研究的轨迹中，可以清楚地看到理论显示的循环特征。这种循环不是简单的机械往复，而是呈螺旋状向前渐进。

本章把传播效果研究划分为四个阶段，下面分别介绍传播效果研究的经典成果。

第一节　超强效果论阶段和有限效果论阶段

一、超强效果论阶段

这一阶段是指从 20 世纪初到 20 世纪 30 年代末，也称媒介万能论阶段。在这个阶段，大众传播媒介得到了前所未有的发展，普及并渗透到人们的日常生活中。同时，美国工业化、城市化的蔓延也导致犯罪率增高，社会和政治局面出现动荡。很多社会精英人士认为美国社会价值观过于多元，指责大众媒介为了迎合低级趣味和有限的阅读及语言能力，制作着简单而耸人听闻的内容，所以需要约束媒介。而欧洲极权政府在宣传上的成功，进一步证明媒介具有绝对威力。

由此引发的大众社会理论认为，媒介在破坏社会秩序上发挥着极为不良的影响，普通受众无以防御。沃尔特·李普曼就怀疑普通受众认识自己周围复杂世界的能力。他指出：普通受众"生活在一个自己看不见、不理解、不知道如何行动的世界里。不善哗众取宠的新闻，使得境况更为糟糕。控制权更为落入了解内部信息的特定阶层人士手中。没有人期待钢铁工人懂物理，为什么一定要期待普通受众懂政治呢？"[①]

这一时期的代表理论是皮下注射理论（Hypodermic Needle Theory）或魔弹论（Magic Bullet Theory）。二者象征明显，即媒介是危险的毒品或极具杀伤力的武器，普通受众无以防御。此外，对第一次世界大战中的宣传心理战的效果研究又进一步促成了媒介万能的观点。

第一次世界大战中，宣传被广泛使用，发挥出前所未见的功效。这一结果导致许多社会学者投入宣传研究之中，出现了大量的相关研究成果，其中以哈罗德·拉斯韦尔于 1927 年发表的博士论文《第一次世界大战中的宣传技巧》（*Propaganda Technique in the World War Ⅰ*）最为著名。

拉斯韦尔关于第一次世界大战的宣传研究在风格上是定性的和批判的，他主要揭示了冲突的双方都采用的宣传技术的性质，研究的重点是在第一次世界大战中宣传信息所使用的符号，并对它们进行内容分析，以确定其所使用的宣传策略。拉斯韦尔的结论是：宣传是现代社会最强有力的工具之一。他指出，现代战争是一种整体的战争，

---

① 沃尔特·李普曼. 公众舆论. 阎克文，江红，译. 上海：世界人民出版社，2006.

全民都发挥着积极的作用，舆论在这场冲突中举足轻重。宣传战给政府造成了一种特别严重的威胁。[①]

在这个时期，大众传媒的超强效果理论成为社会的普遍意识，大众传媒的传播效果问题也受到社会关注，同时期盛行的本能心理学和社会学理论也从另一个角度支持了这一观点。20 世纪 70 年代，施拉姆对于魔弹论的观点做过论述和分析，后来他在《传播学概论》中指出：“‘魔弹论’不是一种学者的理论，尽管曾广为流传，但从未曾获得学者的拥护，只是一种记者的‘发明’罢了。”[②] 也就是说，有关这一理论的研究大都是建立在观察基础上的结论，并未经过严密的科学调查与验证。很明显，并不是所有普通受众都毫无头脑地被“邪恶”的大众媒介所作用。人们使用媒介是有选择的，经常以个人认为重要的方式来理解媒介内容。媒介的确有效果，且常常是好效果。

二、有限效果论阶段

> 　　一个学科，其主要思想发生改变，常需要相当长的时间。媒介学者常把 1938 年万圣节前夕发生的事件，作为大众传播有限效果理论的标志。那夜，演员、导演奥森·威尔斯（Orson Welles）正在哥伦比亚广播公司播出由科幻经典小说《世界大战》（*The War of the Worlds*）改编的广播剧。它讲述了火星人入侵地球的恐怖故事，逼真的广播剧以文献纪录片的形式制作，表现地球受到火星人的致命袭击。广播剧吓坏了成千上万的听众，人们惊慌地从家中逃离。精英媒介批评家们认为，此为大众社会理论的佐证，一个广播剧竟能让人吓得逃进山里以躲避外星人。
>
> 　　普林斯顿大学学者的研究表明，其实只有 100 万人因受广播剧惊吓而逃离，其他 500 万听到广播剧的受众没有此举，这些学者指出，不同的因素让一些人受影响，却未让另一些人受影响。
>
> 　　保罗·拉扎斯菲尔德提出并捍卫的先进调查研究、民意测验和其他社会科学方法，让这些学者获益匪浅。这些学者是拉扎斯菲尔德的学生和同事。他指出（1941），单凭推测媒介效果来解决大众传播所蕴含的复杂的交互作用，是远远不够的，只有精心、细致地研究媒介和受众，方能提供更多有价值的知识。
>
> 　　资料来源：斯坦利·J. 巴兰. 大众传播概论：媒介素养与文化. 何朝阳，译. 北京：中国人民大学出版社，2016：293.

效果研究的第二阶段从 20 世纪 40 年代初一直延续到 60 年代。在这个阶段，媒介效果研究开始从全凭观察过渡到实验调查的研究方式，由于方法论上的改变，无论是方法本身还是在理论依据方面，都产生了许多应予以考虑的新的变量，研究的性质发生了变化。最初，研究者根据受众的心理特征来区分可能的效果，如霍夫兰的说服性传播研究；随后又引入了个人与社会环境接触所产生效果的相关变量，如拉扎斯菲尔德在

---

① 段鹏. 传播效果研究：起源、发展与应用. 北京：中国传媒大学出版社，2008：4-5.
② 威尔伯·施拉姆，威廉·波特. 传播学概论. 陈亮，周立方，李启，译. 北京：新华出版社，1984：155.

伊里县进行的选民投票行为研究；最后，他们还根据受众所关注的媒体的不同来加以区分。

有限效果论认为大众媒介并非作为传播效果的一个必要条件或者是充分条件而存在，相反，其主要效果是调节各因素之间的联系。也就是说，传播的效果只能是在一定的社会关系、社会结构以及社会文化背景中产生和运行。而有的学者则认为信息的获得可以与态度的变化无关，态度的变化也可以与行为的变化无关。

有限效果论是对盛极一时的魔弹论的挑战与质疑。它基本上还是处于行为主义的"刺激-反应"模式所界定的研究框架之内。在研究取向上，它把传播看成一个劝服的过程，侧重于传播者意图的实现；着力探讨传播对受众个体的影响，以及受众个体由此产生的反应；"效果"评估在这里集中表现为对态度改变程度的测量。

1. 拉扎斯菲尔德的调查

在第二次世界大战的非常时期，罗斯福史无前例地连续竞选第三任和第四任美国总统。罗斯福在任职期间和竞选中似乎一直与报界不和，有越来越多的报纸反对他。他能在媒介的反对下当选吗？拉扎斯菲尔德主持的哥伦比亚大学应用社会学研究所针对这一现象，在俄亥俄州的伊里县对1940年和1944年两次美国总统大选做了调查研究。第一次的调查设计试图证明大众传播在影响投票决策中具有很大威力，但是选举结果出人意料，罗斯福胜出，连任总统。事实表明，报纸的宣传对于选民投票的行为几乎不起什么作用。

拉扎斯菲尔德等根据调查研究撰写的《人民的选择》（1944）一书，似乎完全否定了传媒威力无比的既有观念，而支持一个新假说，即大众传播效果甚微，它只是诸多影响因素中的一种。研究人员发现：大多数人早在竞选宣传之初就已做出了投票决定，最终只有8%的人转变了立场，但他们不是听从了大众传播媒介的宣传，而是受到了来自个人的影响。传播在这一过程中的主要效果是同化、维护或催化，而不是轻易改变受众的既有态度。对选民投票起决定作用的是其社会经济地位、宗教信仰、居住地区及来自他人的影响。

拉扎斯菲尔德有关大众媒介和个人影响的两级传播理论（Two-step Flow Theory），是此阶段广为人知的成果，也是有限效果理论的典范。研究表明，媒介对人投票行为的影响，因意见领袖（Opinion Leaders）而受限。所谓意见领袖（也称舆论领袖），是指活跃在人际传播网络中，经常为他人提供信息、观点或建议，并对他人施加个人影响的人。意见领袖先根据自己的个人兴趣消费媒介内容，依据自己的价值观和信仰理解媒介信息，然后传递给那些接触媒介较少的意见追随者（Opinion Followers）。这种信息从"大众媒介→意见领袖→意见追随者"的传播过程，就是"两级传播"（见图12-1）。经过意见领袖的人际传播，信息的针对性更强，更容易被其他人接受，而大众传播的社会影响极为有限。

媒介影响通过意见领袖从大众媒介传递到意见追随者。意见领袖和意见追随者之间具有共同的个人和社会特征，媒介的潜在效果因为他们共同特有的认识、信仰和态度而受限。

步骤1

步骤2

大众
媒介

媒介信
息向意见
领袖传播

信息传递给意见追随者

图 12 - 1 两级传播模式

资料来源：斯坦利·J.巴兰. 大众传播概论：媒介素养与文化. 何朝阳，译. 北京：中国人民大学出版社，2016：294.

拉扎斯菲尔德的调查除证明了有限效果论之外，最重要的贡献在于发现了两级传播模式。对两级传播模式进行验证和发展的研究持续了整个有限效果论时期，人际传播从此也受到更广泛的重视。

2. 克拉珀的《大众传播的效果》

美国著名学者、哥伦比亚广播公司负责社会研究的约瑟夫·克拉珀（J. Klapper）1960 年出版了《大众传播的效果》（*The Effect of Mass Communication*）一书，对自己的核心观点有限效果理论，做了明确、清晰的阐述。克拉珀的理论常被称为强化理论（Reinforcement Theory），他提出了关于大众传播效果的"五项一般定理"：

第一，大众传播通常不是效果产生的必要和充分的原因，它只不过是众多的中介要素之一，而且只有在各种中间环节的连锁关系中，通过这种关系才能发挥作用。

第二，大众传播最明显的倾向不是引起受众态度的改变，而是对他们既有态度的强化，即便是在这种强化过程中，大众传播也并不作为唯一的因素单独起作用。

第三，大众传播需要具备两个条件才能对人们的态度改变产生效果：一是其他中介因素不再起作用；二是其他中介因素本身也在促进人们态度的改变。

第四，传播效果的产生，受到某些心理、生理因素的制约。

第五，传播效果的产生，还受到媒介本身的条件（信源的性质、内容的组织）以及舆论环境等因素的影响。

回顾历史，自该书出版以来，强化理论的价值似已过时。随着迅速的城市化、工业化及更多妇女参加工作，克拉珀所说的"介质因素与效果之间的关联"，如宗教、家庭和学校，对许多人来说，已开始失去其原有的社交作用。美国在 20 世纪 60 年代的十年所孕育的社会和文化变迁，无论好坏，都让人越来越难以忽视媒介的影响。而重要的是，克拉珀的所有研究均是在 1960 年以前，而电视在 1960 年开始成为大众媒介。他为建立大众强化理论所做的研究，没有涉及电视。

第二节 适度效果论阶段

　　适度效果论最先由美国学者沃纳·赛佛林和小詹姆斯·坦卡德在《传播理论：起源、方法与应用》一书中提出，用以反映 20 世纪 70 年代有关大众传播社会效果研究的特点。到 70 年代，一批传播学研究者回顾了以往的效果研究，认为过去的研究存在着下列局限性：

　　首先，有限效果论过分贬低了大众传播的效果，其实在某些情况下，大众传播可能有相当显著的效果。

　　其次，以往的研究只注重大众传播对受众态度和意见的影响，忽视对认知效果的分析，如果探求其他相应的变量，也许就会发现大众传播具有更大的效果。

　　最后，以往的研究只考虑大众传播对受众产生了什么影响，却不过问"受众要大众传播做什么"；此外，过去只研究大众传播的短期效果，几乎不研究它的长期效果。

　　根据这些相同的理论假设，研究者们各自进行了一系列的研究，提出了各种关于大众传播长期而间接的效果的观点，主要有信息寻求论、使用与满足研究、创新扩散论、文化规范理论、第三者效果理论等。本节仅对其中的部分理论加以介绍。

一、使用与满足研究

　　使用与满足研究（Used and Gratification Approach）是兴起于 20 世纪 40 年代、形成于 20 世纪 70 年代的受众研究理论。这一理论认为，受众面对大众传播并不是被动的，实际上受众总是主动地选择自己所偏爱的和所需要的媒介内容和信息，而且不同的受众还可以通过同一个媒介信息来满足不同的需要，并达到不同的目的。因此，不是传播媒介在使用人，而是人在使用媒介；而人使用什么，说到底只是为了满足其需要而已。这一研究为促进传播效果研究乃至整个传播学研究从"传者中心"向"受者中心"的转变提供了新的理论视角，因而具有特殊意义。

　　使用与满足研究引起了传播学者的浓厚兴趣，产生了很多有见地的研究成果，早期研究包括：哥伦比亚大学广播研究室 H. 赫佐格（1944）对广播使用形态的研究；伯纳德·贝雷尔森对印刷媒介使用形态的考察；等等。在 20 世纪 50 年代，使用与满足研究进入了一个停滞期。直到 60 年代以后，这项研究再次被人重视。其中，麦奎尔等人（1969）对电视节目的调查研究尤为引人注目。

　　1974 年，伊莱休·卡茨等人的经典论文《个人对大众传播的使用》总结了长期以来使用与满足领域的研究成果，指出使用与满足过程的复杂性和多样性，受众成员的需求不仅与他的性格、兴趣等个人属性相关联，而且受到他所处的环境或社会条件的制约。

　　同时，卡茨凝练出了使用与满足过程的基本模式。1977 年，日本学者竹内郁郎对这个模式做了若干补充，如图 12 - 2 所示。

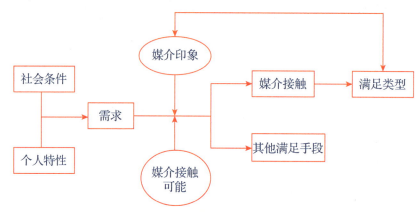

图 12 - 2　使用与满足过程的基本模式

资料来源：郭庆光. 传播学教程. 2 版. 北京：中国人民大学出版社，2015：168.

使用与满足研究把受众通过接触媒介来使需要得到满足的过程概括如下：

（1）人们接触使用媒介的目的都是满足自己的需要，这种需求与社会因素、个人的心理因素有关。

（2）人们接触和使用媒介需要具备两个条件：

1）接触媒介的可能性。

2）媒介印象（即受众对媒介满足需求的评价）是在过去接触使用媒介的经验基础上形成的。

（3）受众选择特定的媒介和内容开始使用。

（4）接触使用媒介后产生两种结果：一种是满足需求，另一种是未满足需求。

（5）无论需求满足与否，都将影响人们以后的媒介选择使用行为，人们根据满足结果来修正既有的媒介印象，不同程度上改变对媒介的期待。

使用与满足研究从受众角度出发，通过分析受众的媒介接触动机以及这些接触满足了受众的什么需求，来考虑大众传播给受众带来的心理上和行为上的效用。它把能否满足受众的需求作为衡量传播效果的基本标准，具有重要意义。这有助于纠正大众传播效果论中的受众绝对被动的观点。这一理论揭示了受众媒介使用形态的多样性，强调了受众需求对传播效果的制约作用，对否定早期魔弹论的效果观起到了重要作用，对过分强调大众传播无力的有限效果论也是一种有益的矫正。

不过，有学者指出使用与满足研究也有它的局限性：

第一，使用与满足研究过于强调个人的和心理的因素。

第二，它脱离传媒内容的生产和提供，单纯地考察受众的媒介接触行为，因而不能全面揭示受众与媒介的社会关系。

第三，使用与满足研究指出了受众的某些能动性，仅限于对媒介提供的内容进行"有选择地接触"的范围之内，因而不能反映受众作为社会实践的主体、有着传播需求和传播权利的主体所具有的能动性。

二、创新扩散论

这一理论主要研究新技术在社会系统中传播扩散的过程。它是从研究美国农村对新事物（新农药、新农用机械等）的采纳和普及过程发展而来的，代表人物是埃弗雷特·罗杰斯（Everett M. Rogers）。他在《创新与扩散》一书中集中阐述了这一理论：创新扩散总是借助一定的社会网络进行的，在创新向社会推广和扩散的过程中，信息技术能够有效地提供相关的知识和信息，它经由大众传播可直达受众，但在说服人们接受和使用创新方面，人际传播则显得更为直接、有效。因此，创新推广的最佳途径是将信息技术和人际传播结合起来加以应用（见图 12-3）。

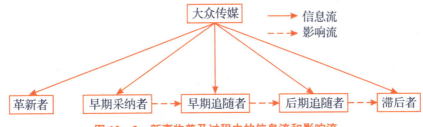

图 12-3　新事物普及过程中的信息流和影响流

资料来源：郭庆光. 传播学教程. 北京：中国人民大学出版社，1999：198.

根据新事物普及过程调查的结果，罗杰斯把大众传播过程区分为两个方面：一是作为信息传递过程的"信息流"；二是作为效果或影响的产生和波及过程的"影响流"。前者可以是"一级"的，即信息可以由传媒直接"流"向一般受众；而后者则是多级的，要经过人际传播中许多环节的过滤。这样，罗杰斯就把"两级传播"模式发展成为"多级"或"N 级传播"模式。

第三节　回归强大效果论阶段

回归强大效果论是试图借鉴以往研究的成果与方法，思考如何寻找媒介的强大效果并发现实现强大效果条件的理论。可以说，这种回归强大效果论，实际上是以往研究的综合。在这里，介绍其中几个经典理论。

一、议程设置理论

议程设置（Agenda Setting）理论是专门探讨传播媒介对社会的影响的一种模式。议程设置功能模式的基本内容是：在特定的一系列问题或议题中，那些得到媒介更多注意的议题，在一段时间内将日益为人们所熟悉，它们的重要性也将日益为人们所感知，而那些较早得到媒介注意的议题将日益为人们所淡忘。

议程设置的研究者肖和麦康姆斯于1968年第一次尝试证实大众媒介的这种功能。他们在美国大选期间，对北卡罗来纳州某一地区的选民做了调查，因为这一地区"未决定投票意向"的选民被认为是最容易受媒介影响的。结果发现媒介所报道的话题与未决定投票意向的选民所认定的选举主要议题十分接近。1972年，他们在《舆论季刊》上发表了《大众传播媒介的议程设置功能》。肖和麦康姆斯的研究使得效果研究发生了一次转型，从以往注意媒介内容对受众态度、行为的影响转移到对受众认知的影响上。

1. 议程设置的过程

议程设置过程模式将"议程设置"看作社会学习并产生社会共识的过程。在这个过程中，大众传播媒介与受众是互动的、共享的关系。过程中的变项包括：（1）记者应报道哪些事情？强调的程度有多大？（2）受众的兴趣如何？（3）信息易得性如何？

可见，其间除了涉及媒介的"把关"过程外，还包括受众的选择性反应，以及寻求信息的需求等。议程设置涉及的相关因素在媒介方面表现为大众传播媒介的把关功能，媒介"把关人"根据自己对事件的理解和需要为受众"建构社会现实"。而在受众方面，受众由于本身的兴趣或对知识的需求以及为了减少对外界环境的不确定性，产生"需要引导的愿望"，主动去寻求有关事件的消息。议程设置的过程，即在上述两部分的互动下产生主要事件、次要事件以及其他各种事件的特性。

2. 议程设置效果的模式

除了上述议程设置过程外，麦康姆斯还将"议程设置效果"按照不同的形成方式，分为下列三种模式：

（1）知晓模式（Awareness Model），也称0/1模式。它所探讨的是知与不知的问题，是议题设定的最基本效果。也就是说，大众传播媒介报道或不报道某个议题，会影响到受众对该议题的感知。

（2）显著模式（Salience Model），也称0/1/2模式。即媒介对某一两个议题突出强调，其结果会引起公众对这些议题的格外重视。

（3）优先模式（Priorities Model），也称0/1/2…N模式。即对一系列"议题"按照一定的优先顺序给予不同程度的报道，会影响公众对这些议题重要性顺序所做的判断。媒介长期处理一组议题时，对各个议题给予不同的优先次序安排，将会使受众也按照媒介的优先顺序去认定。

3. 议程设置理论的意义

议程设置是一种社会行为，同时也是一种社会学习过程。通过这一学习过程，受众每天从媒介中自然而然地学到一些重要议题。

议程设置之所以能够发生作用，是因为受众有"需要引导的愿望"。当某议题的信息与个人的相关性很高，加上受众个人的兴趣浓厚时，如果个人的知识不足，处于不确定的情形下，个人对某议题相关信息的需求自然提高。因此，个人对某议题信息的需求越大，越容易使用媒介来寻找信息，以满足需求。此时，媒介也就越容易发挥"议程设置"的影响力。

二、培养理论

培养理论也称培养分析或教化分析、涵化分析。

1. 研究背景

20 世纪 60 年代末，美国社会发生了严重的分裂。面对民众因为日益频发的暴力、越来越高的犯罪率、城市中的暴动等各种形式的不安定因素产生的恐惧，时任总统约翰逊下令成立暴力原因与防范国家委员会。该委员会负责调查美国的暴力行为，考察暴力违法行为的产生原因与防止，并向总统提出政策建议。在多项研究成果中，有一份报告——《暴力与媒体》（*Violence and the Media*）成为大众传播研究的经典成果。

2. 研究发现

《暴力与媒体》的一部分研究主要关注电视娱乐与暴力问题。具体来说，它包括：（1）对黄金时段电视节目中暴力表现的内容分析；（2）一项关于美国人实际暴力经验的全国性调查。它比较两个"暴力的世界"——电视描绘的世界与实际的经验世界，并对比媒体判断的正确性。传播学者乔治·格伯纳（George Gerbner）和他的助手进行了内容分析。

符号互动理论与现实的社会建构理论为培养理论奠定了坚实基础。培养理论认为，电视"培养"或建构了社会现实，这个现实可能并不准确，但对人们有意义，因为人们相信它是真实的。然后，人们依据电视培养出的现实来判断世界，并选择、决定行为方式。

培养理论关注电视暴力效果，这是因为格伯纳等人认为电视在培养方面有几个特别优势：

（1）电视与其他大众媒介有根本性不同。电视与图书、报纸和杂志不同，不需要受众有阅读能力。电视与电影不同，人们不需要出门或买票，在家看就行，免费看也行。电视与广播不同，它声像并茂，从蹒跚的婴儿到耄耋的老人都能看电视。

（2）电视是社会"最重要的文化武器"。格伯纳认为，电视作为文化的主要讲述者，是为最多样化的公众提供统一文化格式（娱乐和信息）的主要制造者。这一共享的信息产品就是现实社会的主流化（Mainstreaming），让各不相同的个人和群体均趋于以共同的、电视引导的方式理解外部世界。

（3）电视培养的现实不一定是具体的态度和舆论，而更可能是对生活"事实"的基本推断。电视教授事实和数字，建构大体的参考框架。例如，电视新闻描述犯罪问题时，不会说"大多数犯罪是暴力犯罪，你得提防这些人"，而是因为新闻人的选择而体现出大致"现实"图景，并不考虑其"现实"是否与观众心中的现实匹配。

（4）电视的主要文化功能是稳定社会模式。即文化上现存的力量关系，通过建构意义的电视图像的推动得以巩固和维持。另外，媒介产业的生存，与政治、社会和经济体制利害攸关，因此，媒介产业讲的故事绝不会挑战资助自己的体制。

（5）电视在观察性、评价性和独立性方面对文化所做的贡献相当微小。这不是有限效果论的重复，而是格伯纳运用"冰川期类比"（Ice-age Analogy）对其意义所做的诠释。就像平均温度几度的变化就会导致冰川期一样，相对微小但却极具渗透力的影响，也能造就巨大的不同。就效果而言，持续渗透，比大"规模"更为关键。

换言之，我们并非总能看到媒介影响我们及他人的效果，但它的确存在，且终会深远地改变我们的文化。培养研究虽然是在对电视暴力效果的研究中发展形成的，但是已被应用到无数其他电视培养的现实之中，比如美容、婚姻等。

三、沉默的螺旋理论

"沉默的螺旋"来源于这样一个竞选结果。1965年，德国阿兰斯拔（Allensbach）舆论调查机构对即将到来的德国大选进行了研究。在研究的过程中，两个政党在竞选中总是处于并驾齐驱的状况，第一次估计的结果出来，两党均有获胜的机会。然而六个月后，即在大选前的两个月，基督教民主联盟与社会民主党获胜的可能性是4：1，这一预测对基督教民主联盟在政治上的胜利期望升高有很大的帮助。在大选前的最后两周，基督教民主联盟多赢得了4%的选票，社会民主党则失去了5%的选票。最终在此次大选中，基督教民主联盟以领先9%的优势获胜。这一年大选所带来的困惑和对它的解释逐渐发展成为"沉默的螺旋"这一概念。

资料来源：段鹏. 传播效果研究：起源、发展与应用. 北京：中国传媒大学出版社，2008：143.

1973年，德国社会学家伊丽莎白·诺依曼发表了传播史上具有里程碑意义的文章《回归大众传播媒介的强大效果研究》，宣告了这一新的效果理论的诞生。该理论的典型模式是"沉默的螺旋"。诺依曼认为，大众传播媒介在影响公众意见方面具有强大效果，她把舆论生成中起重要作用的因素称为"沉默的螺旋"。

1. 沉默的螺旋理论假说由三个命题构成

个人意见的表明是一个社会心理过程。人是一种社会动物，人的"社会天性"就是害怕陷入孤立。因此，一个人为了防止因孤立而受到社会惩罚，总是力图从周围环境中寻求支持。于是，一个人表明自己的观点之前通常要对周围的意见环境进行观察。当发现自己的想法属于大多数、占上风的意见时，他就会倾向于积极大胆地表明自己的观点；当发现自己的想法属于少数、居于下风的意见时，他可能就会迫于环境压力而转向附和或沉默。

意见的表明和"沉默"的扩散是一个螺旋式的社会传播过程。也就是说，一方的沉默就让另一方的意见显现出"优势"。"优势"这一方出现后就会变得强大，而这种强大反过来又迫使更多的持不同意见者转向"沉默"。这好比一个倒置的宝塔形的螺旋，"沉默"的人会越来越少，就像螺旋的顶部越来越小，越来越处于弱势；占多数或占上风的人会越来越多，就像螺旋的底部越来越大，越来越处于优势。

从大众传媒影响的方式来看，主要通过营造"意见环境"来影响和制约舆论。核心概念"意见环境"是指人们周围意见的分布情况。诺依曼认为，在现代社会，人们判断周围意见的分布状况主要有两个信息源：一个是所处的社会群体，另一个是大众传播，而在超出人们感知范围的问题上，大众传播的影响尤其强大。诺依曼认为舆论的形成不是公众"理性讨论"的结果，而正是这种"意见环境"的压力作用于人们害怕孤立的心理，强制人们对"优势"意见采取趋同行动这一非合理过程的产物。

例如，安徒生的著名童话《皇帝的新装》讲述了一个喜欢新衣服的皇帝被两个骗子愚弄的故事。骗子声称他们不但能织出最美丽的布，而且用它缝出来的衣服还有一种神奇的功能，凡是不称职的人或者愚蠢的人都看不见这衣服。事实上，骗子根本没有织布，他们不过是在比画样子，但是为了证明自己并不愚蠢，所有的人都宣称看到了美丽的花纹和绚丽的色彩。于是皇帝就光着身子参加了游行，最后被一个小孩子戳穿了整个骗局。

在这个故事中，人们要做出判断的认知对象本身是陌生的——谁也没有亲眼见过的、只有智慧的人才能看得到的美丽衣服。这时候，被广泛传播的意见就更容易占领人们的头脑，获得人们发自内心的认同。于是我们就看到了"沉默的螺旋"假设中最典型的社会传播过程：由于人们恐惧孤独，因此害怕因背离社会而使其产生孤独感。这些个体对孤独的恐惧使得他们不断地估计社会接受的观点是什么，这一结果影响个人在公开场合的行为，特别是公开表达观点还是隐藏自己的观点。因此，一方的"沉默"造成另一方意见的增势，使"优势"意见显得更加强大，这种强大反过来又迫使更多的持不同意见者转向"沉默"。如此循环，便形成了"一方越来越大声疾呼，而另一方越来越沉默下去的螺旋式过程"，真相便埋没在了逐渐庞大的螺旋之下。①

2. 沉默的螺旋理论的特点

这个假说中的"舆论"与历来的舆论概念不同。诺依曼认为，只有那些"被认为是多数人共有的"、能够在公开场合表明的意见才能称为舆论，强调舆论的社会控制功能。诺依曼在《舆论——我们的社会皮肤》中说明：舆论是个人感知的社会变化、调整自己行为的"皮肤"，在维持社会整合方面起着重要作用，防止由于意见过度分裂而引起社会解体。

从传播效果研究的角度而言，"沉默的螺旋"理论强调大众传播具有强大的社会效果和影响。它的一个重要观点是，传媒提示的"意见环境"未必是社会上意见分布状况的如实反映，而一般社会成员对这种分布又处于"多元无知"状态。"多元无知"是一个认知心理学用语，它是指这样一种现象：在一个群体中，只要反对意见不以明确的、强烈的形式表现出来，一般成员就会产生一种错觉，以为大家的意见都是一致的。在"多元无知"的情况下，即使大众传媒提高和强调的是少数人的意见，也会被公众当成"多数意见"来认知。这样，"沉默的螺旋"理论所说的情况就会发生，只要在大众传媒的影响所能达到的地方，公众的判断和行为就会起连锁反应，这表明大众传媒"创造社会现实"的力量是很强大的。

---

① 段鹏. 传播效果研究：起源、发展与应用. 北京：中国传媒大学出版社，2008：144.

在美国皇后区曾经发生过一起令人震惊的凶杀案，受害人凯瑟琳·吉诺维西被杀害的过程可以被看成是一个长时间、喧闹、充满了折磨的公开事件。攻击者在最后一刀结束她的生命之前，在长达35分钟的时间里在街上追逐、袭击了她三次，令人不可思议的是，她的38个邻居从自己家窗户的安全之处观看了整个凶杀过程，有两次，他们发出的声音和他们卧室里突然亮起的灯光都让凶手吃惊地停了下来。但在整个过程中竟然没有一个人报警，直到被害人死后才有一名目击者给警察打了电话。

心理学家研究认为，当你身处险境需要别人帮助时，通常的办法是叫"救命"，但是经常遇到的情况是，一群人围着你而没有人伸出援手，这种现象称为"多元无知效应"。于是你感到社会的冷漠。其实不然，大部分人都是愿意伸出援手的，只是人们互相认为其他人会提供帮助，结果往往是没有人救援。正是这种不确定性，使你错过了获救良机。

资料来源：段鹏. 传播效果研究：起源、发展与应用. 北京：中国传媒大学出版社，2008：148.

3. 沉默的螺旋理论的重要意义

"沉默的螺旋"为传播学的效果研究提供了新的研究视角，它认为舆论的形成是大众传播、人际传播、人们对意见环境的认知心理三者相互作用的结果。它强调社会心理机制在舆论形成中的作用，是一个重要突破。它强调大众传播对舆论的强大影响，并指出这种影响来自传媒营造的"意见环境"。

第四节　其他效果研究

一、社会说服论

对这一理论追根溯源，我们可以在亚里士多德的《修辞术》中找到源头。他认为，说服必须具备的三个条件是：演说者的品质、对听众造成某种影响（的机会）、论点本身（所提供的证明）。显然，这仍局限于修辞学和演讲学的范畴。社会说服论的真正创始人可以说是卡尔·霍夫兰。

在第二次世界大战期间，美国心理学家卡尔·霍夫兰在美国陆军新闻及教育署主持了战争宣传与美军士气的研究，成员多为心理学家。第二次世界大战后，霍夫兰回到耶鲁大学，在洛克菲勒基金会的支持下设立了耶鲁传播研究项目，主要包括六个命题。

第一，传播者的信誉度对传播效果有何影响？

霍夫兰等人相关的研究表明，传播者的信誉度越高，越容易使受传者的态度发生改变。信誉度最主要的成分是专家身份和超然的态度。

> 在第二次世界大战期间的一个宣传节目中，娱乐演员史密斯（Kate Smith）推销出3 900万美元的战争债券，这在当时是个惊人的数字。研究者在对史密斯广播的节目所做的研究中认为，她成功的关键因素在于，她被视为真诚和值得信赖的人。霍夫兰和韦斯（Hovland & Weiss，1951）设计了一个测验可信度的实验，他们的研究显然受到了史密斯的启发。
>
> 资料来源：沃纳·赛佛林，小詹姆斯·坦卡德. 传播理论：起源、方法与应用. 郭镇之，等译. 北京：中国传媒大学出版社，2006：136.

第二，在表述一个有争议的问题时，是只说一面理由，还是两面都说？

霍夫兰将研究对象分成不同类型进行调查。研究的结果表明，只说一面的信息对原先就赞同此观点的人非常奏效，因为它坚定了受传者的已有态度，而两面都说的信息则对原先就反对此观点的人非常奏效。按受教育水平所做的分析结果表明：只说一面的信息对于受教育水平低者非常奏效，而两面都说的信息则对于受教育水平较高者更为奏效。要是受传者的受教育程度较低，并且原先就赞成传播者的立场，则一定要采取一面理由，如果用正反两面理由，则可能导致他的态度犹豫不决。

第三，在进行劝说时，诉诸什么程度的恐惧感更有说服力？

研究表明：轻度的惧怕诉求最为有效，强度的惧怕诉求效果最差。后来的研究（1973）则表明，中等强度的恐惧诉求更具有劝服效果。

> 电视公益广告播出一段可怕的车祸（恐惧），提醒观众乘车时别忘了系上安全带（减少恐惧）；保险公司的广告小册子上印了房屋被洪水侵袭过的照片（恐惧），而照片下面则是住宅保险的详细资料（减少恐惧）。

第四，在表达程序上，重点是放在前面更有说服力，还是放在后面更有说服力？

霍夫兰等人通过研究发现，表达程序的问题相当复杂，可能最为普遍的情况是：（1）首先提出的论点有利于引起受传者的注意；（2）最后提出的论点有利于被受传者记住；（3）如果信息内容是受传者赞同或可能接受的，那么首先提出来比较有利；（4）如果正反两种观点都由一人提出，那么，先提出的观点容易导致"先入为主"的印象；（5）如果所传播的问题是受传者不熟悉的，那么就应当先提出问题的要点；（6）如果信息内容是为了唤起和满足受传者的需求，最好的办法是首先唤起需求，然后再提出问题。

第五，结论是明示好，还是暗示好？

耶鲁大学研究人员的心理实验研究表明：对于劝服性传播研究，明示优于暗示，就是说把结论讲得越明白无误，就越能促成更多的态度改变。

第六，受传者的个人性格差异是否会影响劝服传播的效果？

个人性格影响受传者对信息的接受，从而影响传播的效果。具体地讲，可以分为这样几种情况：（1）进攻性强的人，不易被一般劝说所影响；（2）对集体事情不关心、不合群的人，一般不易受到劝说的影响；（3）想象力丰富，对周围事情比较敏感的人，比较容易被人劝服；（4）想象力贫乏，对新事物反应迟钝的人，则比较难以被劝服；（5）自我评价低的人比自我评价高的人较容易听从他人的劝说；（6）性格外向的人比性格内向的人容易被劝服。

后来，美国学者奥托·莱平格尔（O. Lerbinger）在《说服性传播设计》（1968）一书中总结前人成果，提出了关于说服的五种设计模式：刺激-反应设计、激发动机设计、认知性设计、社会性设计、性格性设计，从而在态度改变的有关说服理论与说服的实际问题之间、在传播的理论研究者与专业工作者之间架起了一座桥梁，使理论研究的成果适用于实际传播活动成为可能。[1]

二、知识沟假说

知识沟假说是关于大众传播与信息社会中的阶层分化理论的假说。1970 年，以美国传播学家蒂奇诺（P. J. Tichenor）为主要负责人的"明尼苏达小组"提出知识沟假说。所谓"知识沟"，主要指社会群体之间在国内公共事务和科学新闻方面所存在的知识差异。

> 📝 **阅读链接**
>
> ### 《芝麻街》与"知识沟假说"
>
> 蒂奇诺等几位学者注意到一项研究结果，是关于 1969 年开播的美国儿童电视教育节目——《芝麻街》出乎意料的节目评估数据分析。《芝麻街》作为政府学前启蒙教育项目的一个尝试，其主要目的是为那些家庭贫困的儿童提供学前启蒙教育的机会，缩小贫富儿童学前教育的差距，以缓解儿童因家庭经济状况而导致的受教育机会不平等。《芝麻街》第一年的收视报告表明，该节目的主要收视对象是城市里贫困家庭的孩子，其有助于缩小富裕家庭的孩子与贫困家庭的孩子之间的知识沟。不过，在对该节目的观众测试结果进行研究时，这一结论受到了质疑。学者库克及其同事提出了具有挑战性的反驳意见：在不同经济收入或文化层次的群体之间，试图以《芝麻街》节目缩小知识沟极为困难。他们认为，该节目虽然对贫富儿童产生的教育效果都非常良好，但是对节目接触和利用最多、产生更好效果的仍然是富裕家庭的儿童，因此它不但没有缩小不平等，反而在某种程度上扩大了差异。
>
> 蒂奇诺表示，利用普及率已经很高的电视媒介来缓和儿童受教育机会的不平等，这一意图在实际实施后其结果是失败的。《芝麻街》的播放加剧了原本存在的接触和利用媒介机会上的不平等。针对这一问题，蒂奇诺和他的同事多诺霍（G. A. Donohue）、奥里恩（C. N. Olien）展开了一系列的调查研究。三位学者因多次

---

[1] http://student.zjzk.cn/course_ware/diffuse/web/11/11-2-1.htm，2011–11–02.

合作，并同在明尼苏达大学执教，故被称为"明尼苏达小组"。

资料来源：段鹏. 传播效果研究：起源、发展与应用. 北京：中国传媒大学出版社，2008：102.

蒂奇诺认为：由于社会经济地位高者通常能比社会经济地位低者更快地获得信息，因此，大众传媒传送的信息越多，这两者之间的知识沟也就越有扩大的趋势。除了接触媒介和学习知识的经济条件外，还有以下五个因素也是造成知识沟扩大的原因：

（1）传播技能上的差异；

（2）知识信息储备上的差异；

（3）社会交往方面的差异；

（4）对信息的选择性接触、接受、理解和记忆方面的差异；

（5）发布信息的大众传媒系统性质上的差异。

盖那瓦和格林伯格（Genova & Greenberg，1981）的研究发现，受众兴趣（Audience Interest）是导致知识沟的主要因素。这一兴趣主要分为两类：有关个人利益的兴趣和有关社会利益的兴趣。有关个人利益的兴趣，即关心对自己有用的新闻信息；有关社会利益的兴趣，即关心对个人的人际环境或人际关系网络有用的新闻信息。

资料来源：段鹏. 传播效果研究：起源、发展与应用. 北京：中国传媒大学出版社，2008：105.

当上述五大因素中的一个或多个起作用时，社会经济地位高的阶层都处于有利地位，这是造成知识沟不断扩大的根本原因，知识沟也就尤为明显。因此，当大众媒介信息量继续增加时，传播技能、知识储备、社会交往、态度性选择都在一定程度上发挥作用，知识沟也随之加深。

近年来关于知识沟的研究在三个主要研究领域取得了相应的成果：一是埃弗雷特·罗杰斯倡导的"创新与普及"研究；二是发展中国家的区域开发研究；三是国际传播秩序中的南北问题研究。由此我们需要进一步考虑的问题很多，如知识沟的应用研究领域：新媒介的普及过程研究、地区开发和社会发展研究以及缩小知识沟的具体对策等。

1991年，汪达与埃利奥特（Wonder & Elliott）展开了关于公众对艾滋病知识的调查，而就在这时洛杉矶湖人队的球员"魔术师"约翰逊患有艾滋病的新闻被曝光。

汪达与埃利奥特二人在1995年发表的报告中指出，人们高度利用艾滋病信息、媒介对约翰逊声明的广泛宣传和著名体育明星发布声明本身具有的戏剧性，对缩小受众关于艾滋病预防的知识沟都有很大帮助。事实证明，在高文化程度和低文化程度的公众之间，有关艾滋病的知识沟将缩小而非扩大，低文化层次的人对艾滋病知识知晓的增长幅度更大。

资料来源：段鹏. 传播效果研究：起源、发展与应用. 北京：中国传媒大学出版社，2008：108.

本章重点内容提要

1.传播效果的发展阶段有四个方面的概括："超强效果论""有限效果论""适度效果论""回归强大效果论"。

2.有限效果论：大众媒介并非作为传播效果的一个必要条件或者充分条件而存在，相反，其主要效果是调节各因素之间的联系。

3.在"使用与满足"研究的视野中，受众成员是有着特定"需求"的个人，他们的媒介活动是基于特定的需求动机"使用"媒介，从而使这些需求得到"满足"的过程。

4.创新扩散论主要是研究新技术在社会系统中传播扩散的过程。

5.议程设置理论是专门探讨传播媒介对社会影响的一种模式。

6.培养理论：传播内容具有特定的价值和意识形态倾向，这些倾向通常不是以说教而是以"报道事实""提供娱乐"的形式传达给受众的，在潜移默化中形成人们的现实观、社会观。同时，这些影响不是短期的，而是一个长期的、潜移默化的、培养的过程，在不知不觉中制约着人们的现实观。

7.沉默的螺旋：大众传播媒介在影响公众意见方面具有强大效果，而在舆论生成中起重要作用的因素就是"沉默的螺旋"。

8.知识沟主要指社会群体之间在国内公共事务和科学新闻方面所存在的知识差异。

思考题

1.简述议程设置理论的特点。

2.媒介的议程设置与公众的舆论引导是怎样的关系？请结合实际举例加以说明。

3.运用使用与满足理论简述受众在使用大众媒介时的基本动机。

4.简述沉默的螺旋理论的基本内容。

5.沉默的螺旋理论与哪些社会学科研究存在着交叉？请举例加以说明。

6.简述培养理论的基本内容。

7.培养理论如何揭示出媒介的巨大效果？

8.你怎样认识现代信息社会中存在的知识沟问题？

第十三章　跨文化传播

知识目标

1. 掌握文化的概念与特征
2. 了解文化因素、传播语境对跨文化传播的影响
3. 了解跨文化传播中的障碍
4. 理解跨文化传播中的几种技能

能力目标

1. 接触不同的文化，能够恰当描述不同文化与自己熟悉的文化体系的异同
2. 具备跨文化传播的技能

素质目标

思考如何树立及坚定社会主义核心价值观及文化自信

　　跨文化传播或跨文化交流（Intercultural Communication）是传播学中一个很活跃的领域。跨文化传播是具有不同文化背景的人们之间信息交流的过程。

　　跨文化传播起源于文化人类学。美国文化人类学者爱德华·霍尔（Edward Hall）是跨文化传播的开拓者。20世纪50年代，他在美国为到国外工作的政府官员和商人提供培训，在教学工作中，他发现美国人和其他国家的人相处时的许多困难是由缺乏文化知识和技能引起的。1959年，他的名著《无声的语言》的出版使跨文化传播学有了奠基之作。从此，文化人类学与传播学，特别是与其中的人类传播相结合，在20世纪70年代形成了传播学中的一个新领域——跨文化传播学。在我国，跨文化传播研究始于20世纪80年代中期，以研究对外国际交流的形式出现。

第一节 认识跨文化传播

一、文化概说

提到跨文化传播，我们有必要先来了解一下文化的概念和特征。

在西方，"文化"一词来源于拉丁文 Cultura，在英文中为 Culture，原意是指农耕以及植物栽培，15 世纪以后，逐渐引申为对人的品德和能力的培养。英国文化人类学者爱德华·泰勒（E.B.Tylor）在 1871 年首次对文化进行了定义："文化是一个复合整体，包括知识、信仰、艺术、道德、法律、习俗以及作为一个社会成员的人所习得的其他一切能力和习惯。"[①] 查尔斯·詹克斯（Charles Jencks）1993 年提出的文化定义则把文化分为四个层面：文化是一个认知范畴；文化是一个集体范畴；文化是一个描述或具体范畴；文化是一个社会范畴。

这两个人对文化都下了比较深刻的定义，但是"泰勒的定义完全局限于人类学的范围，只是给人类学设定了一系列研究科目，或者说是要建立一门文化学科。詹克斯的定义则跳出了学科的圈子，从跨学科的角度对文化概念进行梳理"[②]。

约翰·费斯克在主编的《关键概念：传播与文化研究辞典》中对文化下了定义："文化"一词是多概念的，它可以在许多不同的话语语境中，必须要做的是鉴别话语语境本身。这个话语语境可以是民族主义、时尚、人类学、文学批评、马克思主义、女性主义、文化研究甚或常识。在任何语境中，文化的意义都将根据它在这个话语中的特定所指来确定，而不是根据任何可以被永久地锁定为在本质上是文化的固有的或自明的特质来确定。[③]

在中国，文化的意义非常宽泛，广义的文化由物质文化和精神文化两大部分构成，体现了中国人综合性思维的特点。广义的文化要素主要包括下述几个方面。

1. 语言和非语言符号系统

这是区别文化最明显的标志之一。人类的社会实践活动过程，实质上就是符号创造的历史过程。"人类总是想给自己周围的事物赋予意义，而且这时的'赋予意义'完全是根据与人类自己的关系进行的。哪怕是对象属于自然界，也根据它与人类的关系来判断价值，然后编入人类世界。这个世界是个出色的文化世界。而且，人类掌握符号的活动与这个世界的创造、维持及在时间上、空间上的交流——这一切文化性的活动都有着深刻的关系。"[④]

因此，不同地域的人因社会实践的过程不同所创造出的符号亦不同。不同地域的人

---

① 泰勒. 原始文化. 连树声，译. 上海：上海文艺出版社，1992：1.
② 萧俊明. 文化转向的由来. 北京：社会科学文献出版社，2004：3.
③ 约翰·费斯克，等. 关键概念：传播与文化研究辞典. 李彬，译. 2 版. 北京：新华出版社，2004.
④ 庄晓东. 传播与文化概论. 北京：人民出版社，2008：45.

因语言中使用的符号不同，在交流中会产生困难。人类文明与符号和符号系统息息相关。

"人类文明是依赖于符号和符号系统的，并且人类的心灵是和符号的作用不能分离的——即使我们不可以把心灵和这样的作用等同起来。"[①] 这也就是说，符号是文化传播的基因和代码，是文化传播的媒介和载体，是文化传播的基础。

人们只有借助语言符号和非语言符号才能沟通，只有沟通和互动才能创造文化。一个文化群体大多拥有自己的语言和非语言的符号系统，这成为跨文化传播中最明显的障碍。

2. 认知体系

认知体系是文化要素中最有活力的部分。认知体系是由感知、思维文化、宗教信仰、世界观、价值观、艺术、伦理道德、审美观念以及其他具体科学（包括自然科学）等构成的，其中世界观和价值观最为重要，是认知体系的核心。认知体系为社会成员提供观察世界、了解现实的手段，判断是非、辨别好坏的标准，是跨文化传播中最关注的文化要素，也是文化冲突的根源。

在跨文化传播中对认知体系的认识尤为重要。美国电影《龙珠》源自一部日本动画片，为了使美国观众更容易接受，编剧对原著的故事情节做了很大的改变，将主角悟空从一个痴迷于武学的猴人改成了一个有着丰富感情的美国年轻人，并让悟空在派对上大打出手，引来美丽女孩的赞叹目光。整部片子一直出现的"口号"是"相信自己"和"你能行"。这些改变渗透着美国的价值观和文化特色。正是这些改变使得美国人更能接受大洋彼岸的日本文化。

3. 规范体系

规范是指社会规范，包括明文规定的准则（如法律条文、规章制度），还包括约定俗成的准则（如风俗习惯）。规范是价值观的具体化，简而言之，是一种生活方式。在跨文化传播中，规范体系的差异是引起误解和冲突的最外在的文化要素。

> **阅读链接**
>
> #### 为什么中国人更习惯微信办公？
>
> 在西方国家，邮件依然是最主流的办公方式，在美国和英国分别吸引了90.9%和86%的互联网用户。[②] 电子邮箱在西方国家多用于与同事的"弱关系"社交，而类似微信的聊天应用（如 WhatsApp）更多被用于家人、亲友等"强关系"社交。但中国人的日常社交、职场办公、生活服务几乎由微信一手包办。大学生通过班级微信群接收通知，职场人士用私信与同事讨论项目进展。腾讯于2017年发布的报告显示，87.7%的微信用户用微信沟通工作事宜。[③]

① 庄晓东. 传播与文化概论. 北京：人民出版社，2008：45.

② https://www.bbc.com/worklife/article/20200707-why-email-loses-out-to-popular-apps-in-china，2023-07-10.

③ https://www.scmp.com/tech/apps-gaming/article/2090472/wechat-top-workplace-communications-app-90-cent-chinese?module=perpetual_scroll_0&pgtype=article&campaign=2090472，2023-04-25.

众多分析都认为，竞争激烈的中国商业环境和人才市场用人单位对员工的工作节奏期待更高，职场文化中工作与私生活边界较为模糊。因此，相比于电子邮件，微信便于多轮互动对话，提高沟通效率；聊天工具的非正式性使人更愿意"秒回"，而非等到下一个工作日再回复邮件。当雪球越滚越大，用户不得不将整个人际关系网络与微信绑定，随时随地携带手机，及时回复消息以维持社交礼节。而在西方国家，个人与工作相对界限分明，写邮件可以使人仔细思考后做出更加审慎的回复，也不会贸然打断他人手头的事情。然而，社交媒体的冲击也逐步改变着西方国家的"邮件文化"，让人们转向更快捷的交流方式。

4. 社会关系和社会组织的体制

社会关系是人们在共同生活中彼此结成的关系，是上述各文化要素产生的基础。社会关系既是文化的一部分，也是创造文化的基础。社会关系的确定，需要有组织体制加以保障。社会组织是实现社会关系的实体。

5. 物质产品

物质产品是文化的具体有形部分，具有物质特征。例如，人类生活中必不可少的衣服、饮食、住宅、交通工具等都是物质文化。物质产品凝聚着人们的观念、智慧和能力，它是进行跨文化传播的媒介和工具。

在讨论文化这个概念时，仅就文化的主要特征而言，学界的看法基本一致。考察这些普遍特征有助于我们理解文化这个模糊、抽象的概念，并且有助于我们认识这些特征如何对传播产生影响：

第一，文化是人类创造出来的或是在自身进化过程中衍生出来的。自然界中的天然物质不是文化，只有人类加工制造出来的物品才是文化。例如，自然界的水不是文化，用水制造的饮料是文化。

第二，文化是人们后天习得的。文化不是先天的遗传本能，是经过学习才能得到的知识和经验。人的生活环境决定了他体现出的文化特征。例如，让一个初生的中国婴儿在美国的文化环境中成长，那么他虽然仍是黑头发、黄皮肤，但是长大后思维方式、言行举止等体现出的却是美国文化。

第三，文化是发展变化的。文化受到历史传统和地理环境的影响，具有历史的传承性，但是文化也是动态发展的。其中，生产力的发展、新的发明创造是文化变迁的重要原因。除此之外，与异文化的交流也是文化吐故纳新的原因之一。

第四，文化具有多元性。世界文化是丰富多彩的，每个民族在发展过程中都创造了具有特色的文化。对世界上的上千种文化，有多种划分方法。

📝 **阅读链接**

陈序经著的《文化学概观》概述了文化与气候的关系，揭示了环境变化与文化变迁的内在关系。"气候炎热的地方多为文化发源的地方；气候温和的地带，多有高度发展的文化。在炎热的地方，自然物易于生长，也很丰富。生活在这样地区的人类，多有余力创造文化。"然而，炎热的地带固然适于文化的发源却不一定适于文化的高度发展。因为炎热的气候会使人感到疲倦，而物产丰富又促使人产生怠惰的心理。结果这些地方的人们在文化的发展上，不仅因为疲倦而不容易去努力振作，而且还因为容易满足而不愿去努力求进。

在寒冷的地区，温饱尚且成为问题，人们无暇顾及文化的高度。只有在不寒不热的温带，同时又有了春夏秋冬的四季变化，这些变化给人们的心理一定的刺激，使人们不断地奋进以求得文化的高度发展。需要注意的是，气候对于文化的影响只是间接的。

除了气候，河流也是影响文化的重要因素之一。城市是文化的中心，许多城市都建立在靠海或靠河的地区。在我国历史上，古代的开封、洛阳、西安，近代的重庆、汉口、九江、南京、上海、桂林、南宁、梧州、广州，无一不在河流的旁边或左近。德国的柏林、法国的巴黎、英国的伦敦，也都在河流近旁。反过来看，缺乏河流而又没有海岸的国家或地区的文化，是很不容易发达的。所以，山岭杂多的地方，多为文化落后的地方。山岭杂多的地方交通不便，因而不但其本身的文化不易发展，就是外来的文化也不易传播。这就给跨文化传播带来了阻碍。

陈序经在这本书中还揭示了文化传播的不平衡现状。这就是跨文化传播中的"不对称"性。"文化传播强国（地区、民族）与文化传播弱国（地区、民族）之间在文化交流中的不平衡状况，即引进文化要素的数量大于输出文化要素的数量，外来文化对本国、地区和民族的影响大于本国、地区和民族文化对外国（地区、民族）的影响的现象。"

就内容方面的不对称来看，西方传媒发达国家在跨文化传播中的强势，可在跨文化传播信息流的流向、信息产品的贸易方面体现出来。有关数据显示：一些非西方国家的电视放映节目中，美国电视节目比例高达60%～80%。跨文化传播本身是把双刃剑。它既制造认同，也制造差异。

"全球化促进了国际信息传播的发展，使得国际信息能够走向大整合和大融合；但与此同时，国际信息的本土化趋向不但并存而且更为突出。如西方国际媒体虽然在国际舆论中仍占主导，但一个不可否认的事实是：西方国际媒体在世界非西方地区反而越来越受到欢迎。"

产生不对称性的原因有很多，主要有两种：第一，政治交往不平等，国际政治关系不民主；第二，国际经济关系不公平。跨文化传播作为上层意识形态色彩很浓的传播形式，必须服从于国际经济交往，并受到国际政治的强烈制约。国际政治和跨文化传播二者共同服务于国际经济。

文化是一个群体共同创造的社会性产物，它是一个群体、一个社会的全体成员共享的体系。文化通过象征符号传递下去，也可以由于某种原因中断传播。英国历史学家汤因比（A.J.Toynbee）认为，世界历史上有过21种大的文化，其中16种已成为历史，只有5种尚存。

二、了解跨文化传播

跨文化传播活动历史久远，从丝绸之路到近代传教士，人们总是和有别于己的他人相遇。时至今日，跨文化交流在参与人数和重要性上远远超过人类历史上的任何时期。

跨文化传播起源于文化人类学，对文化多样性的关注使人们把文化和传播结合起来，并把跨文化传播看作一个独特的研究领域。美国跨文化传播学者拉里·萨默瓦（Larry Allen Samovar）对跨文化交流作了如下定义："跨文化交流指的是拥有不同文化感知和符号系统的人们之间进行的交流，他们的这些不同足以改变交流事件。"[①]

跨文化传播的核心思想在于考察那些对不同文化成员之间的人际传播最有影响力的文化要素。文化有数不清的方面都参与到决定和指导传播行为的过程中。文化的两个要素都有可能改变来自不同背景的人们的交流环境：（1）语言和非语言符号系统；（2）认知体系。我们可以把它们看作跨文化传播的要素。

第二节 文化模式与传播方式

一、价值观

在跨文化传播中，文化因素起着重要的影响作用。在文化因素中，价值观是核心问题。在价值观方面，不同文化背景的人们在人与自然、时间观、行为观、人与社会、人的本性等方面有很大的差异。[②]20世纪80年代初，荷兰心理学家霍夫斯泰德（G.Hofstede）对国际商业机器公司（IBM）这家跨国公司的来自66个不同国家、从事50种不同岗位工作的雇员进行调查，在分析了近12万份问卷后，归纳出比较不同文化价值观的4个方面。它们分别为个人主义-集体主义（Individualism-Collectivism）、权力差距（Power Distance）、回避不确定性（Uncertainty Avoidance）、男性化-女性化（Masculinity-Feminity）。

1. 个人主义-集体主义

从本质上说，个人主义是一种宽泛的价值取向，指的是强调个人的地位、权利和需求高于群体。与此相反，集体主义则是强调"我们"的身份重于"我"的身份，对群体的职责高于个人的权利，以及特定群体的集团需求高于个人需求的另一种宽泛的价值取向。

---

① 拉里·A.萨默瓦，理查德·E.波特. 跨文化传播. 闵惠泉，等译. 北京：中国人民大学出版社，2004：47.

② F R KLUCKHOHN，F L STRODTBECK.Variations in value orientations. New York：Row & Peterson，1960.

📝 **阅读链接**

中国与西方处世态度的差异

以家庭为基础单元的社会结构形式决定了中国人的社会存在首先依存于以血缘为纽带的家庭和宗族集团。人们在这一初始亲属集团中享有某种在集团之外无法得到的安全、连续和持久的地位，于是也被固定在这个关系网上，在这里满足自己的一切社会需要，同时履行各种必不可少的义务，并以一种内外有别的标准去理解和处理集体之内与之外的不同事物。这是一种情景中心的处世态度。这种态度的一个主要产物即是对家族及其延伸的群体如宗族、乡党等的依赖心理。因此，人们尤为重视人与人之间关系纽带的建立。此外，中国传统的群体认同原则要求每个人必须严格遵从并适应他在家庭关系网络乃至整个社会结构中被确定的身份和角色，不能有所逾越。

西方以个人为中心的处世态度决定了他们对于家庭和社会的态度。他们不依附于家庭，也不依赖于他人，而是倾向于自我依赖——自己思考，自己做决定，自己开拓未来。家庭与个人之间的纽带只是暂时性的，为解决面临的问题和达到某一目标而参加的社团或俱乐部也是不稳定的。

资料来源：徐行言. 中西文化比较. 北京：北京大学出版社，2004.

研究发现，在美国、英国、澳大利亚、加拿大、荷兰、新西兰，个人主义价值观很强；而在印度尼西亚、哥伦比亚、厄瓜多尔以及中国、日本、韩国，集体主义价值观很强。

来自两种文化的人相遇，各自的传播特点十分明显。受"个人主义"文化熏陶的人往往具有直接明了的交流风格，"不用绕弯子"，人们看重的是坦率、直言不讳的交流方式。受"集体主义"文化熏陶的人，有时心里想的是尖厉之言，嘴上却讲得十分婉转。尽管本身并不具有恶意或欺骗性，但是他们在日常生活中寻求接受，避免对抗，维持某种平静。

以中国文化为例，"中国文化从自己的群体价值目标出发，必然把协调人际关系放在首位。因此除了交流风格之外，其艺术作品也带有中庸的味道。中庸和平精神渗透到文学艺术创造中便形成了中国艺术特有的中和之美。它表现为优雅宁静、冲淡平和的审美境界和'乐而不淫，哀而不伤'的感情节制"[1]。

日本和美国的文化模式是两种截然不同的历史体制的产物，从表 13-1 中我们可以大致看到两种文化的巨大差异。

表 13-1 当代日本和美国的文化模式

日本	美国
集体主义	个人主义
等级主义	平等主义

---

[1] 徐行言. 中西文化比较. 北京：北京大学出版社，2004：93.

续表

日本	美国
正式	非正式
社会稳定（和谐）	社会变动

资料来源：拉里·A.萨默瓦，理查德·E.波特. 文化模式与传播方式. 麻争旗，等译. 北京：北京广播学院出版社，2003：367.

2. 权力差距

社会资源的分布是不平衡、不均匀的。为了让社会协调发展，权力的存在尤为重要。根据社会成员与权力之间的关系——权力距离，霍夫斯泰德把文化分为"权力距离较大的文化"和"权力距离较小的文化"。

在权力距离较大的文化中，人们认为人生来就是不平等的，权力是天然存在的，并且在社会等级秩序中安于现状。在这种文化中，权力高度集中，人们崇尚权威，领导大权在握，倾向于独断专行。不同等级之间泾渭分明，上下级关系较为正式。而在权力距离较小的文化中，人们虽也承认权力的存在，但是权力并不是不可企及的。人们通常认为，权力只是为方便社会组织而发挥作用，社会应该有保障每个人获取权力的机制。由于不同等级之间的界限比较模糊，因而人们总体的权力意识较弱，人与人之间的关系较为随和。

这两种文化中的人在交往中有明显差异：生活在权力距离较大的文化氛围中，人们比较重视权力的名分，尊重权威，偏向于以权力、声望拥有者的意见行事；而生活在权力距离较小的文化氛围中的人，则比较重视个人的创造和建议，敢于挑战权力拥有者。菲律宾、墨西哥、委内瑞拉、印度、新加坡、巴西、法国等国拥有权力距离较大的文化，奥地利、以色列、丹麦、新西兰、爱尔兰、瑞典、芬兰、瑞士、德国等国拥有权力距离较小的文化。

3. 回避不确定性

人们的生活是一个不断地由不确定到确定的循环过程。霍夫斯泰德根据人们回避外界不确定性的程度，将文化分为"高回避不确定性文化"和"低回避不确定性文化"。

在高回避不确定性文化中，人们面对外界的变动会感到不舒服，因而以明确的规章、制度、典礼、仪式等规范来尽量避免这种不确定性。处于这种文化氛围中的人一般不喜欢变动，讲求井然有序、整齐划一，希冀一切都确定无疑。面对突然而至的变动，人们会感到不知所措。属于高回避不确定性文化的国家有新加坡、丹麦、瑞典、爱尔兰、英国、印度、菲律宾、加拿大等。

在低回避不确定性文化中，人们乐于接受世界的变动，对不确定性容忍度较强。处于这种文化氛围中的人，喜欢新奇、刺激，思想较为多元、不统一。他们喜欢冒险和尝试新的做法或事物，变通性较强。他们不喜欢过多的规则，对专家的依赖有限，相信自己，凭直觉行事。属于低回避不确定性文化的国家有希腊、葡萄牙、比利时、法国、西班牙等。

在中国，人们有着强烈的故土情结，希望有一所自己的房子安居乐业。1998 年中国遭遇了前所未有的洪灾，在洪水面前，一些人仍不愿离开自家的老房。这种对房子的执着与西方国家截然相反。几乎每个西方人都有多次搬家租房的经历。他们的房子多为轻型建筑，入住容易，离开也容易。这种对房子的不同看法反映了中西方文化的不同。

4. 男性化-女性化

霍夫斯泰德还将文化分为"男性化文化"和"女性化文化"。

在男性化文化中，性别角色比较突出，人们认为社会由男性主导，男性应该勇敢、坚强、自信、重物质，而女性则应该谦逊、温柔、重感情。中国传统社会的"男主外，女主内"是男性化文化的典型表现。

在女性化文化中，强调了解、关心别人的行为；主张男性无须行事果断，也应当担负起照顾别人的角色；主张性别平等，其性别角色与男性化文化的社会相比，容易变化；认为人与环境的和谐很重要，男性和女性都该懂温柔、重感情，女性和男性的分工并不具有特别的意义。

男性化文化最典型的国家是日本，其女性只占有 5% 与立法有关的职位；女性化文化最典型的国家是瑞典，其女性占有 41% 与立法相关的职位。男性化文化的国家还有奥地利、委内瑞拉、意大利、瑞士、墨西哥、爱尔兰、英国、德国等。女性化文化的国家还有挪威、荷兰、丹麦、芬兰、泰国、秘鲁等。[1]

📝 阅读链接

全球性别差距报告

世界经济论坛 2023 年 6 月 20 日发布的《2023 年全球性别差距报告》显示，全球性别平等状况已经恢复至新冠疫情之前的水平，但随着多重危机阻碍了前进的步伐，全球性别平等进程已经停滞。与上一版报告发布时相比，总体性别差距仅缩减了 0.3 个百分点，因此实现性别平等的年份预计仍然是 2154 年。

2023 年，性别平等在总体上取得了进步，这部分是因为进一步缩小了受教育程度的性别差距：在指数覆盖的 146 个国家中，有 117 个国家至少消除了 95% 的此类差距。与此同时，经济参与和经济机会方面的差距迄今缩小了 60.1%，而政治赋权方面的差距仅缩小了 22.1%。

世界经济论坛执行董事扎希迪（Saadia Zahidi）指出，新冠疫情、经济和地缘政治危机对全球的性别平等产生了负面影响。过去一年，健康和教育领域的性别不平等有所好转，但政治参与度上的进展陷入停滞，女性在经济上的参与度更是出现倒退。

---

[1] 陈力丹，闫伊默. 传播学纲要. 北京：中国人民大学出版社，2007：171-175.

自 2006 年第一版报告发布以来，性别平等状况仅改善了 4.1 个百分点，且总体进步的速度正在大幅放缓。要想消除总体性别差距，还需要 131 年的时间。按照目前的进步速度，实现经济和政治领域的性别平等分别需要 169 年和 162 年。

资料来源：性别差距报告发布. 世界经济论坛, 2023-06-21.

二、信息传播中的语境文化

不少人都有过这种经历：我们使用互联网上五花八门的在线翻译网站时，当把一段中文输入以后，经过翻译器处理的外语，单词和语法部分没有什么问题，可就是意思说不通。研发人员在研发翻译器时投入了大量的精力和资金，但是翻译器的功能仍远远不能替代翻译人员。造成这个现象的一个重要原因，就是翻译器可以解决语言代码的问题，但是不能理解和处理语境。语境是传播的"背景"，是传播活动的时空环境以及社会文化环境。离开了语境，代码是不完整的，因为它只包含部分信息。

语言以一个整体与文化发生关系。在语境方面，美国文化人类学家爱德华·霍尔在对比了世界上多种书面语言之后，把不同的语言分成高语境（High Context）语言和低语境（Low Context）语言（也译作强势语境和弱势语境）。

在高语境传播中，多数信息不是处于物理语境（如上下文关系）之中，就是内化于人体之中，很少进入明晰的传输过程。中国拥有博大精深的文化，汉语属于典型的高语境语言，在传播中对意义的获取主要根据语境进行推测和揣摩。例如，翻译汉语中的"岁寒三友"时，如果只是罗列的三个植物名词，则没有完全传递语言的意图，"岁寒三友"除了有言语自身的含义外，还包含对人们高洁品格的赞美这种文化含义。另外，汉字更是一个有趣的文化现象。汉字并不单纯是一种文字，它还发展成为书法艺术，这也说明它不是一下子就把全部信息都释放出来。

语境的强弱水平决定着传播性质的各个方面，也是后续行为所依据的基础。语境决定着语言代码的性质。语言学家伯恩斯坦提出了"限制性"代码和"精心策划性"代码之间的差异，说明由于代码不同，词汇、语法和语音都会发生变化。比如在家里，用的是限制性的亲密的代码，因而词句是简短、凌乱的。而在课堂上以及在司法或外交场合，用的则是清晰化、具体化的精心策划性代码，词句经过严密推敲。

三、文化对传播模式的影响

东亚是一个受儒学影响深远的地区，在我国古代，儒学作为基本的社会和政治价值体系几乎为历代王朝尊奉。儒学是一种关于人的本性的哲学，它把人与人建立起来的社会关系看作社会的基础。儒学研究人的本性和动机，提出了决定人的正确行为的原则：仁、义、礼、智、信。美国学者琼·奥克·尤姆就东亚和北美的传播模式取向做了归纳，见表 13-2。

表 13 – 2　东亚与北美传播模式取向比较

东亚	北美
过程取向 （传播被看作无限读解的过程）	结果取向 （传播被看作信息传输过程）
语言代码有显著分化 （根据具体的人和环境使用不同的语言代码）	语言代码无显著分化
强调间接传播 （间接传播占主导和规范地位）	强调直接传播 （虽然间接传播也很普遍，但是直接传播占主导地位）
以受者为中心 （意义存在于读解中，强调听、感悟以及排除成见）	以传者为中心 （意义存在于传者发出的信息中，强调如何规范最佳信息传递，如何改善信息源可信度，以及如何提高传输技巧）

1. 过程取向和结果取向

在儒家看来，传播的主要功能是开创、发展并维持社会关系，所以能促进社会关系的传播方式被置于突出地位。在东亚，传播被看作一个无限读解的过程，这个过程不能被分割成发送者、信息、渠道和接收者这几个板块。每个参与者都置身于一个连续发生的过程之中，相互关系是流动的、变化的。

相比之下，对北美人来说，传播的主要功能是实现自主和自我成就，因而传播的结果比传播的过程更重要。由于相互关系是短期的、不连续的，因此传播被看作一种经过一段时间就到达终点，然后被新的传播所取代的行为。传播的主要功能就是取得看得见、摸得着的结果，比如结交朋友、打败对手、取得个人成就等。

2. 语言代码分化的显著性

东亚的语言非常复杂，按社会地位、亲近程度、年龄、性别和正式程度进行分化，而且有广泛、完备的敬语体系。敬语用来指受者的行为，谦语则用来指施者的行为，二者不可互换。造成这种现象的原因是儒学礼仪至上的伦理观念。

在英语里，代词"you"（你）可以指老人，也可以指年轻人，可以指国家总统，也可以指邻居家的孩子。在东亚的语言里，根据礼貌的程度和关系的亲密程度，使用不同的词语来表示"you"（你）。有时干脆不用代词，而是用某一称谓来替换代词，比如说："这是王先生的书吗？"而不说"这是你的书吗？"即使是在两个人的交流中也少用代词"you"（你）而是用具体的称谓，如教授、同学等，因为这些称谓比只用一个人称代词能更清楚地表明彼此的关系。在儒家社会中，社会关系的重要性促进了语言代码的分化，目的是满足高度分化的关系。

📝 **阅读链接**

称谓处处有乐趣

一位游客来到云南大理。他想问路，于是找到一位当地的美丽少女，又不知如何称呼对方，情急之下只好说："同志，请问××路怎么走？"那位姑娘笑着回答："你这个人真老土！我们这里年轻的姑娘都叫金花。"

游完大理之后又去了石林，这次他长了见识，很有经验地对导游小姐说："金花，请问……"导游"扑哧"一声笑了："我们这里年轻的姑娘不叫金花，都叫阿诗玛。"

3. 强调间接传播与强调直接传播

多数文化既有直接交流模式，又有间接交流模式。比喻、影射、暗示、讽刺等就是多数语言中常见的间接交流方式。不过，虽然间接交流方式具有普遍性，但其完善程度却因文化的不同而不同。

儒学关于考虑别人、考虑合适的人际关系的传统使能给彼此保留面子的传播方式得到了发展。间接传播有助于避免遭对方拒绝或彼此有分歧的尴尬场面。在东亚，间接传播方式是普遍的，而且往往是有益的。

📝 **阅读链接**

有趣的面子保全理论

布朗（Brown）和列文森（Levinson）的礼貌理论通常被称为"面子保全理论"（Face-saving Theory）。"面子保全理论"首先设定参加交际活动的人都是典型人。典型人是"一个具有面子需求的理性人"，这种典型人具有两种特殊的品质：面子（Face）和理性（Rationality）。

典型人所具有的面子即每一个社会成员意欲为自己争得的那种在公众中的"个人形象"。他们把面子分为消极面子（Negative Face）和积极面子（Positive Face）两类。消极面子是指不希望别人强加于自己，自己的行为不受别人的干涉、阻碍。积极面子则是指希望得到别人的赞同、喜爱。

威胁听话人消极面子需求的言语行为是指说话人干涉了听话人行动自由的那些言语行为，如命令、提醒、建议、劝告、威胁和警告等。威胁听话人积极面子需求的言语行为是指说话人表明他不关心听话人的感情、需求等，如表示不赞同、批评、蔑视、抱怨、指责、侮辱、反驳等。其"理性"是指在特定情境下典型人所具有的推理、判断能力和为达到既定交际目的而选择、采用最佳策略的能力。

布朗和列文森认为许多言语行为本质上是威胁面子的。礼貌则是指说话者采取某种语言策略以减轻某些交际行为给听者面子带来的威胁，从而顺利达到交际目的，即礼貌具有策略性。布朗和列文森还提出5种礼貌补救策略，分别为：（1）不使用补救策略、赤裸裸地公开施行面子威胁行为；（2）积极礼貌策略；（3）消极礼貌策略；（4）非公开地施行面子威胁行为；（5）不施行面子威胁行为。

资料来源：党小苗. 谈面子保全论视角下的唠叨言语交际. 十堰职业技术学院学报，2008（5）.

北美和东亚相比，传播模式的间接程度也有很大差异。例如，要间接地表达让听话人把门关上的意思，美国人也许会说"门是开着的"，而日本人很可能说"今天有点冷"。后者比前者更间接，因为连门这个字都没有提。

4. 以受者为中心与以传者为中心

北美的传播往往以传者为中心，人们关注的焦点是传者如何更好地发出信息、如何改善信源的可信度、如何提高发送技巧等。相反，在东亚，人们关注的重点始终在听和读解这一方。

我国学者指出，读解的无限性是中国传播的主要原则之一。传播过程的重心在受者的一方，传播的重任不是落在信息发送者身上而是落在信息接收者身上。在对方的立场还没清楚地表达出来之前就能很快洞察，随机应变，这被看作重要的交流技巧。来自东亚的留学生常常感到迷惑不解的一个问题是，他们到美国家庭做客时，主人为什么总是不断地问他们想要什么。在他们自己的国家里，主人应该知道拿什么待客。出现这种差异是因为北美人把提供个人选择看得重要，而在东亚则把预料性交流并作出相应安排看得重要。[①]

第三节　跨文化传播中的障碍

一、刻板印象

刻板印象（Stereotype）是指一个群体成员对另一群体成员的简单化看法。早在1922 年，李普曼在《舆论》一书中指出，刻板印象是将各种形象组织成一些固定和简单的分类，并用来代表所有人的方法。刻板印象几乎可以在所有跨文化状态中找到，它如此普遍的原因是人类本身有着区别和分类的心理要求。人所处的环境太过复杂，且瞬息万变，以至于不可能让我们对所有事物、所有人物逐一体验，于是发展出这种简便快捷的认知方法。[②]需要注意的是，刻板印象并不是与生俱来的，正如文化本身，刻板印象是从多种途径中学来的：从父母、亲戚、朋友那里受到潜移默化的影响，从有限的个人接触经验中获取，还有大众传媒的误导也是一个重要的途径。

可以说，刻板印象是局限、懒惰和误解的产物，它对客观地认识世界是有害的。很多年来，女性经常被刻板地认为是"家庭妇女"，这一刻板印象妨碍了女性工作地位的提高。刻板印象的问题在 20 世纪 50—60 年代曾引起国际社会的注意，联合国教科文组织甚至制定了一个测试刻板印象的问卷，其中包括请被调查者在 12 个形容词中挑

---

① 拉里·A.萨默瓦，理查德·E.波特. 文化模式与传播方式. 麻争旗，等译. 北京：北京广播学院出版社，2003：85-95.

② 沃尔特·李普曼. 舆论学. 林珊，译. 北京：华夏出版社，1989：50-120.

选自认为合适的词来描绘对某国的印象。这些形容词包括：勤奋、聪明、实际、自大、慷慨、残忍、落后、勇敢、自制力强、喜欢控制别人、进步、爱好和平、难以描述。调查结果证实了人们对其他国家抱有刻板印象。

当一个妇女在电影院排队时，指责一个在她前面插队的人，会让她比一位做出类似反应的男士显得更强硬。这说明，当人们的行为违背了我们的刻板印象时，我们会对他们做出比较极端的评价。

刻板印象一旦形成，就趋向于永久存在，并且拒绝改变，还会通过自我实现的预言创造出相应的现实。

资料来源：戴维·迈尔斯. 社会心理学. 张智勇，等译. 8版. 北京：人民邮电出版社，2006：276.

二、偏见

美国学者马塞尼斯通过揭示偏见对跨文化传播的破坏性影响给出了它的具体定义："偏见就是对一类人僵化的、不合理的概括。偏见不合理，以至于让人们在只有很少或根本没有直接证据的情况下，持有僵化不变的态度。偏见可能把特定的社会阶段、性别、性取向、年龄、政治派别、人种或种族作为目标。"当把偏见运用到人际关系或跨文化交流的情况时，偏见往往包含着不同程度的敌视。

耶鲁大学心理学教授保罗·布卢姆（Paul Bloom）发现，人自婴儿时就已经开始懂得从他人行为中分辨好坏、区分你我而形成偏见。虽然英国评论家威廉·赫兹利特曾说"偏见是无知的产物"，但布卢姆认为偏见并非因为完全的无知而引起，相反，偏见是由经验累积、理性分析、归纳事物而形成的刻板印象。偏见并非透过"感觉"，而是用"理性"由人决定自己的立场。有研究指出，怀有偏见的人喜欢留意和记忆某人的行动与他所定的形象相符之处，但却拒绝与该形象相反的证据。

偏见本身可以助长偏见，从而产生更加不良的后果。被偏见影响较深的人往往失去自尊心，以致在生活中实际上变成了像别人所期望的那样。压迫之下的受害者可能变得充满愤恨，对偏见更加敏感，甚至有时在其实没有偏见存在的地方也看出了偏见。

在我们的生活中，偏见无处不在。比如，在高新科技行业中，许多人认为男性更有天赋和技能，而女性更适合从事"传统的女性工作"；在职场上，老年人往往被认为缺乏灵活性和创新能力，而年轻人则被认为更具有发展潜力。这些例子只是偏见的冰山一角。虽然我们无法完全消除所有的偏见，但我们应该尽力去理解和尊重别人的不同。

三、文化冲击

文化通过不断地重复，使这一文化的成员了解它。当我们熟悉了它，就会对它产生感情。这种熟悉感帮助你减少了紧张感。然而，当你由于留学、工作等原因离开了这些舒适的环境，被推向另一种文化时，你也许会感到身心不适，这时你就在经历着文化冲击。

1960 年，文化人类学家奥伯格（Kalvero Oberg）提出了文化冲击（Cultural Shock）理论。他把文化冲击界定为，由于失去了自己熟悉的社会交往信号或符号，对于对方的社会符号不熟悉，而在心理上产生的深度焦虑感。

奥伯格认为文化冲击大体经历 4 个阶段：蜜月阶段、沮丧阶段、调整阶段和适应阶段。这一心理演变过程可以用"U"形曲线来表示。

1. 蜜月阶段

蜜月阶段指人们心理上的兴奋和乐观阶段。这个阶段一般持续几个星期到半年的时间。人们常对到异国旅行、逗留充满美好的憧憬。来到异域文化中，所见所闻都让人感到新鲜有趣，人处于乐观、兴奋的"蜜月"阶段。虽然有的人在整个短途旅行中都可能停留在这个阶段，不会有文化冲击，但是很多人在进入新的文化环境一段时间后，就会进入沮丧阶段。

2. 沮丧阶段

沮丧阶段指乐观的感觉被失望、失落、烦恼和焦虑所代替的阶段。这个阶段一般持续几个星期到数月的时间。在这个阶段，处在异域文化中的外乡人由于文化的不同，人地两生，孤独无助，原来认为是规范的、良好的生活方式在异域文化中屡屡碰壁。人们在对付心理上的沮丧和失落感时，通常有以下两种表现：一种是敌意，另一种是回避。前者常常看不起本地人，嘲笑所在的地区和国家，后者回避与当地文化接触，躲避到自己的文化群体中。在严重的情况下，有的人会因心理压力过大而结束自己的跨文化之旅，有的人可能会出现心理问题。

3. 调整阶段

调整阶段指在经历了一段时间的沮丧和迷惑之后，外乡人逐渐找到了对付新文化环境的办法，解开了一些疑团，调整自己的文化心态，以开放的胸怀将自己融入异域文化之中。

4. 适应阶段

在这一阶段，外乡人的沮丧、烦恼和焦虑消失了，基本上适应了新的文化环境，适应了当地的风俗习惯，变得越来越像"本地人"。[①]

对文化冲击的反应因人而异，对于经常接触其他文化的人来说，焦虑期可能会平稳和短暂一些，然而对很多人来说，文化冲击将会表现为抑郁、严重的生理反应（如头痛）、易怒、攻击陌生文化，甚至表现为完全的退缩。所有这些反应都会明显地妨碍跨文化传播。

四、文化中心论

文化中心论可能是与跨文化传播最直接相关的一个特点。萨姆厄（Sumner）把这一名词引入文化研究中来，他把文化中心论定义为："它是这样一种观点的专业名称，

---

① 关世杰. 国际传播学. 北京：北京大学出版社，2004：126.

即把自己的群体当作万物的中心，而其他所有的事物都要参照这个中心来衡量和评价。"[1] 文化中心论是指一个人认为自己的文化优于其他任何文化的观念，它认为对其他文化应该以其在多大程度上符合了我们的文化标准来衡量。当我们从自己的文化和社会地位来狭隘地看待其他文化时，我们就持有了文化中心论。

人类学家大都同意文化中心论存在于每一种文化中，因为"世界上绝大多数人都认为他们自己的文化是优越的"。正如文化一样，文化中心论也常常是在无意识的情况下习得的。

文化中心论对跨文化传播的负面冲击是明显的。第一，一个人对自身文化的文化中心感会形成一种狭隘而保守的认同感；第二，文化中心论通常意味着以刻板印象的方式来看待其他文化的成员；第三，人们以自己的文化是标准的和自然的为前提，在自己的文化与其他文化之间做出比较性的判断，结果是带有文化中心论色彩的判断常常包含了招人反感的比较，即抬高自身的文化而贬低其他的文化。[2] 当文化中心论处于政治、道德和宗教环境中时，表现最为强烈，它很容易使具有文化局限性的观点盖住了理性，所以我们应该小心任何形式的狭隘和偏执。

第四节　跨文化传播技能

我们讨论跨文化传播的一些基本特征和潜在问题的主要目的在于提高自身跨文化交流的能力。学习跨文化传播的技巧，有助于改进跨文化交流活动。认知、语言和非语言传播在交流中的重要性和功能在前几章中已作讲解，这里从其他角度关注跨文化传播的技能。

一、认识自己

在交流中你给交流活动带来什么，极大地影响着交流的成败，所以从认识自己开始提高跨文化传播的能力是合适的。我们应该从以下三个方面进行自我分析。

1. 了解你的文化

进行自我分析的第一步应该从了解你的文化开始，不管那是怎样一种文化。就像本书反复强调的主要思想，每个人都是其文化的产物，文化有助于控制交流。你就是"文化的人"，必须时刻警惕你的文化成员身份对你的理解和交流的影响。

2. 了解你的态度

你需要认清那些你所持有的并影响了世界在你眼中的样子的态度、偏见和观点。

---

①　W G SUMNER. Folkways. Boston：Ginnand，1940：13.

②　F E STEWART，M J BENNETT. American cultural patterns：a cross-cultural perspective. W. Yarmouth：Intercultural Press，1991：161.

了解你喜欢什么、不喜欢什么和你认同个人文化中心论的程度，可以弄清这些态度是怎样影响交流的。

3. 了解你的交流风格

你的交流风格是指你向别人表现自己的方式。传播学者诺顿提出了 8 种不同性格的人具有的交流特点，你可以参考表 13-3 来评估你的交流风格。

表 13-3　不同性格的人的交流特点

性格	交流特点
支配	经常发言，打断和控制谈话
戏剧化	使用非常富有表现力的语言，经常夸大和添油加醋
争强好胜	好争吵，并常有敌意
精力旺盛	精力充沛，使用富有表现力的手势和面部表情
容易给人留下印象	以令人难忘的方式表达观点和情绪
诚恳	好的倾听者，对诉说者提供语言或非语言的鼓励
开放	不封闭个人信息，乐于表现情绪和感受
友好	提供积极的反馈和鼓励

我们经常忽视行为中的细微之处，但它们往往是人际互动中最重要的影响因素。因此，诚实而公正地洞察你的文化和个人的交流方式是一项重要的任务，一旦完成这一任务，你就能够极大地提高交流能力。

二、考虑自然和人类环境

环境的三个属性将会影响交流，它们是时机、自然环境和风俗习惯。

1. 时机

一次交往是成功还是产生不良情绪、对立和误解，选择时机是关键。好的交流者懂得选择时机的重要性，并且掌握了选择恰当时机来谈论问题的技巧。从自己的经历你就知道，无论是求人办事还是与一个熟人约会，都有正确或错误的时机。是否考虑正确的时机甚至是与处于其他文化中的人做生意的成败关键。对时机的运用也受到文化的影响。在中国，谈论商务事宜的最好时机不是在一个上午会议刚刚开始的时候，人们往往会花大量的时间进行社交，而生意往往是在最后几分钟谈成的。

2. 自然环境

交流是由规则控制的，不同的文化在不同的环境中有不同的规则。在美国，人们进行商业谈判时，谈判双方通常是面对面就座。然而对于很多其他国家而言，这种安排强调了竞争而不是合作。在芬兰，大多数的公司把桑拿室作为开会的地方。了解并适应自然环境，往往是一个成功的跨文化交流者的标志。

3. 风俗习惯

你对每种文化风俗的适应能力将在很大程度上决定着跨文化交流的成功与否。如果一种风俗要你在走进一间屋子时保持站立而你却坐下了，那么你的交流就很难富有成效。因此，努力了解不同文化的风俗习惯，才能使自己的行为适应每种文化的需要。

三、寻找共同的符号

所有的文化都有其语言和非语言的符号，由这些符号引出的含义反映了特定文化中的经验和观念。因此，你和你的交流伙伴讲的不是同一种语言，那么就很难达成一种共识。为了解决这一问题，可以尝试以下建议：

（1）学习其他文化的语言。如果你准备和来自其他文化的人共度一段时间，那么就要尝试去学习他们的语言。

（2）理解语言运用中的文化变化。语言并不仅仅是一种交流工具，它告诉人们一种文化的生活方式、思维方式以及不同的相互作用方式。

（3）了解非语言符号。非语言符号也因文化而异。例如在日本，一位女性可能会因为害羞而捂着嘴，但在美国，人们常常把这种相同的动作与恐惧联系起来。这些差异提醒我们关注：第一，学习解读已经存在的符号；第二，寻找一种共有的符号。例如，微笑在全世界几乎有着相同的含义。

📑 阅读链接

非语言符号——瞳孔的变化、嘴唇的动作

科学研究表明，瞳孔变化最能反映人内心世界的变化。凡在出现强烈兴趣或追求动机时，瞳孔会迅速扩大。据说，古代波斯的珠宝商人出售首饰时，总是根据顾客瞳孔的大小来要价的。如果一只钻戒的熠熠光泽能使顾客的瞳孔扩张，商人就将价格定得高一些。

除此之外，嘴唇的动作也能反映人的心理。嘴唇闭拢，表示和谐宁静、端庄自然；嘴唇半开，表示疑问、奇怪，有点惊讶；嘴唇全开，表示惊骇；嘴唇向上，表示善意、礼貌、喜悦；嘴唇向下，表示痛苦、悲伤、无可奈何；嘴唇撅着，表示生气、不满意；嘴唇绷紧，表示愤怒、对抗或决心已定。

📖 本章重点内容提要

1. 文化是一个群体共同创造的社会性产物，它是一个群体、一个社会的全体成员共享的体系。文化通过象征符号传递下去，也可以由于某种原因中断传播。

2. 跨文化交流指的是拥有不同文化感知和符号系统的人们之间进行的交流，他们的这些不同足以改变交流事件。

3. 跨文化传播的核心思想在于考察那些对不同文化成员之间的人际传播最有影响力的文化要素。

4. 荷兰心理学家霍夫斯泰德归纳出比较不同文化价值观的 4 个方面：个人主义-集体主义、权力差距、回避不确定性、男性化-女性化。

5.刻板印象、偏见、文化冲击、文化中心论对跨文化传播会起到负面影响。掌握其规律对于跨文化传播将是一种助力。

🔶 思考题

1.文化的定义是什么？文化的要素有哪些？

2.什么是跨文化交流？

3.简述霍夫斯泰德的文化价值观。

4.集体主义和个人主义如何影响跨文化交流？

5.男性主义和女性主义在文化传播中有什么不同？

6.中国的文化语境与美国的文化语境有什么不同？在跨文化交流中语境起了什么作用？

7.什么是文化中心论？它对跨文化交流有何影响？

8.什么是刻板印象？

9.请结合亲身经历，谈一谈你认为最重要的跨文化传播技能。

参考文献

［1］陈力丹，闫伊默. 传播学纲要. 北京：中国人民大学出版社，2007.

［2］张国良. 传播学原理. 3版. 上海：复旦大学出版社，2021.

［3］威尔伯·施拉姆，威廉·波特. 传播学概论. 陈亮，周立方，李启，译. 北京：新华出版社，1984.

［4］邵培仁. 传播学导论. 杭州：浙江大学出版社，1997.

［5］马克思，恩格斯. 马克思恩格斯选集：第3卷. 3版. 北京：人民出版社，2012.

［6］郭庆光. 传播学教程. 2版. 北京：中国人民大学出版社，2011.

［7］刘建明. 当代新文学原理. 北京：清华大学出版社，2003.

［8］彭兰. 中国网络媒体的第一个十年. 北京：清华大学出版社，2005.

［9］斯蒂芬·李特约翰，凯伦·福斯. 人类传播理论. 史安斌，译. 9版. 北京：清华大学出版社，2009.

［10］E. M. 罗杰斯. 传播学史：一种传记式的方法. 殷晓蓉，译. 上海：上海译文出版社，2005.

［11］约瑟夫·R. 多米尼克. 大众传播动力学. 黄金，蔡骐，译. 北京：中国人民大学出版社，2004.

［12］黄仁宇. 万历十五年. 北京：中华书局，2006.

［13］鲁思·本尼迪克特. 菊与刀. 吕万和，熊达云，王智新，译. 北京：商务印书馆，2017.

［14］张光珞. 文言文全解一点通. 石家庄：河北教育出版社，2002.

［15］丹尼斯·麦奎尔，斯文·温德尔. 大众传播模式论. 祝建华，武伟，译. 上海：上海译文出版社，1997.

［16］戴元光. 传播学研究理论与方法. 上海：复旦大学出版社，2003.

［17］柯惠新，等. 传播统计学. 北京：北京广播学院出版社，2003.

［18］支庭荣，张蕾. 传播学研究方法. 广州：暨南大学出版社，2008.

［19］希伦·A. 洛厄里，梅尔文·L. 德弗勒. 大众传播效果研究的里程碑. 刘海龙，等译. 3版. 北京：中国人民大学出版社，2009.

［20］戴维·迈尔斯. 社会心理学. 侯玉波，乐国安，张智勇，等译. 11版. 北京：人民邮电出版社，2024.

［21］丹尼尔·贝尔.后工业社会的来临.高铦,王宏周,魏章玲,译.北京:新华出版社,1997.

［22］陈力丹.传播学是什么.北京:北京大学出版社,2007.

［23］海伦·凯勒.假如给我三天光明:我生活的故事.上海:上海译文出版社,2019.

［24］索绪尔.普通语言学教程.裴文,译.南京:江苏教育出版社,2001.

［25］拉里·A.萨摩瓦,理查德·E.波特,埃德温·R.麦克丹尼尔.跨文化传播.闵惠泉,等译.6版.北京:中国人民大学出版社,2013.

［26］理查德·韦斯特,林恩·H.特纳.传播理论导引:分析与应用.刘海龙,于波,译.6版.北京:中国人民大学出版社,2022.

［27］刘欣.人际乘法效应.北京:机械工业出版社,2006.

［28］薛可,余明阳.人际传播学.上海:同济大学出版社,2007.

［29］查尔斯·霍顿·库利.人类本性与社会秩序.包凡一,王湲,译.北京:华夏出版社,1999.

［30］桑德拉·黑贝尔斯,理查德·威沃尔二世.有效沟通.李业昆,译.7版.北京:华夏出版社,2007.

［31］肖斌.美国国父华盛顿的110条处世准则.北京:中国国际广播出版社,2007.

［32］李国宇.倾听的力量.北京:中国纺织出版社,2007.

［33］凯瑟琳·米勒.组织传播.袁军,等译.北京:华夏出版社,2000.

［34］胡正荣,等.传播学总论.2版.北京:清华大学出版社,2008.

［35］刘建明.宣传舆论学大辞典.北京:经济日报出版社,1992.

［36］王文科.传媒导论.杭州:浙江大学出版社,2008.

［37］沃尔特·李普曼.公众舆论.阎克文,江红,译.上海:上海人民出版社,2006.

［38］佘绍敏.传播学概论.厦门:厦门大学出版社,2003.

［39］赵建国.传播学教程.郑州:郑州大学出版社,2008.

［40］臧海晨,张晨阳.受众学说:多维学术视野的观照与启迪.上海:复旦大学出版社,2008.

［41］邵培仁.传播学.北京:高等教育出版社,2007.

［42］朱涛,袁雷.中国新闻报道.上海:复旦大学出版社,2005.

［43］威尔伯·施拉姆,弗雷德里克·S.西伯特,西奥多·彼得森.报刊的四种理论.中国人民大学新闻系,译.北京:新华出版社,1980.

［44］徐耀魁.大众传播新论.苏州:苏州大学出版社,2005.

［45］宫承波.传播学纲要.北京:中国广播电视出版社,2007.

［46］陈汝东.传播伦理学.北京:北京大学出版社,2006.

［47］阿特休尔.权力的媒介.黄煜,裘志康,译.北京:华夏出版社,1989.

［48］罗国杰,等.伦理学教程.北京:中国人民大学出版社,1985.

［49］张慧元. 大众传播理论解读. 苏州：苏州大学出版社，2005.

［50］吕杰，张波，袁浩川. 传播学导论. 北京：科学出版社，2007.

［51］马歇尔·麦克卢汉. 理解媒介. 何道宽，译. 北京：商务印书馆，2000.

［52］史蒂文森. 认识媒介文化. 王文斌，译. 北京：商务印书馆，2001.

［53］李希光，周庆安. 软力量与全球传播. 北京：清华大学出版社，2005.

［54］段鹏. 传播效果研究：起源、发展与应用. 北京：中国传媒大学出版社，2008.

［55］沃纳·赛佛林，小詹姆斯·坦卡德. 传播理论：起源、方法与应用. 郭镇之，等译. 北京：中国传媒大学出版社，2006.

［56］戴元光，金冠军. 传播学通论. 上海：上海交通大学出版社，2007.

［57］喻国明. 变革传媒：解析中国传媒转型问题. 北京：华夏出版社，2002.

［58］泰勒. 原始文化. 连树声，译. 上海：上海文艺出版社，1992.

［59］萧俊明. 文化转向的由来. 北京：社会科学文献出版社，2004.

［60］庄晓东. 传播与文化概论. 北京：人民出版社，2008.

［61］徐行言. 中西文化比较. 北京：北京大学出版社，2004.

［62］拉里·A.萨默瓦，理查德·E.波特. 文化模式与传播方式. 麻争旗，等译. 北京：北京广播学院出版社，2003.

［63］沃尔特·李普曼. 舆论学. 林珊，译. 北京：华夏出版社，1989.

［64］关世杰. 国际传播学. 北京：北京大学出版社，2004.

［65］汤姆·斯丹迪奇. 从莎草纸到互联网：社交媒体简史. 林华，译. 北京：中信出版社，2019.

［66］尼尔·波兹曼. 娱乐至死. 章艳，译. 北京：中信出版集团，2015.

［67］保罗·莱文森. 新新媒介. 何道宽，译. 2版. 上海：复旦大学出版社，2019.

［68］丹尼尔·戴扬，伊莱休·卡茨. 媒介事件. 麻争旗，译. 北京：北京广播学院出版社，2000.

［69］张国良. 20世纪传播学经典文本. 上海：复旦大学出版社，2003.

［70］弗雷德里克·S.西伯特，西奥多·彼得森，威尔伯·施拉姆. 传媒的四种理论. 戴鑫，译. 北京：中国人民大学出版社，2008.

［71］埃姆·格里芬. 初识传播学. 展江，译. 北京：北京联合出版公司，2016.

［72］斯坦利·J.巴兰. 大众传播概论：媒介素养与文化. 何朝阳，译. 北京：中国人民大学出版社，2016.

［73］阿尔温·托夫勒. 第三次浪潮. 黄明坚，译. 北京：中信出版社，2006.

［74］约翰·费斯克，等. 关键概念：传播与文化研究辞典. 李彬，译. 2版. 北京：新华出版社，2004.

［75］MACKENZIE D, WAJCMAN J.The social shaping of technology. 2nd ed. Buckingham: Open University Press, 1999.

［76］WINNER L. Do artifacts have politics? In Kraft, M.E., and Vig, N, J. (eds), Technology and Politics. Durham: Duke University Press, 1988.

［77］R SCHANK. Coloring outside the line: raising a smarter kid by breaking all the rules. New York: Harper Collins College Publishers, 2000.

［78］F R KLUCKHOHN, F L STRODTBECK. Variations in value orientations. New York: Row & Peterson, 1960.

［79］W G SUMNER. Folkways. Boston: Ginnand, 1940.

［80］F E STEWART, M J BENNETT. American cultural patterns: a cross-cultural perspective. W. Yarmouth: Intercultural Press, 1991.